KB217147

성경약어표

도서출판 대장간은
쇠를 달구어 연장을 만들듯이
생각을 다듬어 기독교 가치관을
바르게 세우는 곳입니다.

대장간이란 이름에는
사라져가는 복음의 능력을 되살리고,
낡은 것을 새롭게 풀무질하며, 잘못된 것을
바로 세우겠다는 의지가 담겨져 있습니다.

www.daejanggan.org

생명과 평화의 눈으로 읽는 성서 9

박해 속에 피어나는 희망코드 _ 기타 서신

지은이	김경호
초판발행	2022년 5월 3일

펴낸이	배용하
책임편집	배용하

등록	제364-2008-000013호
펴낸곳	도서출판 대장간
	www.daejanggan.org
등록한곳	충남 논산시 매죽헌로1176번길 8-54, 101호
대표전화	대표전화 041-742-1424 전송 0303-0959-1424

분류	기독교	성서강해	기타 서신
ISBN	978-89-7071-584-1 03230
SET	978-89-7071-417-2 04230

 값 16,000원

생명과 평화의 눈으로 읽는 성서 9

기타 서신

박해 속에 피어나는 희망코드

김경호 지음

차례 contents

'생각 나누기'에 첨가된 설교문

| 시작하는 말 | [1]

1. "생명과 평화의 눈으로 읽는 성서 시리즈"(이하 "생명과 평화 시리즈")는 어떤 내용을 담은 책인가요?

예수 그리스도를 교리 중심으로 이해할 수 있습니다. 이렇게 교리가 이해의 중심 틀이 되면, 교리 외에는 더 이상 공부할 것이 없어집니다. 모든 말씀을 그 틀 속에 맞추기 때문입니다. 한국교회는 큐티를 중심으로 성서를 봅니다. 이것은 자신이 가진 문제를 해결하는 데는 직효입니다. 그러나 정말 성서가 그렇게 말하고 있는가하는 것은 별개입니다. 큐티는 자신이 가진 생각을 마치 성서 자체가 그렇게 된 것인 양 착각하고 자신의 생각을 성서의 권위를 빌어 선포하는 모순을 범하게 됩니다.

성서를 해석하려면 그 당시의 역사와 사회적 구조 속에서 말씀을 이해해야 합니다. 그렇게 하려면 그 당시의 정치, 경제, 사회, 문화의 배경과 당시의 문헌들과 비교해서 성서의 가치가 드러나게 해야 합니다. 성서의 말씀을 자기 입맛대로 이해하는 것이 아니라 객관적으로 그 말씀의 의미를 밝히기 위해 연구하는 여러 가지 과학적인 방법론이 있습니다. 이 시

---

[1] 시작하는 말에는 일러두기 성격의 글로 책의 집필 동기와 교재로 사용하는 요령 등을 담았다. 월간 〈기독교출판소식〉과의 인터뷰에 이 시리즈에 관한 이야기가 잘 담겨 있어 이것으로 대신한다.

리즈는 이러한 학문적인 방법론과 당시의 역사, 사회적 배경을 통해서 비교적 객관적으로 성서를 해석할 수 있도록 돕게 될 것입니다.

2. "생명과 평화 시리즈"를 집필하시게 된 계기가 궁금합니다.

저는 우리나라 기독교 초기에 기독인이 되어 삼대 째 신앙을 지켜오는 가정에서 태어났습니다. 초기에 할머니께서 선교사에게 배웠다며 해주시는 말씀 속에는 우리민족은 노아의 세 아들 함, 셈, 야벳 중에 야벳 자손이다. 우리 민족은 하나님의 특별계시에는 해당이 안되지만 일반계시로 은총을 입었다든가 말씀을 들어 왔는데 나중에 이것이 백인우월주의에 의한 성서해석이라는 것을 알았습니다. 서구신학의 전통은 하나님을 지배자의 신학, 제국주의의 이념을 합리화시키는 신학으로 왜곡시켰습니다. 한국교회는 서양선교사들의 신학적 전통을 그대로 받아들여 본래 역사 속에서 해방의 사건을 일으켜 나가는 하나님을 관념적, 비역사적, 타계적인 신으로 만들어 버렸습니다. 성서를 교리적으로 이해해서, 이미 수많은 식민지를 두고 역사의 승자, 지배자의 입장에서 해석하는 틀은 본래 하나님의 섭리와는 거리가 많다고 생각했습니다. 이렇게 지배자의 관점에서 왜곡되어온 기존 성서이해의 틀을 제거하고 성서를 읽어내고 싶었습니다. 그래서 이 시리즈를 통해서 새로운 눈으로 바른 신앙, 성서 속의 야훼 하나님과 예수 그리스도를 만나고 싶었습니다.

3. "생명과 평화 시리즈"를 출간하고 계신데, 성경 전체를 생명의 눈높이, 혹은 평화의 렌즈로 읽는다는 것이 어떤 의미인가요?

어떤 관점을 정해 놓고 성경을 보겠다는 것은 아니구요, 성서 전체를 살펴보니 주된 주제가 '하나님의 사랑'인데, 단지 인간만을 향한 사랑이 아니라 생명, 하나님께서 창조하신 세계 전체에 대한 사랑이기에 '생명'을 떠올렸고, 하나님께서 역사를 섭리하시는 그 중심이 '평화'에 있기에 '평화'를 강조했습니다. 생명과 평화라는 주관적 전제로 성서를 보겠다는 것이 아니고, 이 전체 시리즈에서 동원된 해석 방식이 성서를 객관적, 과학적으로 해석하기 위한 성서신학의 방법론인데, 그런 방법론으로 성서를 보았을 때, 필자에게 떠올랐던 주제가 생명과 평화였습니다. 하나님의 사랑이 우리가 살아가는 현재 세계와 역사에 나타나는 방식을 생명과 평화로 본다는 의미입니다.

4. 이 책들의 구성은 조금 독특합니다. 쉽게 풀어놓으셨지만 폭넓은 성서신학이 그 뼈대를 이룹니다. 책에 "함께 생각 나누기" 질문들을 각 단원 마지막에 두셨고, 그와 연관된 설교문을 중간 중간 배치하기도 하셨습니다. 구성 의도가 궁금합니다.

평신도가 스스로 또는 그룹으로 토론해 가면서 성경공부를 할 수 있도록 교재의 성격으로 집필하였기 때문입니다. 신학은 서양 학문 중에 가장 먼저 태동했습니다. 그리고 성서를 보는 방법도 많이 진화했습니다. 초기에는 신조나 교리의 틀에 맞추어서 성서를 보았습니다. 주관적인 영감에 의해서 해석하는 것은 보는 사람에 따라서 다양할 수밖에 없습니다. 그런 부작용을 최소화하기 위해 교회라는 권위가 동원되어, 교권, 신조, 교리 등으로 제한했습니다. 하지만 학문이 발달하고 대학이 생기면서 성서 해석에도 객관적이고 과학적인 방법론이 요구되었습니다. 그렇게 생긴 학문이 '성서신학'입니다. 이 책에는 평신도들이 접하기 쉽지 않은 신학과 성서신학을 성서의 본문과 연결해서 다루기 때문에 어려운 신학적 명제와 방법론을 아주 쉽게 이해할 수 있습니다. 많은 신학도들이 필자가 진행하는 성서학당을 수료하였는데 자신이 대학원에서 헤메던 신학적 개념과 방법론을 단번에 명쾌하게 정리했다고 이구동성으로 말합니다. 그리고 그런 이해가 단지 관념적인 영역에만 머물지 않고 우리들의 현실 문제와 연결해 생각을 확장하는 것이 바로 "함께 생각 나누기"와 그와 관련된 설교 또는 강연입니다. 각과의 본문은 그 간의 신학적 성과물을 '학습'하는 것이라면 함께 생각나누기와 설교문은 '적용'입니다.

5. 시리즈의 첫번째 책인 『오경, 야훼 신앙의 맥』이 처음 세상에 선보인지 벌써 10년이 훌쩍 넘었습니다. 시간이 흐르고 세상은 변하는 가운데 하나의 이야기를 독자에게 지속적으로 전달하는 것은 결코 만만한 일이 아닌데요, 여정이 궁금합니다.

성경의 이야기가 워낙 광범위하고 이집트, 메소포타미아, 헬라 문명과 아시리아, 바벨론, 페르시아, 희랍, 로마 등 제국의 역사와 더불어 진행되기에 저술과정 역시 방대하게 전개되고 있습니다. 단순한 세상살이의 이야기라면 10년 전에 낸 책을 계속 이어가는 것이 철지난 이야기이기 쉽습니다. 성경은 오래된 책이지만 많은 사람들의 마음의 중심이기에 성경을 해석하는 것은 반짝 유행하고 사라지는 이야기와는 다릅니다. 이번 시리즈를 시작한 것은 2007년에 첫 번째 책이 나왔으니까 14년이 되었지만, 저의 최초 작업인 『함께읽는 구약성서』(1991년) 『함께읽는 신약성서』(1992년)의 출판부터 하면 30년간의 집필인 셈입니다. 더군다나 이 시리즈는 성서 본문 자체가 나오게 된 사회 역사적 맥락 속에서 해석하기 때문에 오랜 공을 들여가며 쓰고 있습니다.

6. 지금까지 총 7권이 출간된 "생명과 평화 시리즈"에서 가장 최근에 나온 책이 『위기에서 대안을 찾다 포로기와 그 이후 예언자』입니다. 7번째 책이지만 시리즈에서 "4번" 타이틀을 달고 있는 것이 특이한데요, 한국 교회의 위기이자 문명사적 위기라고도 부를 수 있는 코로나 시국에 이 책을 통해 전달하고 싶은 대안이 있으셨을까요?

창세기부터 책을 내다가 도중에 예수와 복음서에 대해서 먼저 출판해달라는 요구가 있어서 순서가 바뀌었습니다. 그런 중에 코로나로 지구촌은 물론 교회에도 위기가 왔습니다. 제가 40년 가까이 목회하면서 모임 자체가 오랫동안 중단되는 것은 처음입니다. 사회와 개인의 생활에도 위기가 왔습니다. 이스라엘도 나라가 망하고 바벨론 땅에 포로로 끌려가면서 온 민족이 절망하던 때가 있었습니다. 그 때 위기를 헤쳐 나가는 예언자들의 위대한 상상력이 아니었다면 야훼신앙과 오늘의 기독교는 존재하지 못했을 것입니다. 위기의 시대를 돌파하는 예언자들의 위대한 영감은 그 시대에 대한 처방이었고, 자포자기(自暴自棄)하는 사람들에게 새로운 희망이었습니다. 아무 것도 없는 포로지에서 마른 뼈와 같이 된 사람들에게 성서도 집필하고, 새로운 신앙 공동체도 만들고, 나라도 새롭게 세우는 힘은 포로기 예언자들의 위대한 영감과 상상력 때문에 가능했습니다. 코로나 시대를 맞아 오늘의 위기를 넘어서야할 우리들에게도 그 말씀들은 여전히 살아서 힘과 용기를 불어넣어 줄 것입니다.

7. 최근 들어 한국 교회의 정치 참여에 대한 논란이 많습니다. 보수든 진보든 교회가 정치적으로 너무 편향되어 있다는 시각과, 반대로 교회가 정치나 사회적 이슈에 너무 무감하거나 무지하다는 비판이 서로 혼재되어 있는 상황이기도 합니다. 이런 맥락에서 한국 교인들에게, 특히 다음 세대를 고민하는 사람들에게 들려주고 싶은 말씀이 있으신지요?

현대 사회에서 정치와 무관하게 살 수 있는 사람은 아무도 없습니다. 과거 군사독재정권과 투쟁할 때, 광주 학살의 부당함을 알릴 때, 일부 기독인들이 "종교인은 정치에 참여하지 말라"는 신문 광고를 크게 내었습니다. 그런데 바로 그 성명을 낸 자들이 얼마 후 "전두환 장군을 위한 조찬 기도회"를 열었고, TV방송국에서 생중계를 했습니다. 그 때 국민들은 전두환이 누군지 알지도 못할 때였습니다. 누가 정치적입니까? 우리 모두는 투표하고, 때로는 출마도 하고, 세금도 내고, 군대도 갑니다. 여론조사에도 참여도 하고, 몇 사람이 모여서 정치적 사안에 대해 의견도 나누고, 사회단체 구성원으로 활동도 합니다. 이 모든 것이 정치행위입니다. 그러기에 정치와 무관하게 살아갈 수 있는 사람은 아무도 없습니다. 성서가 바라는 이상적인 하나님의 나라는 하나님의 통치, 하나님의 정치가 이루어지는 세상입니다. 현대사회는 누구나 다 정치적으로 살아갈 수밖에 없지만 기독인들은 성서가 말하는 하나님의 통치, 하나님의 정치의 적극적인 수행자들이 되어야 합니다. 저는 그 중심이 현대의 용어로는 생명과 평화라고 생각합니다. 예를 들면 전광훈의 정치, 전광훈의 정당에 참여할 것을 요구받을 때 한국교회 신도들이 그의 정치가 하나님의 뜻에 맞닿아 있는지 판별할 능력이 있어야 합니다. 그러지 못하면 그가 빤스를 내리라는 요구에 응하게 되는 것입니다.

8. "이런 성서연구를 수용하고 열린 마음으로 함께 토론할 수 있는 건강한 공동체" 덕분에 이 교재가 가능했다고 쓰셨습니다. 이 시리즈의 내용이 교인들에게, 또 이 과정을 함께 한 교인들이 목사님에게 어떤 영향을 미쳤나요? 이어서 질문을 드리자면 1985년부터 몸 담아오신 향린 공동체 교회들은 한국 교회와 사회에서 독특한 위치를 차지해왔습니다. 그래서 향린 공동체 교회를 응원하는 사람들도 '저

기는 우리 교회와는 달라'라고 거리감을 느낄 수도 있을 것 같은데요, 그런 분들은 이 시리즈를 누구와, 어떻게 읽어갈 수 있을까요?

교회는 집단으로 그리스도의 사랑을 실천해 나가는 주체여야 합니다. 개인은 한계를 가지고 있습니다. 오늘 위대한 생각을 하다가도 내일이면 그 생각을 접을 수도 있고, 의지는 있지만 여러 조건이 따르지 않아 뜻을 접기도 합니다. 그러나 개인들이 모여서 이루는 공동체야말로 서로 힘을 합하여 온전한 그리스도의 몸을 이룰 수 있습니다. 교회는 단지 그리스도를 믿는 사람들이 모여 있는 곳이 아니고, 그 집단의 실천을 통해서 그리스도를 대변하고 그분의 삶을 오늘에 되살려 가는 주체입니다. 그런 점에서 전체 성서를 새롭게 뒤집어 보는 시각은 교우들과의 나눔과 공동의 실천의 산물이기도 합니다. 말씀 하나하나가 집단의 실천과 호흡 안에서 이루어진 체험들입니다. 질문하신 대로 혹자는 "향린공동체니 가능하지"라고 특화시킴으로 자기들의 관심에서 제외하려는 경향이 있습니다. 그런데 한번 진지하게 물어봅시다. 이웃의 고통이 현존하는 것을 보면서 아무 거리낌 없이 찬양과 예배가 드려질 수 있습니까? 이웃의 아픔이 내게 전해오고 그것이 바로 나의 아픔이 되어 쌓이는데 어떻게 기쁜 찬양을 할 수 있습니까? 인간의 고통이 제거 될 때, 우리의 이웃들이 당하고 있는 아픔을 훌훌 털고 일어설 때, 우리는 진정한 찬양과 예배를 드릴 수 있을 것입니다. 어느 특정한 교회의 실천이 아니라 우리 모두가 진정한 예배를 회복하려는 실천입니다. 목회하면서 짬짬이 토막 시간을 내어 성서 전권에 대한 집필을 하는 것은 저 개인에게는 무한한 고통입니다. 그러나 한국교회가 개혁되려면 지금의 단순한 교리 중심의 성서해석으로는 불가능하기 때문에 언제 올지 모르지만 그 개혁의 시간을 준비하는 마음으로 인내하는 중입니다. 이렇게 책도 내고 요즈음은 유투브로 "강남향린 성서학당"을 15분 정도의 영상으로 공부할 수 있도록 올리고 있습니다.

9. 마지막으로, '생명과 평화 시리즈'에 대해서 어떤 계획을 가지고 계신가요.

이 시리즈는 모두 9권으로 구성되었습니다. 『오경-야훼신앙의 맥』(2017) 『지혜문학-신앙의 새로운 패러다임』(2017), 『역사서-새 역사를 향한 순례』(2018), 『복음서(상)-역사적 예수와 그의 운동』(2019), 『복음서(하)-몸의 부활, 산자의 부활』(2020), 『왕국시대 예언자-시대의 아픔을 넘어서』(2020) 『포로기와 그 이후 예언자-위기 속에서 대안을 찾다』(2021), 『바울서신-교회의 출발, 제국을 넘어서』(2021), 『기타 서신-박해 속에 피어나는 희망 코드』(2022) 모두 도서출판 대장간에서 출판해 주셨습니다. 비로소 창세기부터 요한계시록까지 전체를 정리하였습니다.

칼 바르트는 "계시된 말씀인 예수 그리스도, 기록된 말씀인 성서, 그리고 선포된 말씀인 설교의 삼중적인 틀 속에 있는 하나님의 말씀은 하나님의 삼위일체성에 근거해서 동일한 권위를 갖는다."고 했습니다. 설교가 이렇게 중요한 권위를 갖는 것은 당대성, 그 시대를 사는 사람들에게 하나님의 말씀을 전달하는 역할을 하기 때문입니다. 그러기에 바르트는

"설교자는 한 손에 성경을, 다른 한 손에는 신문을 들어야 한다."고 하기도 하였습니다. 단순히 성경의 이야기를 반복하는 것은 설교가 아닙니다. 성경을 토대로 오늘의 시대를 해석해야 하는데 한국교회는 우리가 사는 시대를 해석할 기준을 갖지 못했기에, 시대를 이끌기는커녕 뭇 사람들에게 지탄을 받는 대상이 되었습니다. 한국교회를 되살리고 복음을 복음 되게 하는 길을 독자님들과 함께 찾아 갈 수 있기를 바랍니다.

» 강남향린교회 김경호 목사

| 서신, 히브리서, 계시록 –
"박해 속에 피어나는 희망코드"를 내며 |

삼십대 초반에 『함께 읽는 구약성서』, 『함께 읽는 신약성서』를 공저로
내 놓았는데 그것이 80년대 한참 치열한 민주화 투쟁에서 성서를 읽는
눈을 제공했다. 그 책을 낸 후에 안병무 선생께서 "자네가 세계적인 책을
내었다"며 분에 넘치는 격려를 해주셨다. 아울러 전체 성서에 대해서 책
을 내보지 않겠냐는 부탁의 말씀도 해주셨다. 학교도 아니고 목회 현장
에 있는 내게는 고무적이지만 매우 벅찬 주문이었다. 그러나 내게 주신
선생님의 숙제라고 생각하고 그 임무를 잊지 않았다. 길게 돌아 이제야
그 숙제를 완성하는 마지막 책을 내게 되었다.

이렇게 늦어지게 된 것은 개인의 부족함이 크지만 숙제를 하는 와중에
이명-박근혜 정권을 맞게 되고 시대의 과제가 우선되는 현실을 맞게 된
이유도 있다. 시청앞과 광화문이 주요 목회의 장이 되어 버리고 말았다.
광우병 쇠고기 반대 투쟁부터 용산참사, 쌍용차, 재능교육 투쟁, 사대강
투쟁 등이 정신없이 밀려왔고 그 사이 예수살기와 촛불교회를 조직하며
전투의 한복판에 전투원으로 또한 지휘관으로 서게 되었다. 박근혜 퇴진

촛불에는 박근혜 퇴진 종교인 비상행동을 조직하여 촛불 40여 일간 투쟁의 제일 선두대열에 교우들과 함께 참여했다. 촛불이 시작되는 2016년 11월 5일에 광화문 연설이 유투브 조회수 80만 명에 육박했고 이후 백만, 이백만이 모이는 집회를 비롯해서 모두 8차례 방송차를 통해 대중 연설을 했다. 힘들게 촛불정부를 세우고, 국회도 180석 이상을 몰아 준 것은 오직 좌우 돌보지 말고 힘차게 개혁하라는 임무였다. 그러나 이미 부자가 된 민주당은 시대를 읽지 못했다. 개혁은 뒷전이고 남북문제를 비롯해 국내에서 시급하게 해결해야 할 과제들은 망설이며 진척이 없는 가운데 또다시 대선을 맞게 되었다. 물론 보수 정당은 비교할 대상도 아니지만, 시민들의 투쟁의 결과를 특정정당이 깔고 앉아 자기들의 기득권으로 누리는 꼴도 참아내기 힘들다.

한국사회와 한국교회가 참다운 진리에 서야 새로워 질 수 있다. 더욱이 한국교회는 성서에 대한 바른 이해 없이는 바로 서기 힘들다. 이제 은퇴할 때가 다 돼서야 늦은 숙제를 제출하지만 생명과 평화의 관점에서 창세기부터 요한계시록까지를 일관되게 살펴보는 거시적 주석을 완성하게 되어 기쁘기도 하고 짐을 벗게 되어 후련하기도 하다.

이번 마지막 호인 아홉 번째 책은 사도행전과 바울 이후 서신들, 히브리서, 요한서신과 계시록 등, 신약성서의 마지막 부분을 다룬다. 박해의 시대를 뚫고 자신들의 신앙을 지켜나간 초대교인들의 신앙, 박해 속에 숨겨놓은 그들의 희망 코드들을 읽어 내며 오늘 계속되는 절망의 시대 속에서 다시 힘을 돋우어 보려고 한다.

» 송파구 오금동 강남향린교회에서 김경호 목사

1

사도행전과 하나님의 선교

　사도행전은 바울의 동료요 의사인 누가에 의해 쓰여 졌다고 전해진다.(골 4:14, 딤후 4:11) 누가복음과 사도행전은 모두 데오빌로에게 보낸 헌사의 형식으로 시작된다.(눅 1:1-4, 행 1:1-5) 누가복음은 제1부로 예수의 생애에 관한 기록이며 사도행전은 제2부로 예수이후 교회의 선교에 대한 기록이다.

　사도행전은 하나님의 말씀이 예루살렘으로부터 로마로, 그리고 땅 끝까지 전해져서 예수 그리스도의 구속 사업이 전 세계로 확장되어가는 것을 그린다. 사도행전의 전체 구조는 "그러나 성령이 너희에게 내리시면, 너희는 권능을 받고, 예루살렘과 온 유대와 사마리아에서, 그리고 마침내 땅 끝에까지, 나의 증인이 될 것이다."(행 1:8)에 잘 나타난다. "성령이 임하시면 권능을 받고(2장), 예루살렘과 온 유다와(3-7장), 사마리아와(8장), 땅 끝까지 이르는 과정(9-28장)"을 그리고 있다. 베드로와 바울은 그 과정에서 중요한 역할을 하는 데, 12장까지는 베드로가 중심인물이고 그 이후는 바울이 주인공이다. 바울의 전도과정은 다음과 같이 구분한다.

13-15장 : 바울의 1차 전도여행

16-18장 : 바울의 2차 전도여행

19-21장 : 바울의 3차 전도여행

21-28장 : 바울의 옥중활동

(21-23장 : 예루살렘에서, 24-26장 : 가이사랴에서, 27-28장 : 로마에서)

    누가복음과 사도행전이 쓰여질 무렵에 이스라엘은 로마와의 전쟁에서 패하고 예루살렘에는 유대인 소개령이 내려졌다. 그들은 예루살렘에 거주할 수 없게 되었으며 예루살렘 성전도 예전과 같은 역할을 할 수 없었다. 누가복음과 사도행전이 예루살렘을 유난히 강조하는 것은 전 세계로 흩어진 기독교의 중심성을 강조하기 위해서이다. 신약성서에 예루살렘이 139회 언급되는데 그중에 누가와 사도행전에 90회가 언급된다. 이것은 기독교가 예루살렘의 과거 전승들을 계승하여 계속해 나간다는 의미이다.

첫째, 구약으로부터 면면히 이어온 구속사의 흐름을 새로운 기독교가 계승한다.

둘째, 유대와 예루살렘에서 행해진 예수의 선교를 계속해 나간다.

셋째, 새로 설립된 세계 각국에 흩어진 이방 기독교는 유대교를 계승한다.

넷째, 이스라엘 민족과 기독교인 사이에는 '선택된 백성'이라는 특수한 계속성이 존재한다.

    이미 바울 선교의 중심을 이루는 안디옥 교회 등 소아시아 지역에 흩어진 교회들 중에 하나였던 예루살렘 교회는 사도행전이 기록될 당시에 존재하지 않았기에 오히려 다른 경쟁관계의 교회들을 제치고 상징적인 중심성을 가질 수 있었다.

예루살렘은 파괴되었고 물리적 공간은 사라졌다. 과거처럼 가시적 공간이나 지리상의 어느 구역으로 성별되는 것은 이미 현실에서 가능하지 않았으나 이스라엘 역사에서 성전과 예루살렘이 갖는 상징성과 집중성이 여전히 기독교적인 공동체로 전개되어야 했다. 즉, 지리적 공간은 시간 속의 예배로 대체 되어야 했으며 예루살렘에서 시작한 구심점은 "땅 끝"으로의 원심적 확산으로 대체 되어야 했다.[1]

사도행전은 자신들이 유대정신의 계승자요, 새로운 선교운동의 전위라고 생각했다. 유대역사가 이룩하지 못했던 구속사를 이루리라는 자각을 가지고 있었다. 이미 세계 각국으로 흩어져서 복음을 전하게 된 초대교회는 교회의 정신적 구심점을 예루살렘 교회에 놓고 과거 초대교회의 역사를 베드로와 바울 중심으로 서술했다. 특히 바울의 3차전도 여행시 (48-57년)에는 예루살렘에 기근과 가난이 극심했고 사회가 혼란스러우니 메시아 운동이 성하였다. 바울은 이러한 예루살렘 교회를 위하여 모금운동을 벌이며 예루살렘으로 갔다가 투옥되었다. 60년에 베드로는 로마에서 순교하였고, 바울은 62년에 네로치하에 역시 로마에서 순교한다. 그 후 격렬한 유대전란(66-73년)이 일어났으며 유다인은 최후의 항쟁을 벌였다. 결국 로마의 베스파시아누스, 티투스 부자의 레기온(사단병력)이 70년 9월 2일 예루살렘을 함락시키고 유대는 멸망했다. 많은 유대인이 포로가

---

1) 류상현, 『사도행전 연구』 서울: 대한기독교서회, 1997. 160-161

되어 로마로 잡혀갔다. 성전은 파괴되었으며 유대인들은 더 이상 예루살렘에 거주할 수 없었다.

미리 살펴보기

사도행전 8:1-13은 복음이 처음으로 예루살렘을 넘어 이방으로 전파되는 장면이다. 읽고 서로의 생각을 나누어 보시오.

　-예루살렘교회가 어떤 일을 당했습니까?

　-사도들은 이러한 역사적 중요성을 인식했습니까?

　-2절과 8절의 대조에서 저자의 어떤 의도를 봅니까?

　-사도행전의 선교의 주체는 누구입니까?

사울은 스데반이 죽임당한 것을 마땅하게 여겼다. 그 날에 예루살렘 교회가 크게 박해받기 시작하여, 사도들 이외에는 모두 유대 지방과 사마리아 지방으로 흩어졌다. 경건한 사람들이 스데반을 장사하고, 그를 생각하여 몹시 통곡하였다. 그런데 사울은 교회를 없애 버리려고 집집마다 찾아 들어가서, 남자나 여자나 가리지 않고 끌어내서 감옥에 넘겼다. 그러나 흩어진 사람들은 두루 돌아다니면서 말씀을 전하였다. 빌립은 사마리아 성에 내려가서, 사람들에게 그리스도를 전파하였다. 무리는 빌립의 말을 듣기도 하고, 그가 하는 기적을 보기도 하는 가운데서, 한 마음으로 빌립이 하는 말을 좇았다. 그것은 귀신 들린 많은 사람에게서, 악한 귀신들이 큰소리를 지르면서 나갔고, 많은 중풍병 환자와 지체장애인들이 고침을 받았기 때문이다. 그래서 그 성읍에는 큰 기쁨이 넘쳤다. 그 성읍에 시몬이라는 사람이 있었는데, 그는 마술을 부려서 사마리아 사람들을 놀라게 하며, 스스로 큰 인물인 체하는 사람이었다. 그래서 낮은 사람으로부터 높은 사람에 이르기까지 모두 "이 사람이야말로 '큰 능력자'로 알려진 하나님의 능력이다" 하고 말하면서, 그를 따랐다. 사람들이 그를 따른 것은 오랫동안 그가 마술로 그들을 놀라게 하였기 때문이다. 그런데 빌립이 하나님 나라와 예수 그리스도의 이름을 알리는 복음을 전하니, 남자나 여자나 다 그의 말을 믿고 세례를 받았다. 시몬도 믿게 되었고, 세례를 받은 뒤에 항상 빌립을 따라다녔는데, 그는, 빌립이 기적과 큰 능력을 잇따라 행하는 것을 보면서 놀랐다.(행 8:1-13)

이 장면은 예루살렘 바깥에서 비유대인을 위한 선교가 시작된 역사의 첫 장면이다. 사도행전의 본문은 박해받는 교회의 이야기이다. 예루살렘 교회에 박해가 시작되었다. 스테반이 순교를 당하고 사울은 이를 마땅하다고 생각했고 그는 예루살렘 교회에 심한 박해를 가하기 시작했다. 예루살렘 교회는 울음바다가 되었고 모든 신도들이 유다와 사마리아 여러 지방으로 뿔뿔이 흩어지게 되었다. 그런데 묘하게도 이런 슬픔의 소식, 이러한 통곡의 소리가 바로 사도행전이 구상하고 있는 "유대와 사마리아와 땅 끝까지" 복음이 전해지는 이방선교 대장정의 첫발이다. 온통 울음바다가 되고 신도들이 뿔뿔이 흩어져 버린 이 사건을 통해서 비로소 복음이 예루살렘 밖으로 확산되었다. 이 슬픈 소식에 바로 이어져서 흩어져간 신도들은 두루 하나님의 말씀을 전하면서 많은 귀신들린 자와 병자들이 치유를 받고 마침내 사마리아 사람들은 모두 기뻐하였다는 소식을 전한다.

바로 전 문단에 있는 교회의 통곡과 흩어짐은 곧 바로 "그 도시에 사람들은 모두 기뻐하였다"는 기쁨의 환성으로 바뀐다. 인간의 눈으로 볼 때는 슬픔과 비통, 놀라움뿐이었지만 하나님은 그 사건을 하나님의 선교의 위대한 첫 발걸음으로 삼고 있다.

사도행전의 유대와 사마리아와 땅 끝까지 이르러 복음의 증인이 되라는 주님의 말씀에도 불구하고 스테반과 함께한 헬라말을 하는 크리스천을 제외하고는 정작 사도들은 예루살렘에만 머물러 있었다. 그들이 자발적으로 이방 선교를 시작한 것이 결코 아니다 그들은 통곡하고 절망하고 죽기 살기로 도망갔을 뿐이다. 그러나 하나님께서는 이런 박해를 통해서 이방 선교의 첫 장을 여신다. 불과 몇 구절 전에 절망으로 가득한 보도는 온 성에 기쁨이 충만하였다는 환희의 함성으로 변한다. 사도행전은 사도들의 행적의 기록이지만 이들이 자발적으로 선교한 것은 아니다. 사도들의 이면에는 항상 하나님께서 자리하고 계신다. 그들은 망설이고 주저했지만 하나님께서 앞장서서 사도들을 이끌어 나가시는 하나님의 손길로 가득하다.

누가는 이 일이 스테반의 순교이후 예루살렘 공동체가 추방된 결과라고 말한다. 그런데 누가는 여기서 특이하게도 사도들을 제외한다. 교회 안에 이방인 선교를 주장하는 신도들, 헬라말을 하는 기독인들에 의해 이방 선교가 이루어진 것을 말한다. 이것은 추방의 결과가 아니라 원인이라고 보는 것이 더 설득력이 있다. 어쩌면 이것이 스테반 순교의 본래 배경일지도 모른다. 어쨌든 누가에게 있어 헬라파 사람들은 비유대인 선교를 위한 연결고리였으며 얼마 뒤에는 베드로도 예루살렘 외부에서 비유대인 선교에 뛰어들었다.[2]

세계 선교의 역사를 볼 때 교회가 자발적으로 나서서 낯선 곳으로 찾아가 전도했다기보다는 중앙에서 정통성 싸움에 밀려 이단으로 정죄 받고

---

2) Ekkehard W. Stegemann and Wolfgang Stegemann, 『초기 그리스도교의 사회사』, 동연, 2009. 353.

밀려난 사람들, 예를 들면 네스토리안과 같은 종파가 인도나 중국까지 밀려나면서 기독교를 전파했다. 이들 중 일부가 신라까지 기독교를 전파했다며 역사적 증거를 수집하는 분들도 계시다.

초대교회의 기록을 우리는 사도행전이라고 하지만 이것은 사실상 사도들의 행적이라기보다는 사도들을 통해서 그 뒤에서 역사하시는 "하나님의 행적"의 기록이다. 그래서 사도행전이라는 이름보다는 차라리 하나님의 행전이라고 부르는 것이 맞을 것이다. 성서는 처음부터 끝까지 이 세상 가운데서 역사하시는 "하나님의 선교"의 기록이다.

교회의 선교

기독교는 '땅 끝까지 이르러 복음의 증인이 되라'는 말씀을 기독교인을 만들어 개종시킨다는 전도의 개념으로 이해해 왔다. 여기서 교회는 흔히 구원의 방주로 이해된다. 교회를 방주로 비유하는 것은 노아 홍수시대의 방주처럼 교회가 멸망 받을 사람들을 건져낸다는 것이다. 그래서 크리스천들은 죄악으로 가득한 세상에서 사람들을 구원해내려고 부지런히 전도를 했다. 예수의 이름이 이 세상 끝까지 전파되면, 주님께서 오시고 새 세상이 펼쳐진다고 믿었다. 그러나 이 세상에 예수의 이름이 전해지지 않은 곳은 없지만 새 세상은 되지 못했다.

서구에는 거의 대부분의 국민이 기독교인이다. 출생부터 사망까지의 기록을 교회에서 관리한다. 전 국민 거의가 기독교인이지만 여전히 다른 나라를 착취한다. 자기들 안에서도 인종차별이 있고, 폭력과 범죄가 난무한다. 교회가 주체가 되어 아무리 양적으로 교인의 수를 늘린다고 해도 하나님 나라는 오지 않는다. 이렇게 교회가 주체가 되는 선교를 우리는

"교회의 선교"라고 부른다. 교회의 선교는 하나님께서 교회를 통하여 세계에 역사하신다는 "하나님-교회-세계"의 순서를 가지고 있다. 교회는 하나님과 세계사이의 매개자가 된다.

서구는 세상 끝까지 복음을 전파한다는 명목으로 십자군 전쟁을 일으켰으며, 이를 식민지 확장의 논리로 삼았다. 이것은 누가의 선교론에 대해 오해하고 악용한 사례이다.

하나님의 선교

세계교회협의회(WCC)는 이렇게 실패한 "교회의 선교"에 대해 맞서는 개념으로 "하나님의 선교"라는 개념을 정립했다. 하나님의 선교의 개념은 "교회는 왜 선교하는가?"를 묻기 시작한 1928년 예루살렘 회의에서 시작했다. 예루살렘 회의는 "회심의 신학" 대신 "봉사의 신학"을 내세웠다. 인류를 위해 세계종교와 세속주의자가 공존하고 협력해야 한다는 것을 말하였다. "하나님의 선교"라는 관념(idea)은 1952년 독일 빌링겐에서 열린 제5차 국제선교협의회(IMC)에서 처음으로 등장했다.

> 선교란 단순히 주님의 말씀을 향해 복종하는 것만을 뜻하지 않는다. 그것은 또한 공동체(Gemeinde)의 회집에 대한 의무만을 뜻하는 것이 아니다. 선교란 구원받은 전 피조물 위에 그리스도의 주권을 세우려는 포괄적인 목표를 가지고 아들을 보내심 곧 하나님의 선교에 참여하는 것이다. 우리가 그 한 지체로 참여하게 되는 선교운동의 원천은 삼위일체 하나님 자신 안에 있다.[3]

---

3) Georg F. Vicedom, *Missio Dei: Einführung in eine Theologie der Mission* (München: Kaiser Verlag, 1960). 『하나님의 선교』 박근원 역, 대한 기독교서회, 1980, 16.

이후 비체돔(G. F. Vicedom)에 의해서 최초로 체계적으로 개념이 정립되었다. 여기서 선교의 목적은 "하나님의 나라"의 수립, 즉 샬롬(평화)이라고 보았다. 그리고 그것은 개인의 구원을 넘어선 피조물 전체의 구원활동이었다. 때문에 그의 선교신학에서는 생명, 정의, 평화, 하나님 나라 등의 개념이 중시되었다. 하나님의 선교란 개인구원과 교회 확장을 유일한 의무로 삼아서는 안 되며, 궁극적으로는 성부 하나님이 아들 예수 그리스도를 세상에 보내신 그 뜻에 참여하는 선교를 말한다.

여기서는 하나님의 섭리의 순서가 바뀐다. 즉, "하나님-세계-교회"의 순서가 된다. 하나님께서 이 세상에 직접 활동하시고 교회는 단지 그 하나님의 선교를 도와서 함께 참여할 뿐이다. 하나님께서 교회를 통해서 역사하시거나, 교회가 하나님을 독점해서 세상과의 관계를 주선하는 것이 아니라 하나님 자신이 주권을 가지고 직접 이 세상을 섭리하신다는 것이다.

세계교회협의회는 이미 1900년대 중반에 이 "하나님의 선교"를 새로운 선교전략으로 확립하였고, 이제까지의 선교에 대해 반성하고 새로운 방식으로 선교해 나가기로 하였다. 이것은 제2의 종교개혁운동이라 할 수 있다.

하나님 자신의 선교

하나님의 선교는 하나님 자신의 선교활동에 근거한다. 우리는 이제까지 예수를 믿는 사람은 영원한 생명을 얻게 된다는 것만을 강조하였다.

하나님은 이 세상을 극진히 사랑하셔서 외아들을 보내주시어 그를 믿는 사람은

누구든지 멸망하지 않고 영원한 생명을 얻게 하여 주셨다.(요 3:16)

그러나 하나님께서 독생자 예수 그리스도를 이 세상에 파송하시고, 성령을 통해서 마지막까지 역사하시는 목적은 하나님께서 '이 세상을 극진하게 사랑'하시기 때문이라는 것을 주목하게 되었다. 우리들의 선교는 기독교인의 숫자를 늘리는 것이 아니라 이 하나님의 사랑의 역사에 참여하는 것이 목적이다.

하나님은 세상 한복판에서 활동하시는데 교회는 기독교 안에만 머물 수는 없다. 교회는 이념, 문화, 종교, 사회의 최전선에서 증거해야 한다. 그러기 때문에 선교의 목표는 예수를 입으로 고백하는 사람을 늘리는 것이 아니라, 예수 그리스도 안에 있는 새 인간을 회복하는 것이다. 이 세상에 정의와 평화를 확립하는 것이 우리들의 선교의 목표가 되는 것이다. 여기서 우리는 교회의 선교와 하나님의 선교를 비교해 보자.

	교회의 선교	하나님의 선교
교회	예배단체, 기도하는 곳	세상으로 나갈 기지
선교의 목적	교회형성과 확대	하나님의 선교의 도구
	개인체험, 복음, 믿음이 우선 -사회봉사는 간접적 요구	나쁜 사회적 제도 아래서 개인적으로 양심을 지킬 수 없다 -삶의 현장인 구조, 제도, 사회의 개선이 우선
구원	개인구원	개인구원+사회구원
	영혼구원-심리적 안정	전인구원-상황개선
선교형태	예수를 주로 고백함-신조에 강조	실천-행동에 강조
	교인확보	사회참여, 개혁

	개인심령의 평안	세계평화와 샬롬
	소극적 선교	적극적 선교 -고통을 일으키는 구조에 저항
	교파확장	하나님나라 자체의 확장
약점, 기타	사회에 대해 무책임한 교회로 비난의 대상이 될 수 있다. -개인의 치유에 유용하다.	교회의 조직이 약화되고 시민운동이나 사회단체와의 구별이 모호해질 수 있다. -개인의 문제도 해결하지 못하는데 과도한 부담감을 지울 수 있다

교회의 선교는 개인구원을 중요시 하지만 하나님의 선교에서는 개인 구원과 사회구원 모두를 총괄한다. 즉 교회의 선교는 영혼구원을 목표로 하지만 하나님의 선교는 영, 육을 포함한 전인구원을 목표로 한다. 교회의 선교는 억울함을 당하고 고통 받는 사람에게 "어떤 처지에 있든지 간에 하나님만을 믿을 때, 마음이 편해지고 구원받게 된다."고 한다. 그 사람이 놓인 상황에 대한 변화 보다는 심리적인 안정을 중시한다. 그러나 하나님의 선교는 그 사람이 억압당하는 상황이 개선되는 것 까지를 완전한 구원이라고 본다.

요즈음 같은 경쟁사회는 '일등만이 살아남는다.'는 것을 공공연하게 말한다. 같은 직장에서 같은 일을 하면서도 누구는 정규직이고 누구는 비정규직으로 대우 받는다. 사회는 서로 누르고 밟고 이겨야만 살아남는데 교회 안에서는 여전히 사랑과 하나됨을 말할 수 있는가? 그것은 자칫하면 우물 안 개구리 식의 자기 독백에 그칠 수 있다. 탁한 물속에 사는 물고기보고 물은 탁해도 너만은 독야청청하라고 말하는 것은 불가능하다. 그러기에 하나님의 선교는 우리가 사는 사회가 개선되어야 개인도 성결할 수 있다고 믿는다.

교회의 선교는 교인확보에 주력하지만 하나님의 선교는 사회참여를 강조한다. 교회의 선교는 교회 자체가 목적이지만 하나님의 선교는 교회를 하나님의 선교를 위한 수단과 도구라고 본다. 교회의 선교는 개인 심령의 평안을 희구하지만 하나님의 선교는 세계평화와 샬롬을 중시한다. 교회의 선교는 입으로 복음을 전파하지만 하나님의 선교는 행동으로 복음을 전파한다. 교회의 선교는 소극적인 개념이지만 하나님의 선교는 고난을 담당하고 그 고난을 낳는 구조와 대항하며 적극적인 선교를 편다. 교회의 선교는 교인의 숫자와 교파의 확장이 목적이 우선하지만 하나님의 선교는 하나님나라 자체의 확장을 목적으로 한다.

하나님의 선교가 가진 신학적 의미

하나님의 선교는 교회가 근본적으로 교회가 시작한 자리에 서게 하였다. 일반적으로 마가의 다락방을 교회가 출발한 자리라고 보지만 안병무는 그 이전 예수와 민중이 만나는 현장 자체를 교회의 출발점으로 본다. 즉 교회는 교회라는 조직이 출발한 자리라기보다는 예수사건, 해방 사건이 일어나는 현장이다.

교회에서 행해지는 설교와 성례전도 그 자체로 만은 의미가 없다. 성례전의 원형은 예수 사건이다. 그의 사건, 예수의 살과 피가 성례전이 기억하라고 한 기억의 원형, 모체다. 설교 역시 역사 속에서 예수 사건을 재현할 때라야 설교의 역할을 한다. 설교와 성례전은 우리가 살아가는 역사 안에서 예수 사건을 기억하고 재현할 때 의미가 있다. 따라서 하나님의

선교가 가지는 신학적 의미를 다음과 같이 정리해 본다.[4)]

첫째, 선교의 주체를 하나님으로 보는 관점의 전환을 가져 왔다. 이러한 관점에서 선교는 나, 우리, 교회 등이 아니라 하나님의 것이다.

둘째, 교회의 주인은 교회가 아니라 예수 그리스도임을 표명하였다. 즉 교회는 그 자체로 절대적인 존재가 될 수 없다.

셋째, 교회와 세계를 상호적인 관계로 바라보게 하였다. 즉 교회와 세상을 이원적으로 바라보았던 전통적인 시각을 무너뜨리고 하나님 나라와 세상이 서로 영향을 끼치는 상호관계성의 자리에 그리스도를 놓음으로써 그리스도가 선교의 주체가 되는 시각을 제공하였다.

넷째, 성장 중심의 선교관에서 벗어나 온 피조물의 구원이라고 하는 더 넓은 지평으로 나아갔다. 교회의 성장, 기독교 세계의 확장, 성전에서의 승리 등을 강조해 온 기존의 선교관을 탈피하여, 하나님의 구원의 사역을 세계적, 우주적인 시각에서 바라보게 하였다.

다섯째, '하나님 나라' 선교를 강조함으로써 개인의 구원보다 사회구원에 더 큰 관심을 기울이게 하였다. 이제는 "교회의 존재론적 본질을 묻기보다는 타자를 위한 교회로서의 이 세계를 위한 정치적 사회적 기능을 묻게 되었다." 그리고 "교회의 선교가 아닌 하나님의 선교를 말함으로써 개인적인 내면의 회심체험을 사회 참여의 주체로 바꾸어 놓았다."

여섯째, 하나님의 선교에 참여한다는 것은 인류 역사, 세계 안에서 하나님의 동역자가 된다는 것을 의미한다. 이러한 의미에서 교회의 역할은

---

4) 이한영 "2012 선교전도문서와 오늘의 선교" 기사연, KNCC 공동주관 제2차 심포지움
(2014.11.17)

세상을 정복하거나 지배하는 것이 아니라, 세상을 섬기는 것이 된다.

일곱째, 선교는 예수그리스도 안에서 성취된 하나님 나라를 완성하는 운동이다. 선교는 하나님 나라를 완성시키는 성령의 역사에 참여하는 종말론적운동이다. 선교는 교회의 확장이나 교리의 전파가 아니라 예수그리스도로부터 위임받은 하나님의 나라 사역을 실현하는 일이다. 따라서 선교는 불의한 세상에 대한 선전포고이며 세상을 변화시키는 혁명이다. 하나님나라의 성취와 완성 사이의 중간 시간은 하나님에게는 인내의 시간이고 인간에게는 회개의 시간이며 교회에게는 선교의 시간이다. 하나님의 나라는 세상과의 투쟁(요일 2:18)을 통해서 완성되기 때문에 영적싸움을 통해서 성취된다. 선교는 이 영적싸움에 참여하는 일이다. 그들의 전신갑주는 성령의 은사이다.(엡 6:10-17)

여덟째, 하나님의 선교는 하나님의 샬롬을 선포하여 정치적 억압, 경제적 착취와 사회문화적 소외로부터 인간을 해방하는 인간화를 목표로 하며 하나님을 선교의 주체로 강조하고 선교를 하나님의 정의 실현으로 이해한다.

성령의 은사

성령강림사건의 본질은 방언이나 신유가 아니라 기존의 전통, 제도, 권위의 억압체제를 벗어버리고 각자 자신이 가진 한계를 넘어서고자 하는 사건이었다. 이러한 결단의 자리, 출발점이 성령체험사건이다. 오순절에 다락방에 모였던 사람들은 모두가 유대인들이었다.(행 2장) 그들은 이방인을 증오하며 멸시하고 우습게 생각했다. 그러나 성령이 오시자마자 그들에게 방언의 은사가 터졌는데, 이것은 증오하던 이방인들의 말을 자신들의 입으로 말하게 된 사건을 가리킨다.

방언의 은사가 가진 의미는, 성령이 강제적으로 그들이 가진 편협한 생각을 깨어버리고 모두가 한 공동체임을 가르쳐 주신 사건이다. 만일 그들이 성령에 의해 이 사실을 깨닫지 못했더라면 더러운 이방의 말을 하는 방언의 은사야말로 얼마나 수치스러운 은사이겠는가? 오순절은 그들이 멸시하고 업신여기던 사람들의 말을 자기 입으로 하게 된 그야말로 '재수 없는 날'의 해프닝으로 지나쳐 버렸을 것이다. 그러나 오순절이 교회의 문을 연 복된 날, 성령강림절이 된 것은 그들이 이방인의 말을 하게 됨으로 해서 자기들이 멸시하던 대상을 형제와 자매로 받아들이게 되었고 그 이후로는 그들을 대상으로 복음을 전하게 되는 대 전환이 이루어지는 계기였기 때문이다.

유태인들이 유럽사회의 천덕꾸러기였고 히틀러 치하에 인종말살의 위기에 처해졌었다. 그들은 혹독한 차별과 비인간적인 고난을 겪었다. 그러나 지금 그들이 팔레스타인에서 행하는 인류에 반하는 잔인한 학살의 현실을 보면 그들은 단지 자기들이 당한 고난을 엉뚱한 대상에게 앙갚음할 뿐이지 보다 큰 깨달음을 얻지 못했다. 성령의 은사를 받지 못한 것이다.

성령의 은사는 혼자서 어떤 자격증을 갖추듯이 이룩할 수 있는 것이 아니다. 공동체 안에서 발휘되는 것이고 사랑이니 믿음이니 하는 것들이 이웃과의 관계 안에서 입증되는 관계의 용어이다. 이런 것은 혼자서는 할 수 없다. 영은 나와 이웃을 만나게 해주며 나와 전혀 상관없거나 심지어 적대관계에 있었던 사람들까지라도 그들이 한 아버지의 자녀로서 한 형제, 자매임을 깨닫게 해주고 거대한 가족으로 소통하게 해준다. 이는 서로가 한 영, 한 몸의 지체라는 것을 깨닫게 해주는 힘이다.

교회는 개개의 신앙적인 가치들이 표현되는 장이요, 내가 개인적으로 하기 힘들고 힘겨워 하는 꿈들을 함께 모아서 이루어가는 것이다. 내가 못하는 일을 공동체의 이름으로 하는 것, 내가 못하면 우리가 하고, 우리가 못하면 다음 세대가 하는 것, 이것이 선교이며, 선교는 교회가 존재하는 이유이다.

선교는 하나님 나라의 본질과 성격에 근거한 종말론적 운동이다. 그것은 총체적 구원의 선포를 통하여 성령이 이끌어가는 하나님 나라의 완성에 참여하는 일이다. 그러므로 선교는 인간의 수단과 방법이 아니라 전적으로 성령의 인도와 능력에 의존해야한다. 성령은 그리스도의 제자들을 하나님 나라의 진리로 인도할 뿐만이 아니라 그들에게 하나님 나라의 완성을 위하여 힘차게 일할 수 있는 능력, 곧 성령의 은사를 나누어 주었다. 그 성령의 은사는 세상과 싸우는 가장 강력한 선교의 도구이다.

하나님의 선교는 하나님께서 주체가 되어 세상과 관계를 맺기 때문에 교회자체가 선교를 주관하는 것이 아니라 세상이 요청하고 세상이 제공하는 요구에 따라 반응한다. 하나님의 주권을 강조하다보니 교회와 그리스도인의 선교책임과 실천을 약화시킬 위험성도 있다. 하나님의 선교는 세상을 섬기는 교회, 세상을 위해 고난 받는 교회, 세상으로 흩어지는 교회를 강조했지만 교회의 능동적 역할을 약화시킬 우려가 있다.[5]

선교의 사명은 오직 성령의 오심을 통해서만 실현된다. 성령은 하나님 나라를 완성시키는 힘(energeia)과 능력(dynamis)이다. 성령은 교회를 창조하

---

5) 채수일, 『오늘의 선교와 그리스도인의 자유』, 한국기독교교회협의회 편, 1976. 82

며 진리로 인도하고 하나님 나라를 위해일하는 사역에 동참하게 한다.

WCC 제10차 세계대회와 선교의 개념확장

2013년에 우리나라 부산에서 WCC 제10차 세계대회가 "생명의 하나님! 우리를 정의와 평화로 이끄소서!"라는 주제로 열렸다. WCC 세계대회는 정기적으로 모이는 것은 아니지만 대개 십년 정도의 주기로 모이는데 요즈음같이 흐름이 빠른 세계에서 매우 긴 시간이고 많은 변화가 생긴다. 그동안 세계는 많은 것들이 변화되었다. 생태와 환경에 대한 인식, 인권, 성에 대한 인식, 민주화, 신자유주의, 다국적 기업, 정보화와 인터넷, 글로벌화, 포스트모더니즘, 다문화와 다종교, 기독교 세계 내에서의 교리와 신학의 변화 등이 그것이다. 따라서 선교의 상황과 지형 역시 변화하지 않을 수 없다. 이런 변화를 담아 선교에 대해 세계교회가 합의한 새로운 문서가 바로 우리나라 부산에서 열린 대회에서 발표되었다. 여기서 가장 큰 특징은 '생명'이다. 이 문서의 제목이 "함께 생명을 향하여"라는 점에서도 분명히 알 수 있다. 이 문서의 특징을 살펴보자.[6]

첫째, 삼위일체 하나님을 생명의 관점에서 정의하고 있다. 하나님을 "모든 생명의 창조자, 구속자, 유지자"라고 표현하며, 예수 그리스도를 "세상의 생명"으로, 예수 그리스도의 궁극적인 관심을 "만물 가운데 생명을 충만하게 하는 것"이라고 표현한다. 그리고 성령을 "생명의 시여자", "생명의 지탱자", "생명과 인간숨결의 근원"이라고 표현한다.

---

[6] 이하의 내용은 상게한 이한영 "2012 선교전도문서와 오늘의 선교" 기사연, KNCC 공동 주관 제2차 심포지움(2014.11.17.)에서 옮겨왔다.

둘째, 삼위일체 하나님의 강조이다. 이 문서는 '하나님의 선교'를 '삼위일체 하나님의 선교' (The Mission of the Triune God)라고 고쳐 적는다.

셋째, 하나님의 선교, 성령의 선교, 생명의 선교를 강조한다. 이 문서는 삼위일체 하나님을 강조하지만, 그 중심은 단연 '성령 하나님', '생명의 하나님'에 맞춰져 있다. 삼위일체의 틀 안에서의 생명의 근원이신 성령 하나님을 강조한다. 따라서 선교의 주체와 목적도 성령의 선교, 생명의 선교이다.

성령을 하나님의 선교 개념과 연결하여, "성령 하나님의 선교"라고하며 이를 생명개념과 연계시킨다. "성령에 의하여 우리가 삼위일체 하나님께서 일으키는 생명 중심에 있는 사랑의 선교에 참여한다."고 하며, 선교를 "만물 가운데 생명을 충만하게 하는 것", "생명 살리기 사역", "생명 살리기 선교"라고 한다. 이를 한마디로 말하면, "생명의 근원이며 생명의 영인 성령의 생명 살리기 선교"라고 할 수 있다.

넷째, 우주적 차원, 전 생명의 차원에서의 선교를 강조한다. 인간의 죄와 구원이라고 하는 전통적인 구원관을 넘어서서 모든 생명, 모든 피조물의 번성을 선교에 포함시키면서 개인 인간의 죄는 모든 피조물의 신음으로 전환된다. 따라서 구원도 "모든 창조된 생명과 화해된 관계"를 회복하는 것이다. 선교도 피조물과의 화해를 도모하는 일이 된다. 이를 위해 "땅과 우리 모두 성령의 은혜를 통해 변화해야 하며", "모든 창조세계와 공동체적 교제를 이루어야 한다."고 선언한다.

생명의 선교, 생명의 구원의 문제는 단순히 번성과 축복에만 있지 않다. 이것은 생명을 유린하고 생명을 파괴하는 세력들에 대항하고 그것을 변혁시키는 일을 포함한다. 그러므로 생명의 구원은 생태정의를 지향한다.

다섯째, 변혁의 선교, 해방의 선교를 강조한다. 여기서는 성령의 선교를 변혁의 선교, 해방의 선교로 연계한다. 변혁의 선교는 특별히 우리 사회의 정치, 경제와 관련된 문제들이다. 이는 "불공정한 제도, 독재정치, 세계경제 안에 있는 착취와 대결하는 것"이다. 선교영성은 맘몬을 섬기는 것이 아니라 하나님의 생명경제에 봉사하며, 개인의 탐욕을 만족시키는 것이 아니라 하나님의 식탁에서 생명을 나누는 것이다. 이는 현상유지를 원하는 권력자들에 도전하면서 더 나은 세상을 향해 변화를 추구한다.

해방의 선교는 '주변부로부터의 선교'를 강조한다. 예수의 경우처럼, 하나님의 선교는 주변부의 사람들과 함께, 또한 주변부의 사람들로부터 시작되었다. 이것은 '주변부로의 선교'가 아니다. 즉 권력자가 약자에게, 부자가 가난한 자에게, 중심부가 소외된 곳에 선교한다는 시혜적인 관점이 아니다. 그것은 부당하고 정의롭지 못한 권력에 맞서며, 그 권력구조를 변혁하라는 부름에 응하는 것을 말한다. 또한 부당한 계급질서, 지배구조에서의 해방을 의미한다. 따라서 주변부로부터의 선교는 저항의 선교, 정의의 선교, 변혁의 선교이다. 이 문서는 하나님의 선교를 이런 적극적인 개념으로 확장한다. 주변부로부터의 선교의 또 하나의 특징은 바로 삼위일체 하나님 중 예수의 선교가 강조된다. 예수께서 먼저 가신 길이기 때문이다.

여섯째, 선교는 '생명의 잔치'이다. 이 문서는 결론적으로 선교를 '생명의 잔치'로 확언하고 있다. 선교는 "하나님 나라의 잔치에 초대하는 것"이며, "모든 사람을 생명의 잔치에 이르게 하는 것"이다. "하나님 선교의 목적은 생명의 충만함"이며, "생명을 살리는 성령의 능력에 의해 계속적으로 재창조하는 것"이고, "온 창조세계를 새롭게 하는 것"이다. 그리고 이러한 생명의 창조를 위해 필요한 실천적 지침으로 고난 받는 사람들과의 연대, 타문화와 신앙을 가진 사람들과의 대화, 불의에 대한 저항, 주변부로부터의 선교, 정의와 사랑의 경제에의 참여, 종교의 자유와 신앙의 자유의 존중 등을 들고 있다.

이 문서는 삼위일체 하나님을 보다 명확하게 적시하여, 정통 기독교 교리와의 관계를 분명히 하였다. 또한 기독론 중심의 선교에서 탈피하여 성령론 중심의 선교를 선언한다. 특히, 성령을 생명의 영의 관점에서 다루었다. 그리고 개인구원을 넘어서 사회의 구원이라는 관점을 계승하면서도, 더 나아가 온 우주의 구원의 문제로 그 지평을 확장했다. 또한 해방의 문제를 인간만이 아니라 창조세계의 온 생명에게 확대 적용한다. 이를 통해, 성정의, 경제정의, 생태정의, 전쟁과 평화, 핵문제, 다문화, 다종교 등 현대사회가 풀어나가야 할 여러 문제들을 선교적 관점에서 다룬다.

세상을 향한 교회의 승리, 이방세계의 정복, 성장위주의 선교라는 관점을 타파하고 교회와 세계의 협력관계를 강조했던 하나님의 선교 정신을 계승하는 한편, 이것을 온 생명을 살리는 살림의 선교, 온 생명이 함께 정의와 평화를 누리는 생명잔치의 선교로 그 의미를 확장시켰다. 아울러 선교의 주체를 교회를 넘어 하나님으로 본 하나님의 선교 정신을 계승하는 한편, 선교의 주체적 동반자를 온 생명으로 보는 관점이 더해졌다.

하지만 세계의 신학은 이렇게 뛰고 날아가는데 한국교회의 신학은 어떠한가, WCC 제10차 세계대회가 열리는 동안에도 그 앞에는 한국의 보

수교인들이 이를 **빨갱**이라며 극렬 시위를 하고 그 기회에 WCC 반대운
동을 위한 보수 기독교인의 모금에 수십억이 모였다. 세계의 신학과는 역
행하는 잘못된 방향으로 치달으며 돈까지 벌어들여 맘몬의 노예가 된 한
국교회는 언제쯤 이 거짓 선교자들의 손아귀에서 스스로 벗어날 수 있을
까?

함께 생각 나누기〉

* 기독교 선교의 역사를 볼 때, 그 선교의 주체가 되었던 사람들은 어떤 사람이었을까 이야기해 봅시다.

* 교회의 선교와 이에 맞서는 개념으로 하나님의 선교에 대한 차이점을 말해 봅시다.

* 교회의 출발점으로 생각하는 오순절 다락방에서 일어났던 방언과 성령의 은사에 대해서 이야기합시다.

* 2013년 대한민국 부산에서 열린 제 10차 WCC 세계대회에서 발표한 선언 "함께 생명을 향하여"의 특징에 대해서 이야기 합시다.

* 코로나 시대를 맞이하여 오늘의 교회가 나아가야할 선교의 방향에 대해서 말해보고 각자 소속한 교회에서 진행하고 있거나 가능한 선교 프로그램에 대해서 이야기 합시다.

지역사회와 함께 호흡하는 교회 7)

　필자가 목회하는 강남향린교회는 1993년 향린교회의 창립 40주년 기념교회로 송파지역에서 출발했다. 처음 교회를 시작하며 선교하는 교회, 민중·민족과 함께하는 교회, 삶의 전 영역에서 그리스도를 증언하는 교회, 민주적인 교회, 타교파·타종교에 대해 열린 마음을 갖는 교회, 지역사회에 공헌하는 교회, 성차별이 없는 교회, 항상 갱신하는 교회, 가족적인 공동체 교회의 9가지 신앙고백 원칙을 합의하였다. 그리고 교인정원제를 실시하여 그 이상이 출석할 때는 분가의 방식으로 선교하기로 하였고 창립 11주년이 되던 해에 들꽃향린교회를 분가하였다. 당시 담임목사였던 필자가 분가한 개척교회 목회자로 파송되었고 부목사였던 이병일 목사가 담임목사로 취임했다. 각 교회가 목사 장로 임기제를 하기에 지금은 들꽃향린교회에서의 임기를 끝내고 다시 강남향린교회의 청빙을 받아 목회중이다.

　교회는 민주적인 운영을 위해 각 부서장들이 참여하는 교회 운영위원회가 교회 운영을 책임지고 당회는 교인들의 돌봄, 노회, 총회와의 관계 등을 맡는다. 교회 수련회와 행사, 정기적인 회지 발간 등은 교우들이 자율적으로 위원회를 구성하여 계획, 진행, 평가까지 평신도들에 의해 진행된다.

---

7) 이글은 월간목회사의 요청에 의해 2021.6월호 월간목회에 실린 글을 토대로 했다. 김경호, "지역사회와 함께 호흡하는 강남향린교회"『월간목회』2021.6

선교를 제일 우선되는 원칙으로 삼다보니 교회의 조직은 선교 중심부서로 구성되었다. 초기에 교회에서 운영하던 어린이 선교원을 IMF 경제위기를 맞자 어려워진 주민들을 위해 지역의 비닐하우스촌 어린이들을 무료로 교육하는 체제로 바꾸었고 이를 위해 교우들이 꿈나무헌금을 별도로 드려 재원을 마련했다. 지금은 독립기구가 되었고 초기에 꿈나무학교를 운영하던 선생님들은 송파지역은 물론 전국의 어린이 청소년 복지운동에 큰 공헌을 하고 있다.

시민단체와의 연대

교회를 개척 한 이듬해 올림픽공원 내 경륜장이 들어오게 되었다. 이를 계기로 사행심을 조장하는 '경륜 반대 시민모임'이 교회를 중심으로 형성되었다. 이는 올림픽 이후 급하게 형성된 송파 지역에서 형성된 최초의 시민단체였다. 그후 노조, 주민 단체, 종교 단체 등이 연대하여 '강동 송파 시민단체협의회'를 결성해 지역 문제들을 해결했다. 후에 단체 간 협의체에서 회원 단체로 발전된 '위례시민연대'가 결성되었고, 초기에는 강남향린교회 교육관 안에 상설 사무실을 두고 운영했다. 필자가 상임대표로 교우 중 다수가 회원과 운영위원으로 참여했다.

위례시민연대는 이 지역에서 가장 경륜있는 시민단체로 2000년에는 강동 송파 총선시민연대를 만들어 낙천·낙선운동 벌여 지역의 선량들을 신선한 인물로 교체하는 한편 지역의 구정 감시, 민주단체와의 연대, 지역의 인권운동, 사회복지 등 지역사회의 일을 하고 있다. 2019년에는 송파구내의 진보, 보수, 어린이에서 어르신까지 모든 주민들이 참여하여 '송파 평화의 소녀상'을 건립하고 주변지역에 평화공원을 조성하였다.

2020년에는 소녀상 건립에 참여한 시민들이 '송파 평화의 소녀상 시민모임'을 만들어 지역의 민주, 인권, 평화를 위한 활동들을 벌이고 있다. 동일한 목적으로 구의회에서 조례를 만들고 예산을 확보하여 2022년부터는 송파구 내에서 '인권센터'를 상설 운영할 예정이다. 이런 활동들은 교회와는 별개의 조직으로 진행되지만 교회 안에 오랫동안 경험을 가진 지역 운동가들이 있어 조직에 참여하고 주민들의 인권, 정의를 지켜가는 역할을 톡톡히 하고 있다.

2021년 4월부터는 '송파연가'라는 프로그램을 시작했다. 합창, 통기타, 풍물, 리코더 등의 반을 운영하는데 송파구의 지역사회 주민들이 자발적으로 참여하여 코로나 방역 수칙을 맞추어 가며, 그동안 익힌 실력으로 연말에 짜임새 있는 발표회로 지역주민 음악축제를 성대하게 가졌다.

해방적 선교의 경험

우리교회의 신앙고백의 제1조는 선교하는 교회이다. 이런 고백에 걸맞는 교회가 되기 위해 여러 가지를 모색하여 왔다. 이런저런 선교를 하면서도 교회가 그들에게 시혜나 자선을 베풀기로 한다면 교세가 약한 개척교회로서의 한계가 분명했다. 좋은 뜻은 가지고 있었지만 구체적인 선교현장과 연결되는 것은 쉽지 않았다.

그러던 중 1999년 초 화훼마을에 대형화재가 발생했고 400여명이 한겨울에 길거리로 나 앉게 되었다. 어려움을 당한 주민들의 문제를 해결하기 위해 즉각 교회가 함께했다. 평소에 인근의 비닐하우스 촌인 통일촌 어린이들을 무료로 교육해온 일들로 인해 주민들과의 친분이 있었다. 필자가 공동대표의 책임을 맡아, 주변의 교회, 사회단체들에 호소해 만 3개월 간 400여명의 먹거리를 책임졌다. 그리고 공동모금회에서 5천 만 원을 지원받아서 화재를 당한 117세대 전체의 비닐하우스 주택를 복구했다.

그동안 화훼마을을 둘러친 예쁜 꽃그림이 그려진 담장부터 허물었다. 꽃단장한 울타리 안의 세계는 참담했다. 필자가 보기에 그 담장은 안에 사람들을 위한 것이 아니었다. 그 밖에 있는 사람들이 마음 놓고 그들을 외면하기 위한 담장이었다. 꽃담장으로 가려진 채 벌어지는 우리사회의 가장 비참한 생활을 교계나 사회 밖으로 꺼내 놓게 된 것은 큰 성과였다. 노회의 집회, 한국기독교 교회협의회 농성, 고난 받는 자를 위한 목요기도회 등을 통하여 빈민들을 묵살하여 온 사회를 향해 그들의 빼앗긴 삶을 호소하고 알렸다. 그런 결과 냉담하던 언론이 움직이기 시작했고, 사회의 주목을 받게 되자, 그 동안 숙원이었던 수도를 송파구내 6개 비닐하우스 단지에 놓게 되었고, 전기도 가설하게 되었다.

그리고 자기 땅이 아니라는 이유로 주민등록도 해주지 않아 무적자로 살아오던 주민들 중 우리교회 교인이 된 두 사람을 원고로, 주민등록을 주관하는 문정동 사무소를 피고로 하여 행정 소송을 진행했다. 마침 내 승소했고 송파구내 약 2천여 명의 비닐하우스 주민들의 주민등록이 이루어졌다. 이로써 주민들이 당당하게 투표권을 행사하게 되었고, 그동안 제외되었던 각종 사회보장 혜택, 주민들의 상당수가 기초 수급자 혜택을 받게 되었다. 그리고 이어지는 여러 가지 권리들을 획득하게 되었다. 당시 강남향린교회는 임대교회였기에 우리가 교회의 돈을 풀어서 그런 문제들을 해결하려 했다면 교회를 열 개, 백 개 팔아도 감당치 못했을 것이다.

단지 우리가 가진 것으로 자선을 베푸는 것이 아니라 근본적인 문제를 찾아내고 치유하는 매우 보람있는 선교였다. 이것은 해방의 사건-출애굽 사건-구원사건을 일으키는 참다운 교회의 선교의 모습이라고 생각했다. 단지 가진 것 일부를 나누어 주는 시혜적 선교는 위험 부담 없는 점은 좋으나 지극히 미봉책에 그치는 한계를 가진다.

시혜나 자선적인 선교를 넘어서서 근본적인 문제 해결을 위한 해방적 선교로 나가고자 하였다. 해방적 선교란 나타나는 현상을 치료하는 대증요법, 임시방편의 치유보다는 보다 근본적인 문제들, 잘못된 제도나 구조, 법률 등을 개선함으로 문제를 원천에서부터 고치는 것이다. 자선적 선교란 비유하면 찌그러진 깡통을 펴는 것과 같다. 펴도 펴도 사방에 끝도 없이 찌그러진 깡통이 널려져 있다. 원래 깡통을 만드는 기계가 찌그러진 깡통을 찍어낸다면 당연히 그 기계부터 고쳐야하지 않겠는가? 단지 찌그러진 깡통을 쫒아 펴는 것을 자선적 선교라고 한다면 사회문제가 발생하는 근본을 고치는 것을 '해방적 선교'라고 할 수 있겠다.

교회가 시혜적 선교에 매달리다 보면 시혜를 할 수 있는 조건, 즉 규모나 예산이 풍부한 큰교회를 먼저 이루어야 가능하다. 한국교회가 저마다 대형교회를 지향하는 명분이기도 하다. 그러나 교회가 돈을 가진 단체는 아니다. 돈은 국가나 지방자치 단체, 기업이 가지고 있다. 교회는 돈을 가진 사람들이 반드시 돈을 써야할 곳을 드러내 주면 된다. 그러기 위해서는 의사결정 구조가 복잡한 큰 교회는 오히려 불가능하다. 그들은 늘 해오던 하던 일 외에 새 일을 하기엔 몸이 무겁다. 그러나 작은 교회는 주민들 속에 들어가 그들의 문제를 발굴하고 근본적인 문제들과 씨름해 나갈 수 있기에 해방적 선교를 시행하기에는 오히려 큰 교회보다 적합하다.

우리문화운동과 국악예배

강남향린교회는 예배에서 국악반주단을 운영하며 국악으로된 예배 음악을 사용한다. 2000년과 2003년에는 향린교회와 함께 국악찬송가를 편찬해 내기도 하였다. 교회 내에는 우리 문화를 전수하고 국악을 배우는 '시람'이라는 전문 연주패를 운영해 매년 정기적인 공연을 하기도 했으며 교회가 전용 극장을 마련하여 주민들과 함께 우리 문화를 만들어가기도 했다. 전교인 수련회에서는 우리 고유의 마을 잔치인 판굿을 밤새도록 하고 흥겨운 춤판을 벌이기도 했다. 매년 추수감사절과 설 예배 등은 풍물패와 함께 비나리, 메기고 받는 식의 즉흥적 기도와 찬양 등 우리 문화로 드리는 예배를 하기도 한다. 지금은 '열음'이라는 국악연주단이 매주 예배에 국악기로 반주하고 연주를 한다.

전도지를 나누어 주고 "예수천당"을 외쳐 전도하는 시대는 지나갔다. 많은 개신교 신자들이 사회에 무관심하고, 이웃의 문제는 도외시하며 제 몸집 늘리기, 숫자 불리기에만 혈안이 된 개신교를 떠나고 있다. 한국교회는 때 늦었지만 자기반성에 철저해야한다. 자기 교회의 확장만을 위해서 일할 것이 아니고 교회가 서있는 지역사회와 호흡하고, 지역사회의 문제를 교회의 문제로 받아들여야 한다. 호흡이 멈추면 생명은 끝난다. 강남향린교회는 열린 마음으로 주민들 속으로 들어가 그리스도를 증언할 수 있도록 온 교우가 한 마음으로 기도하고 있다.

2

에베소서 : 화해와 하나됨의 십자가

　교회에 이방계와 유대계의 분열이 생긴 채 박해의 시대를 맞이한다. 이들의 하나 됨은 생존이 달린 문제가 되었다. 이들을 분열시킨 것은 자신의 전통, 저마다의 행위를 자랑하기 때문이다. 에베소 저자는 구원은 행위에서 오는 것이 아니고 은혜로 온다고 하며, 우리에게 한 몸 됨, 그리스도 안에 있는 사람은 모두 공동의 몸을 가진 존재임을 일깨운다.

　에베소서는 일반적으로 바울이 에베소 교회에 보낸 편지라고 알려져 있다. 그러나 에베소서는 바울계 문서에 속하지만 바울의 친서는 아니라고 여겨진다. 용어와 사상이 약간 다르다. 문체나 내용에서 여타 바울서신과 많은 차이점을 나타내며 골로새서와는 많은 구절이 자구적으로 일치한다. 그래서 이 두 서신을 유사 바울서신으로 분류하고 제2 바울서신이라고 부르기도 한다. 편지의 수신자는 에베소교회로 언급된다. 그러나 어떤 사본들에는 에베소라는 지명이 빠져있어 그냥 소아시아 지방에 교회로 보낸 편지로 보기도 한다.

　에베소서는 이미 바울서신을 알고 있고 100-110년대의 편지 안티오키

아의 이냐시오 편지는 이미 에베소서를 알고 있으니, 학자들은 대략 90년대 어간의 편지로 생각한다. 그때는 로마에 의한 박해가 이어지던 때이다. 십자가를 본래의 의미대로 해석할 수 없는 때였다. 크리스천이란 사실만으로도 목숨을 잃는 때였고, 무모한 저항의 처참한 결과가 어떠한지는 이미 70년대 유대의 대 로마항전을 통해 알 수 있었다. 그러나 박해의 시절에 당할 때 당하더라도 그들은 강한 내부의 결속이 필요했다.

에베소서는 서신의 수신자를 이방계 그리스도인들로 전제한다.(2:11, 3:1, 4:17) 서신의 가장 지배적인 주제는 헬라 말을 하는 이방계 그리스도인들과 유대말을 하는 유대계 그리스도인들과의 관계이다. 에베소서는 이 둘이 함께 하나의 교회를 이룬다는 것을 강조한다. 이것은 실제 소아시아 교회 내에 있었던 분열상황을 반영한다. 소아시아 지역에서 이 두 파의 그리스도인들은 더욱더 긴장관계로 치닫고 서로 간에는 높은 장벽에 막혀있다.(2:14) 이에 대해 저자는 이 둘이 서로 배타적이어서는 안 되고, 서로 상호간 화해와 평화로써 하나로 통일된 교회의 모습을 실현하도록 요청한다.

은혜를 통한 구원

> 너희는 그 은혜에 의하여 믿음으로 말미암아 구원을 받았으니 이것은 너희에게서 난 것이 아니요 하나님의 선물이라 행위에서 난 것이 아니니 이는 누구든지 자랑하지 못하게 함이라.(엡 2:8-9)

우리가 아주 잘 아는 말씀이다. 흔히 사영리로 표현되는 간단한 기독교

구원의 원리를 설명하는 데 가장 대표적인 말씀이다. 구원이 행위에서 나는 것이 아니라 믿음으로 말미암으니 예수를 주님으로 고백하면 주님께서 우리 죄를 대속해주시고 우리가 구원에 이르러 하나님의 상속자가 된다는 것이다.

우리가 신앙생활을 함에 있어서 확신을 가지고 생활하는 것은 필요하다. 그래야 기쁨도 가지고 자신감을 가질 수 있기 때문이다. 그러나 내가 가진 확신이 결정권을 가지고 있으며 절대능력을 가진 카드라고 생각하면 오산이다. 내가 갖는 확신이건 믿음이건 우리의 구원을 결정하는 것은 우리들 자신에게서 나오지 않는다. 결정권을 가진 것은 하나님의 주권이며 그 분께서 주시는 은혜이다. 믿음이나 확신이 하나님의 은혜를 대신하거나 강제할 수 있는 것은 아니다. 행위라는 것은 인간이 쌓은 선행이나 공적에 해당하는 데, 믿음이나 확신을 구원의 조건으로 여긴다면 그것이 바로 '행위'에 해당한다. 아무 조건 없이 하나님께서 베푸시기에 은혜로 구원이 임한다고 한다. 그 놀라운 사실을 내가 받아들이는 것이 믿음이다.

이 말씀은 하나님의 구원이 은혜로 말미암은 것이며 인간의 행위에서 난 것이 아니라는 것을 강조한다. 한국교회는 이 말씀을 잘 이용했다. 쉽게 확신을 선물했고 그로인해 양적 증가를 꾀했지만 결과적으로 행위 없는 기독교, 입으로 고백만 하면 되는 싸구려 기독교를 만들어 버리고 말았다. 지금 한국교회가 겪는 여러 가지 사회적 비난과 상식에 미치지 못하는 윤리의식은 그 결과로 오는 후유증이다.

본문은 왜 구원이 행위에서가 아니고 은혜에 의한 것이라고 강조할까? 그것은 본문이 말씀하는 대로 "아무도 자랑하지 못하게 하려함"이다. 행위가 토대가 되어 구원에 이르면 구원이 감사와 찬양이 되는 것이 아니라 서로 자랑하고 견주고 자기 공덕을 과시하는 장이 될 테니 아무도 자랑하지 못하게 하려고 하는 것이다. 구원이 자기 자랑으로 이어진다면 결국 교회(공동체)의 분열을 가져올 것이 뻔하다. 그러니 행위에 의한 구원은 결국 분열이라는 결과를 낳게 되기에 은혜에 의한 구원을 강조하는 것이다.

하나된 새사람의 창조

> 그러므로 여러분은 지난날에 육신으로는 이방 사람이었다는 사실을 생각하십시오. 손으로 육신에다가 행하는 '할례를 받은 사람'이라고 일컫는 사람들이, 여러분을 '무할례자'라고 일컬었습니다. 그 때에 여러분은 그리스도와 상관이 없었고, 이스라엘 시민권에서 제외되어서, 약속의 언약에서는 외인으로서, 세상에서 아무 소망도 없이, 하나님도 없이 살았습니다. 여러분이 전에는 하나님에게서 멀리 떨어져 있었으나, 이제는 그리스도 예수 안에서 그분의 피로 하나님께 가까워졌습니다.(엡 2:11-13)

이 말씀을 주는 대상이 누구인가? 그 대상은 이방인이다. 그들은 유대인들이 일컫기를 "할례도 법도 없고 하나님도 없는 자"라 일컫던 사람들이요 "하늘의 시민권도 없고 아무런 소망도 없는 사람들"이었다. 구원받는 것을 공적에 의하지 않고 아무도 자랑치 못하게 하는 이유는 전에는 하나님과 멀리 떨어져 있던 사람을 예수 그리스도 안에서 하나님과 가깝게 하기 위해서다. 그것이 그리스도가 베푸는 은혜이다. 이것은 또한 아무 것도 자랑할 것, 내세울 것이 없는 사람들까지 모두를 구원하신다는 하나님의 의지이며, 은총의 무한함을 가리킨다.

만유의 하나님, 화해의 십자가

> 그분은 만유의 아버지이시며, 만유 위에 계시고, 만유를 통하여 일하시고, 만유
> 안에 계십니다.(엡 4;6)

그리스도의 십자가는 만유($\pi\alpha\nu\tau\omega\nu$, 만물)안에서 하나됨을 실현한다. 그분은 만유의 아버지이시며, 만유 위에 계시고, 만유를 통하여 일하시고, 만유 안에 계신다. 그러기에 에베소서는 예수의 십자가를 서로 갈라진 것을 하나 되게 하는 화해의 십자가로 해석한다. 로마가 정치범을 살해하는 형벌인 십자가는 이제 교회 안에 새로운 윤리, 화해의 십자가로 만유가 서로 얽혀 한 몸 됨을 깨닫는 십자가로 재해석 된다.

> 그리스도는 우리의 평화이십니다. 그리스도께서는 유대 사람과 이방 사람이 양
> 쪽으로 갈려 있는 것을 하나로 만드신 분이십니다. 그는 유대 사람과 이방 사
> 람 사이를 가르는 담을 자기 몸으로 허무셔서, 원수된 것을 없애시고, 여러 가
> 지 조문으로 된 계명의 율법을 폐하셨습니다. 그것은, 이 둘을 자기 안에서 하나
> 의 새 사람으로 만드셔서, 평화를 이루시고, 원수된 것을 십자가로 소멸하시고,
> 십자가로 이 둘을 한 몸으로 만드셔서, 하나님과 화해시키시려는 것입니다.(엡
> 2:14-16)

하나님께서 아무 값을 치를 필요 없이 은혜로 구원을 주시는 것은 바로

지금 하나님 없이 살아가는 이방인들을 맞이하기 위해서다. 계명의 율법까지 폐하시는 것도 그들이 원수된 원인을 허물어서 하나님 안에서 하나된 새사람으로 지으시기 위해서다. 그런 이유로 십자가는 원수 되어 갈라진 것을 하나 되게 하는 역할을 한다.

예수의 십자가는 로마의 정치범을 처리하는 형틀이다. 당연히 저항의 표지이며 죽음과 순교의 표지다. 이런 십자가는 일반 생활인들이 따라가기에는 너무 힘들고 심각하다. 일상을 살아가는 사람들에게는 너무 벅차다. 그래서 예수 이후의 문서들은 십자가를 우리가 실천할 수 있는 윤리로 재해석한다.

마가는 이를 '섬김'의 신학으로 제시한다. 이웃을 위하여 섬기고 봉사하는 것이 십자가를 지는 삶이라고 한다. 자매나 형제를 위하여 죽기까지 섬기는 일이야 말로 우리 몫의 십자가를 지는 일이요, 하나님께서 이루신 큰 화해의 대로를 여는 일이라고 한다. 마가는 제자들의 조건으로 섬김과 따름을 강조한다. 요한도 이런 개념을 발전시켜 최후의 만찬에 이어 예수께서 제자들의 발을 씻기는 장면을 추가해 섬기는 자세를 강조한다.(요 13장)

에베소서는 십자가를 평화와 화해의 표지로 재해석한다. 유대인과 이방인의 갈라진 것을 하나 되게 하는 표지가 바로 십자가라 한다. 그리스도는 자기 몸으로 중간에 막힌 담을 헐고 율법을 폐하고 자기 안에서 한 새사람을 지으셨다.

그리스도께서 '막힌 벽을 허셨다.'고 한다. 예루살렘 성전에는 이방인들이 들어 올 수 있도록 허용된 곳이 따로 있다. 이방인은 거기까지만 가능하다. 그런데 예수는 그 막힌 담을 몸으로 허셨다. 몸으로 허셨다는 것은 무엇인가? 유대인들은 몸에 자기들만의 표시를 하였다. 할례이다. 그것은 오랜 유대인의 전통이고 자기들의 표식으로 지켜오던 것이다. 유대계 그리스도인들은 이방인들이 개종하고 그리스도인이 되더라도 할례를 받는 것을 전제 조건으로 했다. 그것은 초대교회 선교에 큰 걸림돌이 되었다. 하도 말도 안되는 것을 가지고 차별하고 나누니까 바울이 하나됨을 위해서라면 차라리 그걸 잘라버리면 좋겠다고 한다. 사도행전에 에티오피아의 내시가 즉석에서 세례를 받는 장면이 나온다. 이것은 할례라는 육체의 표시로 하나님의 자녀를 구분하던 유대인들에게 그거 없는 사람은 어떻게 하느냐는 질문을 던진 것이다. 바울을 중심한 이방인 선교를 주장하는 그리스도인들과 제자들을 중심한 유대계 그리스도인들은 이방인이 개종시에 할례를 받아야 하느냐의 문제로 심각하게 대립하였다. 그러나 결국 초대교회는 이방인 선교를 위해 이방인들에게 할례를 요구하지 않기로 합의하였다.(행 15장)

에베소서의 저자는 십자가의 의미를 재해석한다. 예수께서는 몸으로 이방인과 유대인의 갈라진 것들을 허셨다. 십자가에서 그의 몸이 무너진 것에 특별한 의미를 둔다. 바로 몸에 구별의 표시인 할례를 통해서 종교적 차별을 삼고 엉뚱한 우월감을 갖는 것은 교만이며 서로의 관계를 망치는 일이었다. 그러기에 예수께서는 십자가로 자기 몸을 허물어서 원수된 것을 소멸시킴으로 차별의 표식을 허무신다.

동시에 성전의 담을 쌓아서 유대인과 이방인을 구별하던 막힌 담을 허무는 행위였다. 그러니 십자가는 화해의 표지이다. 막힌 담을 허물고 유대인과 이방인을 하나 되게 하신 일은 이미 '그의 몸' 안에서 이루어 졌다. 예수의 몸 안에서 이루어진 화해의 사건은 그들이 살아가는 사회 안에서 벌어지는 차별과 구별을 폐지한다. 이는 갈등과 나누어짐이 사라진 '새사람'을 지으신 것이다. 예수 안에서 이루어지는 '새사람'은 인간이 만들어 낸 갈등과 분열, 모든 차별과 적대감을 해소시킨다. 분노는 보복을 낳고 악순환한다. 그 보복의 고리를 끊는 것이 "단(斷)"이다. 이것은 그동안 쌓이고 쌓인 억울함을 끝내는 것이다. 축적된 고리를 끊는 것이다.

잠언 25:21에 "네 원수가 배고파하거든 먹을 것을 주고, 목말라 하거든 마실 물을 주라"고 한다. 이러한 정신이 예수의 원수 사랑의 말씀으로 이어졌다. 이것은 새 차원의 복음이다. 단순 보복이 아닌 승화이다. 결국 그를 내편으로 하는 것이며 그의 몸뚱어리를 통해 나의 뜻을 이루어 가는 것이다. 원수를 잔인하게 베는 것보다 그를 나의 편으로 만들어, 그로 인해 그도 살고 나도 사는 것을 말한다. 나와 너의 조부라운 감정의 분풀이가 아니라 자신을 죽이고 하나님의 큰 화해를 이루어 나가는 것이다.

십자가는 원수된 것을 소멸하는 틀이다. 원수 된 것 곧 중간에 막힌 담을 헐어 한 몸이 된 새 사람을 지어 하나님과 화목하게 하셨다. 십자가는 더 이상 죽임 당한 원한을 상징하지 않는다. 예수 가까이에 있던 사람들에게 십자가는 사랑하는 스승을 억울하게 앗아간 틀, 증오할 상징이었다. 그것은 식민지 백성에게 가하는 폭력의 상징이었다. 그런데 어찌 십자가를 원수 됨을 소멸하는 표로 보는가? 십자가를 보면 분이 끓어올랐을 것이다. 없던 원수도 삼을 만한 일이건만 가장 분노할 상징물인 십자가를 원수 소멸의 틀로 설명하는 것은 엄청난 아이러니이다.

그러나 우리가 예수 안에 있다는 것은 우리들이 가지는 증오의 감정을 넘어선다. 서로 원수 삼고, 보복하며 죽고 죽이는 관계 속에서는 새로운 세상이 올 수 없다. 우리의 마음을 넘어서야 화해의 길로 갈 수 있다. 우리들의 화해는 당시에 갈라져 적대하던 모든 대상을 초월한다. 그것은 할례 받은 사람, 안 받은 사람이 아니라 새사람을 창조한다. 큰마음을 가지고 모든 것을 품을 수 있는 사람, 어느 누구도 차별하고 나누지 않는 통전적인 인격의 사람을 만든다. 십자가는 우리를 원한 관계를 넘어서서 보다 큰 것을 보게 하는 새 인격으로 이끈다. 차원이 다른 새사람을 요구한다.

예수는 원수 사랑을 말씀하셨다. 유대주의도 확실히 원수는 미움과 경멸의 대상이 되어서는 안 된다고 가르쳤다. 하지만, 예수는 보다 직접적이고 무조건적으로 원수 사랑을 말한다. 율법, 이념, 종교, 정의 등 여러가지 요인으로 볼 때, 분명 너와 나는 하나 될 수 없는 조건들을 넘치게 가지고 있다. 그러나 어떤 명분이건 간에 사람과 사람이 갈라져 싸우는 상태로 하나님 나라는 현존할 수 없다. 그런 갈등 관계가 소멸되어야 하나님 나라가 임한다.

당시 유대주의자들에게 화해는 완전히 미래에 있는 것이었다. 보다 완벽하고 철저한 세상을 위하여 그들은 서로 양보할 수 없는 원칙을 가지고 대립했다. 그러나 예수에게 있어서 화해는 자신의 인격 안에 이미 시작된 것이며, 자신의 행위 안에서 하나님의 통치가 현존한다. 이미 예수 자신을 통해서 하나님과 인간 사이의 메시아적인 화해가 시작되었다는 것을 강조한다.

교회 : 공동의 몸

에베소서는 보이는 건물의 교회가 아니고 구성원들의 각 단위, 각 개인

신도들이 가지는 유기적 연대성, 그들이 이루는 관계를 교회로 본다. 그 래서 예수의 십자가를 서로 갈라진 것을 하나 되게 하는 화해의 십자가로 해석한다. 로마가 정치범을 살해하는 형벌인 십자가는 이제 교회 안에 새 로운 윤리, 화해의 십자가로 서로 한 몸 됨을 위해 작용한다. 성도의 삶은 그 하나 됨을 위하여 자기 자신을 내려놓을 수 있어야 한다.

> 그분께서는 오셔서, 하나님에게서 멀리 떠나 있는 이방인 여러분에게 평화를 전 하시고, 하나님께 가까이 있는 사람들에게도 평화를 전하셨습니다. 이방 사람 과 유대 사람 양쪽 모두, 그리스도로 말미암아 한 성령 안에서 아버지께로 나아 가게 되었습니다. 그러므로 이제부터 여러분은 외국 사람이나 나그네가 아니요, 성도와 같은 시민이요, 하나님의 가족입니다. 여러분은 사도와 예언자의 터 위 에 세워진 건물이요, 그리스도 예수 스스로가 그 모퉁잇돌이십니다. 그리스도 안에서 건물 전체가 서로 연결되어서, 주님 안에서 성전으로 자랍니다. 여러분 도 그리스도와 연결되어서 함께 건물을 이루어 하나님께서 성령으로 거하실 곳 이 되어갑니다.(엡 2:17-22)

그리스도께서 자기 몸을 허무셔서 지으신 새사람은 그리스도 안에 한 성령으로,(18절) 성도와 같은 시민으로 하나님의 가족이 된 것이다.(19절) 그래서 그리스도가 모퉁이돌이 되고 서로 연합하여 한 건물을 이루어가 는 것이다.(20절) 그렇게 연결된 건물, 유형의 건물이 아니고 원수된 것이 소멸되어 이루는 조화로운 관계를 화해라 하며 그러한 공동체가 바로 성 전이다.(21절) 그래서 에베소서 기자는 "성전으로 자란다."(21절)고 표현한 다. 그곳은 우리 모두가 그리스도와 연결되어서 함께 건물을 이루기에 하나님께서 성령으로 거하실 곳이 되어간다.(22절) 그러니 교회라는 것은 보이는 건물이나 모이는 사람이 아니라 그 사람들 사이에 이루는 관계이고 화해와 하나됨이다. 이어서 저자는 계시로 받은 그리스도의 비밀을 알려주겠다며 3장의 말씀으로 넘어간다.

그러므로 이방인 여러분을 위해서, 그리스도 예수의 일로 갇힌 몸이 된 나 바울이 말합니다. 여러분을 위하여 하나님께서 나에게 은혜로 이 직분을 주신 것을, 여러분은 이미 들었을 줄 압니다. 하나님께서는 계시로 그 비밀을 나에게 알려 주셨습니다. 그것은 내가 이미 간략하게 적은 바와 같습니다. 그것을 읽으면, 여러분은, 내가 그리스도의 비밀을 어떻게 이해하고 있는지를 알게 될 것입니다. 지나간 다른 세대에서는, 하나님께서 그 비밀을 사람의 아들들에게 알려 주지 않으셨는데, 지금은 그분의 거룩한 사도들과 예언자들에게 성령으로 계시해 주셨습니다. 그 비밀이라는 것은, 이방 사람들이 복음을 듣고서, 그리스도 예수 안에서 함께 상속자가 되고, 함께 한 몸이 되고, 함께 약속을 받은 지체가 되는 것입니다.(엡 3:1-6)

유대인과 이방인이 함께 상속자, 함께 한 몸, 함께 약속을 받은 지체가 되었다고 '함께'라는 말이 연달아 나온다. 예수님은 이웃을 네 몸과 같이 사랑하라고 하셨다. 바울은 이에 더 나아가 우리는 그리스도의 몸이라 하더니 여기서는 '함께 한 몸'이라고 한다. 공동의 몸(συσσωμα)이라고 한다. 여기서 쉬스(συσ)는 영어의 sym-, syn-의 어원으로 "함께, 공동, 공통, 같은"의 의미를 가진다. 이것이 하늘의 비밀이고 그리스도께서 우리에게 보여주시는 비밀이다. 우리는 본래 하나님으로부터 왔으니 한 태생이다.

모두가 하나님을 아버지라 부르는 같은 가족이고 한 자녀이다. 우리는 공동의 족보, 공동의 태생을 가진 사람이다.

본래 한 분에게서 나온 지체들이니 '한 몸'이다. 그런데 한 몸 됨을 잊어버리고 서로를 믿지 못하고 시기하고 견제하고 상대를 누르고 일어서려고 하는 싸움에 가담하였다. 이것은 아버지를 잊어버린 것이다. 아들과 아들, 아들과 딸들, 딸과 딸들 사이에 분쟁이 일어났다. 그들이 서로 분쟁한다는 것은 이미 하늘 아버지의 자녀됨을 그들의 몸으로 부정하는 행위다.

그래서 막힌 것을 헐어버리고 하나가 되게 하기 위해 그리스도께서 오셨고 그리스도의 십자가로 우리는 하나 됨을 다시 회복할 근거를 얻었다. 우리는 근원이 같고 하나의 몸에서 나온 존재들이다. 우리들이 떨어져 있는 각자의 존재, 여러 부모의 자녀가 아니며 몸조차 '공동의 몸'이라는 것이다.

한 몸을 이룬 유기체(有機體)

공동의 몸이 가지는 그 유기성이 바로 교회이다. 교회의 성격은 몸이 가지는 유기적인 연결에 있다. 그리스도의 몸은 긴밀한 연결 구조를 가진다. 각 단위의 유기성이 하나의 조직적인 교회다. 보이는 건물이나 모임이 교회가 아니고. 각 단위, 각 개인 신도 간의 유기적 연대성, 그들이 이루는 관계가 교회이다. 사랑의 동인이 생기는 곳, 사랑의 마음으로 다발처럼 묶여있는 곳, 교회는 성령이 하나인 것과 같이 그 나타나는 조직과 몸도 하나이며 희망과 목표도 하나다.

어떻게 다른 사람과 한 몸, 공동의 몸이 될 수 있는가? 상대와 하나가 되려면 나를 내려놓아야 한다. 바울이 자기 자신은 그리스도의 십자가와 함께 죽었고 지금은 자기 안에 그리스도께서 사신 것이라(갈 2:20)고 고백하는 것과 같이 에베소서 기자는 한 걸음 더 나아가 성도들, 같은 믿음의 식구들과 한 몸, 공동의 몸이라고 한다. 자기 자신이 죽고 살고 할 것도 없이 함께 공동의 몸이라는 것이다.

한상열 목사께서 통일을 위한 방북문제로 3년형을 살고 출소 후 하신 첫 번째 말씀은 "나는 감옥에서 큰 깨달음이 있었는데 사랑하고 하나가 된다는 것은 결단이다. 결단하지 않고 어떻게 하나가 되겠는가?"고 말씀하셨다. 그러면서 감옥에서 "일체의 분열의식, 차별의식을 다 포기하고 내려놓았다. 내가 얼마나 교만한지 보았고 내 안에 가지고 있던 수많은 차별심을 다 내 던졌다. 그것을 가지고 어떻게 통일 하겠는가?"고 하셨다.

교회는 자연인 개개인의 인성과 능력에 힘입어 하나가 되는 것이 아니다. 우리는 그렇게 할 만한 인격을 가지고 있지 못하다. 여전히 교만하고 차별을 즐기고 내가 남보다 우월하다는 상상 속에서 정죄하기를 즐긴다. 그것이 우리가 가진 자연의 인간성이다. 그러나 교회의 일원이 된다는 것은 어느날 우리를 그리스도의 한 몸의 관계로 부르시는 부름에 응하는 것이다. 한 몸의 관계 속으로 들어가 그 선택가운데 몸을 던지는 것이다. 그것은 이런 저런 일체의 구별을 멈추고 우리가 그리스도 안에 하나 됨을 입는 것이며 공동의 몸을 이루는 관계 안으로 들어가는 것이다. 하나됨을 이루기 위해서 우리의 의지로 일체의 차별됨을 제거하고 하나됨을 자각하는 결단으로부터 우리의 감정과 우리의 의지를 이끌어 오는 것이다.

나는, 하나님의 능력이 역사하는 대로, 나에게 주신 그분의 은혜의 선물을 따라
이 복음의 일꾼이 되었습니다.(엡 3:7)

여기서 "복음의 일꾼"은 누구인가? 한 몸 됨을 회복하기 위해 일하는
사람이 복음의 일꾼이다. 아울러 복음은 이상한 공식을 만들어 고백하고
하나님을 그 안에 묶어두는 것이 아니다. 그것은 자기 확신과 안위를 위
한 행위에 불과하다. 참다운 복음은 우리가 하나임을 깨닫는 것, 서로 한
몸의 관계라는 것을 체험하는 것이다.

화해된 세상

에스겔도 화해를 말했다. 에스겔은 단지 감정을 조정한 화해만을 말하
지 않는다. 그의 화해된 세상은 하나님 중심의 세상으로 새로운 토지의
분배, 토지개혁으로 구체화된다. 삶의 토대가 되는 토지에 대한 균등분배
없이 새로운 세상은 없다. 에스겔은 이스라엘 초기 토지분배에서 제외되
었던 레위지파도 분배에 참여시킨다. 다시는 레위지파가 약자 신세로 전
락할 필요가 없게 되었다. 그리고 모든 지파에게 위도상 일직선으로 자르
듯이 토지를 분배한다. 에스겔이 강조하는 진정한 12지파의 화해는 땅을
평등하게 나누어 갖는 토지개혁을 통해서만 완성된다. 성경의 화해는 단
지 정신적이고 심리적인 화해만을 이야기 하지 않는다. 그것은 구체적으
로 삶의 토대를 나누어 갖는 '화해' 즉, '화해된 세상'을 뜻한다.

성경이 말하는 화해란 단지 서로 적대하는 감정을 소멸시키고 얼치기
중간을 만들어 양보하라는 것이 아니다. 상대주의에 빠져서 이것도 좋고
저것도 좋다거나, 모순을 감추고 덮어두자는 화해가 아니다. 화해는 감

정을 누그러뜨리라든가, 적당한 중간을 추구하는 것이 아니라 '화해된 세상'을 의미한다. 그것은 삶의 토대가 되는 땅을 고르게 나누고 고아, 과부, 이방인을 보호하며 누구도 억울한 일을 당하지 않는 세상을 말한다. 동양적으로 하면 '대동세상(大同世上)' '이화세계(理化世界)'이다.

'대동세상(大同世上)'은 모두가 평등한 세상, 신분제 사회에서 모든 차별과 억압을 넘어서 모두가 똑 같이 존중함을 입는 사회를 주장하며 나온 말이다. 모두가 동등한 대우를 받는 사회-세상의 상(上)은 하늘을 말한다. 그런 하늘이 우리에게 열린다. '이화세계(理化世界)'는 우주의 이치, 근본 질서로 세상을 이룬다는 뜻으로, 개인의 이기적 욕심이나 인간의 감정들에 근거를 두고 세상을 도모하지 않는다는 뜻이다. 소인에게는 그리스도가 존재하지 않는다. 자기감정이 최고다. 자기 이해관계가 모든 것에 앞선다.

십자가는 분명히 당시의 권력자들이 예수를 살해한 형틀이다. 그러나 초대교회는 십자가를 통해 분풀이를 하고자 하는 것이 아니고 화해된 세상을 본다. 교회는 십자가를 원수된 것을 소멸시키는 틀로, 화해의 전형으로 제시한다. 그들이 만들어내는 화해된 세상은 유대사람도 헬라사람도, 종이나 자유인도, 남자나 여자도 모두가 하나가 되는 세상(갈 3:28)이다.

화해된 세상을 만들기 위해 이것도 좋고 저것도 좋고, 모두를 만나 타협하자고 한다면, 그것은 모든 것을 혼자 움켜잡은 채, 가난한자 약자에게 양보하라고 외치는 지배자들의 손을 들어주는 화해이기 쉽다. 그것은 성경적인 화해가 아니다. 서로 차별하고 적대하는 사회적 갈등이 없어지고 모두가 함께 존중받는 사회, 그리스도의 몸인 공동체를 이루는 것이 화해된 세상이다. 그러기에 화해란 목표 없이 중간 치기를 만드는 것이 아니라 세상의 모든 모순이 사라지고 맞이하는 '화해된 세상', '대안적 세상' 즉, 하나님 나라를 맞이하는 것이다. 따라서 우리가 화해의 사도가 된다는 것은 무조건 양쪽을 타협시키려는 사람을 말하는 것이 아니라 '화해된 세상', '하나님 나라'를 일구어 가며, 그 나라의 정의와 평화를 전파하고 이루어 나가는 사명을 말한다.

확장된 그리스도의 몸

바울은 그의 신학의 독특한 개념으로 소마(soma)-몸의 신학을 발전시켰다. 먼저 그가 소마라고 할 때, 그것은 단지 영혼과 정신을 배제한 몸뚱어리를 말하지 않는다. 그는 인간의 영, 정신과 육신을 종합한 개념, 전인격의 개념으로 몸을 말한다. 그리고 한 단계 발전된 의미로 그리스도를 머리로 한 공동체, 교회를 그리스도의 몸이라고 한다.

이것은 예수는 단지 그가 몸으로 살았던 30년 남짓한 역사적 삶 안에만 계신 존재가 아니라는 것을 말한다. 예수의 몸으로서의 삶은 이천년 전 팔레스타인에서 사셨던 그 짧은 역사적 예수의 생애 삼십 삼년을 훨씬 넘어서 존재한다.

이제 그리스도의 몸으로서의 삶은 그를 위해 생애를 바친 예수의 제자들의 핏줄 속에 존재하고, 로마의 원형경기장에서, 수난 받는 역사의 현장에서 순교의 길을 가신 분들의 삶으로 연장되어 진다. 또 그에게 최고의 영광과 경배를 돌리며 살아온 신앙의 선조들의 삶으로, 자신의 몸을 바쳐 그리스도를 따라 살고자 하는 모든 이들의 삶으로 이어진다. 오늘 의로운 길에 서고자 헌신하는 모든 사람들의 숨소리와 핏줄에 이어지고 그리스도의 거대한 몸에 참여하게 된다.

예수의 몸과 인격은 까마득한 옛날 33년의 역사 안에 갇혀진 몸, 이미 결정 나 있는 인격이 아니다. 그분의 인격과 삶은 열려있고 자라고 있다. 그 분을 향한 수많은 진실의 고백들을 통해서, 그분을 따르는 삶의 실천을 통해서 그리스도의 인격과 몸은 지금도 자라고 있다.

> 우리의 몸은 각 부분이 자기 구실을 다함으로써 각 마디로 서로 연결되고 얽혀
> 서 영양분을 받아 자라납니다. 그리스도를 머리로 하는 교회도 이와 같이 하여
> 사랑으로 자체를 완성해 나가는 것입니다.(엡 4:16-공동번역)

그 분을 향해 우리의 가진 것의 최고의 것을 돌리는 이 역사 안에 신앙인들을 통해 예수의 몸은 자라나고 있고 그의 인격은 지금도 계속 확장되며 열려있다. 이 시대의 수많은 신앙인들의 삶의 헌신을 통해, 또 그분을 향하여 돌리는 예배와 경배를 통해서 그리스도는 매일 새로운 모습으로 우리에게 나타난다. 그의 삶을 살고자 하는 수많은 신도들의 연장된 삶, 그들이 흘린 피와 땀의 진실을 통해서 예수는 역사 안에 매번 새로워진다. 그리고 우리를 그 새로움 가운데로 이끄신다.

이 천년 전에 그분은 완성형으로 끝난 분이 아니다. 그분은 겨자씨 같이 누룩과 같이 자라고 있고 발전한다. 새로운 시대의 새로운 인격과 사건들이 새로운 역사를 계속 만들어 가는 한 그 분은 늘 자신의 모습을 새롭게 하는 새 몸으로 우리에게 다가 오신다. 그분은 그 시대에 고정된 분이 아니다. 오늘 우리들의 손발이 움직이고 우리들의 그분을 향한 꿈틀거림이 있는 한, 그분은 살아 계신다. 칠 흙 같은 어둠의 역사를 뚫고, 그 안

에서 꿈틀 꿈틀 살아 역사하시는 분이시다.

이 확장된 그리스도의 몸을 통해 만물을 완성하시는 분의 계획이 그 안에서 완전히 이루어지고 그 완성은 온 우주에 그리스도의 충만함을 향해 간다.(엡 1:23) 이제 그리스도의 몸은 우주적인 몸으로 자라나게 된다.(엡 1:23, 3:8-10, 4:16, 골 2:19) 하나님은 만물 안에 계시고 만물 위에 계시고 만물을 통해서 역사하신다.(엡 4:6) 이런 신학적 개념은 골로새서로 이어져 '우주적 그리스도'론으로 발전한다.

예수님은 이 천년 전에 돌아가신, 십자가에서 마감하신 분이 아니다. 부활하신 분이시다. 그래서 그분을 따라나선 수많은 역사의 행렬의 선두에 서셔서 구원의 능력으로 우리를 압도한다. 그분은 지금도 살아 계시고, 그분의 피는 여전히 오늘 우리를 맑히시는 구원의 능력이 되는 것이다.

그러나 예수의 피가 마치 신비의 영약처럼 이천년의 시간과 지구 반 바퀴의 공간을 넘어 오늘 우리에게 떨어질 때 우리의 죄가 "쏴악" 소리를 내며 사라지는 신비의 영약이 아니다. 이천년 전 예수의 피가 오늘 우리에게도 구원의 힘이 되는 것은 그때 주님의 십자가와 오늘의 간격을 메우며 도도히 흐르고 있는 수많은 희생자들의 보혈이 있기 때문이다. 그들의 희생제사에서 아직 뜨거운 피가 솟구쳐 흐르고 있기에 그때 그 십자가가 오늘 우리의 십자가가 될 수 있도록 그 역사의 간격을 메우고 있다. 그 간격에는 수많은 크리스천의 삶의 진실이 있다. 그들의 피와 땀의 실천을 통해서 그때 그분은 오늘 여전히 우리들을 안아 주시는 어머니의 품으로 부활하심으로, 오늘 우리 앞에 살아계신 그리스도의 몸이 되고, 우리들은 그 몸의 지체가 되는 것이다.

하나되는 기쁨

> 여러분은, 성령이 여러분을 평화의 띠로 묶어서 하나가 되게 해주신 것을, 힘써
> 지키십시오. 여러분이 부르심을 받았을 때에 한 희망으로 부르심을 받은 것과
> 같이, 몸도 하나요, 성령도 하나요, 주님도 하나요, 믿음도 하나요, 세례도 하나
> 요, 하나님도 한 분이십니다. 그분은 만유의 아버지이시며, 만유 위에 계시고, 만
> 유를 통하여 일하시고, 만유 안에 계십니다.(엡 4:3-6)

에베소서는 성령께서 우리를 평화의 매는 줄로 하나 되게 하신다고 한
다. 삶이 소중한 이유는 그것을 통해서 우리가 하나 될 수 있는 기회이기
때문이다. 죽음을 맞는다면 우리는 다시는 화해할 기회를 얻지 못한다.
삶은 가능성이다. 살아있는 동안 우리는 만나고, 알고, 서로를 이해하고,
함께 나누는 기회를 얻는 것인데 그 시간 동안 우리는 서로 충만하게 만
들 수 있는 기회를 얻는다. 하나님나라는 어떤 객관적인 기준, 소득이 얼
마 이상 되고, 집이 몇 평 이상 되는 그런 것이 아니다. 너와 내가 닫힌 가
슴을 열고 서로를 만나서 하나 되어 가는 기쁨이 바로 성령께서 우리에게
주시는 기쁨이다. 그런데 에베소서의 스케일은 그 하나됨이 너와 나, 인
간 사이에서 이루어지는 것이 아니다. 그것은 만유(παντων, 만물)안에서 하
나됨을 말한다. 그분은 만유의 아버지이시며, 만유 위에 계시고, 만유를
통하여 일하시고, 만유 안에 계신다.

드라마나 영화를 보면 큰 사건이 아니더라도, 그리워하는 연인끼리, 또
는 가족이 서로 마음을 합하고 하나 되는 과정 자체가 서사고 역사가 된
다. 대단한 사건이 일어나거나 엄청난 역사의 전개가 아니지만 그것 이상

의 감동을 줄 수 있다. 이 단순한 일이 가장 많은 작품들의 주제이기도 하다. 그 뻔하고 단순한 주제가 단지 사람의 얼굴을 바꾸어 나온 것인데 주인공이 서로를 알아가고 마음을 확인하는 몸짓, 대화, 발언 하나 하나가 감동이고, 상대의 마음을 확인하는 기쁨이 독자나 관객에게 그대로 전해온다. 이렇게 하나 되는 것에는 신비함이 있다. 너와 내가 하나 됨을 만들어가는 과정이 삶의 감동이고 놀라운 사건이다. 삶이 조금 가난하면 어떻고 풍요하면 어떠한가? 참다운 목표는 내가 나 아닌 다른 사람을 만나고 그들의 마음을 얻고 만나는 과정이 성령께서 주시는 기쁨이고 기적이다.

삼위일체 교리를 현대적으로 해석할 때 존재의 유비(비유)로 보지 않고 관계의 유비라고 한다.[1]

성부, 성자, 성령 세분이지만 완벽한 하나됨을 이루시는 것이 삼위일체이다. 인간을 하나님의 형상대로 지으셨다고 하는 것은 하나님 안에 있는 완전한 사귐, 온전한 관계가 인간의 본성이 되기 때문이다. 그래서 인간은 서로 만나고 그리워하는 본성, 혼자서는 외롭고 사랑하고 사귀고 싶어하는 본능이 존재한다. 인간의 본성에는 관계를 복원하려는 갈망이 내재한다. 그래서 깨어진 관계에는 아픔이 있고 회복을 고대한다. 화해란 이러한 관계의 회복, 관계의 치유이다.

> 그러나 하나님께서는 우리 각 사람에게, 그리스도께서 나누어 주시는 선물의 분량을 따라 은혜를 주셨습니다. 그러므로 성경에 이르기를 "그분은 높은 곳으로 올라가셔서, 포로를 사로잡으시고, 사람들에게 선물을 나누어 주셨다" 합니다.

---

1) 김경호, 『오경-야훼신앙의 맥』 대장간, 2017. pp.50-54.

(그런데 '그가 올라가셨다'는 것은, 그분이 땅의 낮은 곳으로 내려오셨었다는 것이 아니고 무엇이겠습니까? 내려오셨던 그분이, 만물을 충만하게 하시려고 하늘의 가장 높은 데로 올라가신 바로 그분이십니다). (엡 4:7-10)

이웃과 하나 되는 기쁨을 얻기 위해서는 내가 공을 세우고, 그 공을 공으로 여기지 않는 경지에 이르러야 한다. 성서가 '하나님의 은혜'를 강조하는 것은 하나 됨을 위해서다. 우리가 공을 세우는 것도 하나 됨에 기여하기 위해서다. 그런데 공을 세우고도 그것을 자신 안에 쌓아놓아 자기는 돋보이지만 그로인해 남을 평가하고 구별한다면 그것은 성령 안에서 공을 세우는 것이 아니다. 그는 세운 공으로 인하여 무너질 것이다. 오히려 그 공은 하나 되게 하시는 영, 성령을 훼방하는 것이다. 세상이 주는 어떤 기쁨보다도 지극히 작은 사람 안에서 참다운 가치를 찾아내고 그와 더불어 하나 될 수 있는 기쁨이야 말로 성령께서 우리에게 주시는 가장 귀한 은사이다.

8절에 "그분은 높은 곳으로 올라가셔서, 포로를 사로잡으시고, 사람들에게 선물을 나누어 주셨다"는 말씀은 시편의 인용인데 약간 변형되었다.

주께서는 사로잡은 포로를 거느리시고 높은 곳으로 오르셔서, 백성에게 예물을 받으셨으며, 주님을 거역한 자들에게서도 예물을 받으셨습니다. 반역자는 주 하나님 앞에서 살 수 없습니다.(시 68:18)

시편 68편은 고아와 과부 가난한 자들의 하나님이신 야훼께서 세상의 불의를 행하는 왕들을 정복하고 하늘에 올라 심판하시는 장면이다. 왕위에 오르시는 야훼는 예물을 받으신다. 그러나 이를 인용한 에베소서는 "선물을 나누어 주신" 것으로 바꾸며 9절에서 "올라가셨다는 것은 그 전에 내려오셨다는 것이 아니냐?"며 내려오신 것에 초점을 둔다. 에베소서는 승리하신 하나님 보다는 육신을 입고 내려오신 하나님(그리스도)을 강조한다.

여기서 하나님의 역할을 그리스도께서 수행한다. 삼위일체의 신앙이지만 강조점이 다르다. 하나님은 악을 정복하시는 승리의 하나님이시지만 그리스도는 자신이 낮아지셨고 죽으셨다. 내려옴, 낮아지심의 과정을 통과하신 하나님이 바로 그리스도다. 저자는 예물을 받으신 것 보다는 나누어주신 것을 강조한다. 내려오셨다는 것은 하나님으로서 높은 기준이 있으신데 그것을 해체하셨다는 것을 뜻한다. 전에는 근처에도 오지 못할 인간을 당신의 품에 품어 주셨다. 그것은 그리스도께서 낮아지심으로 인해 우리가 입게 된 은총이다. 그리스도는 낮아지고 고난 받고 죽으셨다. 그런 그리스도를 높이신 분은 하나님이시다. 하나님께서 그에게 부활과 생명을 주셨다. 예수 그리스도는 영광만을 취하는 것이 아니라 내려오고, 낮아지고, 십자가를 지신 하나님이다. 그렇게 할 때 영광과 부활에 이르게 된다는 것이 우리들의 신앙이다.

> 그분이, 어떤 사람은 사도로, 어떤 사람은 예언자로, 어떤 사람은 복음 전도자로, 또 어떤 사람은 목회자와 교사로 삼으셨습니다. 그것은 성도들을 준비시켜, 봉사의 일을 하게하고, 그리스도의 몸을 세우게 하시려는 것입니다. 그리하여 우리 모두가, 하나님의 아들을 믿는 일과 아는 일에 하나가 되고, 온전한 사람이

되어, 그리스도의 충만하심의 경지에까지 이르게 됩니다.(엡 4:11-13)

우리들은 내려오시고 낮아지시고 죽기까지 하신 그리스도를 따라야 하는데 어떻게 그런 삶을 살 수 있나? 스스로 고난을 사서 받고 죽어야 할까? 교회에서 직분을 맡아 봉사한다는 것은 그리스도의 몸을 세우는 거룩한 일이다. 세상일은 다 일정한 대가가 따르지만 교회의 일은 그야말로 봉사이다. 게다가 잘했다고 칭찬받기보다는 못했을 때 비난 받기가 더 쉽다. 작은 교회에서는 한사람이 두세 가지 일을 맡기도 한다. 교회의 봉사는 나를 드러내기 위함도 아니고 그야말로 그리스도를 세워가는 것이다. 나의 봉사로 인해 그리스도가 나타난다. 그리스도의 현존하는 성육신이다. 교회에서 직분자의 봉사는 그리스도의 낮아지심과 죽으심을 따라가는 것이다. 이것을 상실하면 교회에 큰 분열이 온다.

그리스도를 따르는 일은 나의 건강이, 나의 힘이, 나의 경제력이 남아서 하는 것이 아니다. 하나님은 쓰고 남은 것을 받지 않으신다. 내 힘이 남아있는 한 그분을 위해 봉사하는 것이며 나의 생명이 존재하는 한 주님께 드려야 할 일이다. 우리는 대개 "내가 경제적 여유가 생기면 봉사도 많이, 헌금도 많이 하려고 했는데..."라고 말한다. 하나님은 많이 하기를 바라지 않으신다. 왜? 그런 여유는 평생 생기기 어렵다. 그냥 지금 내가 드릴 수 있는 것을 드리고 내가 할 수 있는 것을 하기를 원하신다.

우리는 이 이상 더 어린 아이로 있어서는 안 됩니다. 우리는 인간의 속임수나 간교한 술수에 빠져서, 온갖 교훈의 풍조에 흔들리거나 이리저리 밀려다니거나 하지 말아야 합니다. 우리는 사랑 안에서 진리를 말하면서, 모든 면에서 자라나서,

머리이신 그리스도에게까지 이르러야 합니다. 그리스도가 머리이시므로, 온몸은 여러 부분이 결합되고 서로 연결되어서, 각 부분이 그 맡은 분량대로 활동함을 따라 각 마디로 영양을 공급받고, 그 몸을 자라게 하여, 사랑 안에서 스스로를 세우게 합니다.(엡 4:14-16)

우리 주변에 이렇게 순수한 봉사를 발견하는 것은 쉽지 않다. 대부분은 불순물이 섞여있는 봉사를 하나님께 드린다. 하나님께 봉사한다고 하지만 우리는 조금씩 나를 드러내고 싶은 불순물을 섞기도 한다. 때로는 온전한 동기로 드리는 봉사가 아니더라도 그를 통해서도 교회를 이끌어가는 동력을 삼기도 하신다. 그러나 병적으로 나를 내세우고 주목받고 싶어 하는 사람들이 또한 교회를 이용하기도 한다. 세상 모임에서 자기를 드러내는 것보다 힘이 적게 드는 방법, 남을 헐뜯고 교회 안에서 파당을 만드는 부정적인 방법을 쓰는 훼방꾼들이 있다. 그런 사람들이 일시적으로 에너지를 쏟아내기도 한다. 그러나 그런 에너지는 결국 공동체에 상처를 남기고 하나 되게 하시는 성령을 방해한다.

그들의 목적은 그리스도의 몸을 세우는데 있지 않고 자기 자신을 세우는데 있다. 그리스도의 몸된 공동체를 세우는 것이 목표가 아니고 자신이 돋보이고 인정받으려는 것이 최종 목적이다. 우리들의 봉사의 목적은 그리스도 안에서 온전한 사람이 되어, 그리스도의 충만하심의 경지에까지 이르는 것이다. 우리의 마음을 쳐서 복종시키고 그리스도의 온전한 뜻을 이루기 위해서 치우치지 않는 아슬아슬한 줄타기를 유지하기 위해 우리에게 항상 기도하는 생활이 요청된다.

인류문명 최고의 보편적인 감동이 사랑의 이야기이듯이 갈등, 배신, 다

툼의 이야기는 언제나 우리에게 분노와 슬픔을 가져온다. 남을 헐뜯는 이야기는 잠시의 화제는 될지언정 결코 서로 즐길 수 있는 이야기는 아니다. 그런 대화는 금방 식상하고 뒤끝이 허무하다. 예수께서도 때로는 분노하고 독한 말로 논쟁도 하고 욕하고 나무라기도 하셨다. 그러나 그분은 자신을 십자가에 못 박는 사람들까지 포함해서 모두를 위해, 모든 사람의 화해와 하나됨을 위하여 나아가서 모든 피조물들이 하나되는 큰 세상을 위해서 십자가를 지셨다. 이것이 에베소서가 그리는 큰 그림이다.

여기에 우리들의 희망의 근거가 있다. 여성신학자 맥페이그는 희망을 "사태가 결과적으로 어떻게 판명되든 세계와 그 모든 피조물은 하나님 안에 붙들려있으며 지켜지고 있다는 것을 믿는 것"이라고 한다.[2]

---

2) Sallie McFague, 『기후변화와 신학의 재구성』 김준우 역, 한국기독교연구소, 2008. 276

함께 생각나누기〉

* 에베소서가 그리는 화해와 평화에 대해서 각자의 생각을 나누어 봅시다.

* 역사 안에서 화해된 세상을 이루고자 했던 사람들에게 대해서 이야기 합시다.

* 우리가 함께 한 몸된 변화를 깨달으면 우리들 사이에 어떤 관계변화가 생길지에 대해서 말해 봅시다.

* 확장된 그리스도의 몸에 대해서 이야기하고 그것이 나의 삶과 어떤 관계가 있는지 말해 봅시다.

* 온 세상이 하나됨의 기쁨을 누린다면 우리가 사는 세상은 어떤 꿈을 꾸게 될지 생각을 나누어 봅시다.

"하나됨의 기쁨, 만유 안에서"

여러분은, 성령이 여러분을 평화의 띠로 묶어서 하나가 되게 해주신 것을, 힘써 지키십시오. 여러분이 부르심을 받았을 때에 한 희망으로 부르심을 받은 것과 같이, 몸도 하나요, 성령도 하나요, 주님도 하나요, 믿음도 하나요, 세례도 하나요, 하나님도 한 분이십니다. 그분은 만유의 아버지이시며, 만유 위에 계시고, 만유를 통하여 일하시고, 만유 안에 계십니다.(엡 4:3-6)

얼마 전 사냥꾼 이야기를 들었다. 그 사냥꾼은 총알이 동물을 꿰뚫을 때의 기쁨에 대해 말하면서 "그때 통쾌함은 정말 째진다."라고 말했다. 그 이야기를 듣고 처음에는 "이상한 사람"이라고 생각했고, 그 다음에는 "나쁜 놈"이라고 생각했지만 곧 바로 나 자신이 바로 그런 기쁨으로 세상을 살아가는 사람 아닌가 하는 반성을 했다. 돌이켜 생각해보면 매우 얼굴이 화끈거리는 부끄러운 기억들이 있다. 별로 날을 세우지 않아도 될때, 사실 알고 보면 한길을 가는 동지들에게 논리를 세워 말로 제압하려고 했던 일이 한 두 번이 아니다. 하나 되는 기쁨으로 살지 못하고 사냥꾼의 기쁨을 즐긴 것이다.

세상에는 가진 자, 힘있는 자들이 약자를 등치고 가난한자를 더욱 어렵게 만들며 자신의 이해만을 추구하는 사냥꾼의 기쁨이 넘쳐난다. 그러나 우리가 추구해야할 기쁨은 하나 되는 기쁨이다. 또한 나아가서 이 기쁨이 우리끼리의 기쁨이라면 공허하다. 그것은 세상과 하나 되는 기쁨이고, 특별히 아픔을 겪고 있는 민중이 기쁨을 입고, 그들과 하나 되는 기쁨이어야 한다.

열흘 전에 백신을 맞았는데 약간의 후유증이 있었다. 낮에는 잘 지냈는데, 밤에 자려하니 몸이 갑자기 오한이 나고 차져서 겨울옷을 꺼내 입고 잤는데 이내 너무 더워져서 힘들었다. 아마도 코로나가 우리 몸에 체온을 유지하는 기능을 공격하는 가보다. 인간은 정온동물에 해당한다. 몸에 일정한 온도를 유지해야 한다. 밖에 기온과 상관없이 몸을 일정한 온도로 유지하기에 체온 유지 자체에 많은 에너지가 소모된다.

제 몸의 온도를 일정하게 유지하지 못하면 죽는다. 열대지방에서도 동사가 많이 일어난다. 0℃ 아래로 내려가서 얼어 죽는 것이 아니라 장시간 체온 아래로 내려가면 동사한다. 우리 몸에 1℃ 이상의 범위를 계속 벗어나면 아프고 3℃ 이상 벗어나면 뇌세포가 재생 불가능하게 된다.

그런데 지구도 마찬가지다. 지난 수 만년 동안 지구의 온도가 1℃ 정도 올랐는데 최근 150년 동안 그만큼의 기온이 더 올랐다. 지금의 속도라면 30-40년 후에는 지구의 평균기온이 산업화 이전 대비 2℃를 훨씬 넘기게 되고 2100년이면 3℃를 한참 넘어서 많게는 6℃까지 육박한다고 한다. 이정도의 변화가 인간의 체온에 일어났다면 즉시 사망이다. 이런 생태계의 변화가 오면 수많은 육지가 바닷물에 잠기고 먹을 수 있는 담수들이 고갈된다. 물과 식량을 지키기 위한 큰 싸움들이 일어난다.

코로나 위기에도 곡물 값은 천정부지로 치솟았다. 그리고 지금 현존하는 지구상 동식물은 살아남을 종이 별로 없게 된다. 그런 점에서 우리가 바이러스 퇴치에 온 힘을 쏟지만 지구 입장에서 보면 지금의 인류는 지구 생태계에게는 가장 치명적인 생명체인 셈이다.

이제 화해와 하나됨은 사람들 사이의 문제만이 아니라 모든 만물, 만유, 창조세계 전체와 관계되어 있다. 화해는 하나님과 세상이 연결되고 관계를 회복하는 방식이다. 예수님은 스스로 십자가를 지심으로 우리를 화해하게 하셨다. 우리가 예수를 따라 산다는 것은 하나님에 의해서 시작된 화해의 역사를 살아가는 것이다.

"우분투"라는 말이 있다. 어느 인류학자가 아프리카의 한 부족 아이들을 모아놓고 제안을 했다. 멀리 있는 나무 옆에 아프리카에서는 보기 드문 싱싱하고 달콤한 과일을 가득 담아 놓았는데, 누구든지 바구니까지 가장 먼저 뛰어간 아이에게 과일을 모두 주겠다고 했다. 그런데 아이들은 마치 약속이라도 한 듯이 서로 손에 손을 잡고 함께 달리기 시작했다. 아이들은 과일 바구니에 다다르자 모두 함께 둘러앉아서 사이좋게 깔깔거리며 즐겁게 나누어 먹었다. 인류학자가 그 이유를 묻자 아이들은 일제히 "우분투"라고 소리 질렀다. 우분투라는 아프리카 반투족의 말로 "우리가 함께 있기에 내가 있다"라는 뜻이라고 한다. 그러면서 아이들은 말했다. "나머지 다른 아이들이 다 슬픈데 어떻게 나만 기분 좋을 수가 있나요?" 당신이 있기에 내가 있다. 타인을 향한 인간애, 상생, 배려, 공존, 공생의 가치가 '우분투'라는 단어 속에 고스란히 배어 있다.

이사야 11장의 평화의 동산에 대한 그림은 우리들이 가장 좋아하는 말씀이다. 그런데 정말 가능할까? 이리가 어린 양과 함께 살며, 표범이 새끼 염소와 함께 누우며, 송아지와 사자가 함께 풀을 뜯고, 어린 아이가 그것들을 이끌고 다니며 젖 뗀 아이가 살무사의 굴에 손을 넣을 수 있을까? 현실에서는 불가능하다. 이리, 표범, 사자, 곰은 초식동물이 아니다. 육식동물이기에 자기 배를 채울 만큼 생명을 희생하고 잡아먹어야 한다. 이사야가 이 말씀을 쓰는 때는 북왕국 이스라엘은 이미 제국 아시리아의 손에 잡혀 먹었고, 당시는 신흥 바벨론이 세계의 대권을 거머쥐며 유다를 삼키려 하는 때였다. 이에 비유적으로 제 힘이 세다고 남을 잡아먹는 세상이 되어서는 안 된다고 말하는 것이다. 공생하고 함께 살아가지 못한다면 우리에게 평화는 불가능하다는 선언이다. 이 아름다운 비유로 말씀을 맺는다.

　나의 거룩한 산 모든 곳에서, 서로 해치거나 파괴하는 일이 없다. 물이 바다를 채우듯, 주님을 아는 지식이 땅에 가득하기 때문이다.(사 11:9)

　　　　　　　　　　　　　　　　　　　　　　》 (강남향린교회 강단 중에서)

골로새서 : 창조주 그리스도

골로새서는 에베소서와 신학적 맥락을 같이하며 유대성향을 고집하는 거짓교사들과의 싸움 속에서 태어났다. 유대인들이 나라가 망하고도 아직 정신을 차리지 못한다. 그들은 새로 그리스도인이 된 교회 구성원들에게 자신들의 전통을 지킬 것을 요구한다. 이에 골로새서는 그리스도가 유대인들의 산물이 아니라 유대인들과 그들의 전통을 포함한 모든 생명, 모든 역사와 만물의 창조주라고 맞선다.

골로새서는 옥중에서 쓴 상황으로 설정한다. 에베소서가 골로새서를 전제하는 것을 보아 두 서신은 밀접한 관계를 가졌다. 이 서신들이 처한 상황은 갈라디아서가 처한 상황과도 유사하며 동일한 저작 동기를 가지고 있다. 유대성향을 고집하는 거짓교사들과의 싸움이 배경이 된다.

골로새서에는 그리스도 찬가(골 1:15-20)라고 부르는 그리스도에 대한 신앙고백이 나온다. 이제까지의 그리스도에 대한 신앙고백과 달리 그리스도를 온 우주의 주인, 만물을 창조하신 창조주로 고백하면서 그리스도가 단지 유대 전통에 국한되지 않는다는 것을 강조한다. 골로새서는 유대 전통을 고집하는 거짓교사들과의 싸움이 중심을 이룬다. 유대인들은 음식 및 정결규정의 준수(골 2:16, 21), 안식일과 절기의 준수(골 2:16)를 요구하며 천사숭배와 환상을 본 것들로 미혹한다.(골 2:18) 그리고 그들은 할례도 요구했을 수 있다.(골 2:11) 저자는 그들의 가르침을 사람의 유전, 세상의 초등학문을 따르는 헛된 속임수요 철학으로 지칭한다.(골 2:8)

암흑의 권세와 아들의 나라

> 여러분이 주님께 합당하게 살아감으로써, 모든 일에서 그를 기쁘시게 하고, 모든 선한 일에서 열매를 맺고, 하나님을 점점 더 알고, 하나님의 영광의 권능에서 오는 모든 능력으로 강하게 되어서, 기쁨으로 끝까지 참고 견디기를 바랍니다. 그래서 빛 가운데 있는 성도들이 받을 상속의 몫을 차지할 자격을 여러분에게 주신 아버지께, 감사를 드리게 되기를 바랍니다. 아버지께서 우리를 암흑의 권세에서 건져 내셔서, 자기의 사랑하는 아들의 나라로 옮기셨습니다.(골 1:10-13)

골로새서는 그리스도의 인격에 대해서 말하면서 암흑의 권세와 사랑하는 아들의 나라를 대비한다. 그리스도는 단지 특정 지역이나 혈통에 억매이지 않는다. 그분은 모든 민족, 모든 피조물이 평화롭고 생명으로 충만하게 하신다. 그리스도는 소아적인 좁은 울타리의 주님이 아니다.

세상에서 헛된 욕망으로 출세하는 사람들이 있다. 그들은 최고의 자리에 올라가려고 권모, 술수를 마다하지 않는다. 교활함과 포악함의 상징이다. 그들이 한번 자리에 오르면 결코 내려 올 수 없다. 이미 지은 죄가 있기에 그것이 드러나지 않게 하려면 본인이 최고의 자리에서 막아내야만 한다. 사실 그들은 가장 불행한 사람들이다. 그들의 마음은 결코 편할 날이 없다. 항상 최고 아니면 죽음이니 얼마나 그 마음이 초조하겠는가? 지금은 비록 최고의 자리에 있으나 한 치라도 미끄러지면 결과는 나락이다. 그것이 죄를 지은 사람들이 갖게 되는 불안이며 죄가 죄를 낳게 된다. 그런 불안감 없이 평강한 마음을 갖는 사람은 이미 복 받은 사람이다.

반면 의인은 자신이 가진 재주와 능력을 통하여 사람들에게 기쁨을 주려고 노력한다. 보상을 받든 안 받든 모든 일의 과정 자체가 행복이다. 악인에게는 일의 결과만 있을 뿐이요, 그 과정에서 그 주변의 사람들은 단지 소모품일 뿐이다. 반면 의인은 그 일 자체의 과정에서 기쁨을 갖기에 그 과정에서 만나는 모든 이들이 그들과 사랑을 나눌 수 있는 대상이다. 우리가 주님께 합당하게 살아가고 모든 일에서 그를 기쁘시게 하는 삶을 살아가게 되면 이는 암흑의 권세 아래 사는 것이 아니라 사랑하는 아들의 나라 안에서 살아가게 된다.

그리스도 찬가 -창조주 그리스도

아들은 보이지 않는 하나님의 형상이시요, 모든 피조물보다 먼저 나신 분이십니다. 만물이 그의 안에서 창조되었습니다. 하늘에 있는 것들과 땅에 있는 것들, 보이는 것들과 보이지 않는 것, 왕권이나 주권이나 권력이나 권세나 할 것 없이, 모든 것이 그로 말미암아 창조되었고, 그를 위하여 창조되었습니다. 그는 만물보다 먼저 계시고, 만물은 그의 안에서 존속합니다. 그는 그의 몸인 교회의 머리이십니다. 그는 근원이시요, 죽은 사람 가운데서 맨 먼저 살아나신 분이십니

다. 이렇게 살아나심은, 그가 만물 가운데서 으뜸이 되시려고 하심입니다. 하나
님께서는 그리스도 안에 모든 충만함을 머물게 하시기를 기뻐하시고, 그리스도
의 십자가의 피로 평화를 이루셔서, 그리스도로 말미암아 만물, 곧 땅에 있는 것
들이나 하늘에 있는 것들이나 다, 기쁘게 자기와 화해시키셨습니다.(골 1:15-
20)

"아들은 보이지 않는 하나님의 형상"(15절)이라고 한다. 하나님의 아들
이라고 하는 예수의 형상이 어떠한가? 식민지 변방에 가장 천한 농민, 수
공업자의 아들, 출생부터 말먹이 통에서 밖에 나실 수 없는 기막힌 운명
의 아기이다. 사실 마리아는 산모이니 어쩔 수 없다지만 요셉의 입장에
선 얼마나 안절부절 했겠는가? 찬바람 부는 밤에 출산하는 부인을 거느
린 남편에게 '여관에 들어갈 방이 없다'는 소식만 전해온다. 여관에 들어
갈 돈은 있었나? 아마도 여관에 들어갈 처지가 안 되는 빈털터리라서 마
구간에서 출산하였던 것 아닌가? 사실 그 자리가 떳떳하고 편하게 앉아
서 박사들의 경배를 받을 상황이 아니다. 요셉의 입장에선 여간 몸이 타
는 것이 아니다. 그런데 본문은 그 아기가 바로 보이지 않는 하나님의 형
상이라고 한다.

게다가 그분은 '모든 피조물 보다 먼저 나신 분'(15절)이라고 한다. 가난
뱅이 아버지가 겨울바람이 숭숭 들어오는 마구간에서 아내의 출산을 맞
는 이야기, 그렇게 세상의 첫날을 맞이할 수밖에 없는 기막힌 아기가, 세
상의 눈으로는 지극히 보잘 것 없는 한 아기를 '보이지 않는 하나님의 형
상'이라고 선언한다. 게다가 한 걸음 더 나아가 "만물이 그분 안에서 창
조되었다"(16절)고 한다. 그 보잘 것 없는 아기 안에 만물이 있고 그 아기의

생명과 인권으로부터 만물이 생성된다는 세상 뒤집는 선언이다.

여기 예수를 한 특수한 인물 '예수'로 돌려서는 안 된다. 그것은 인간으로 오신 하나님을 다시 하늘로 돌리려는 하나님의 역사를 거스르는 행위이다. 하나님은 하늘보좌를 버리고 인간으로 오셨다. 이것은 모든 인간을 끌어안기 위해서, 하나님께서 세상을 품에 품으시기 위해서이다. 그러기에 그 아기는 '모든 인간'이며 '모든 생명' '모든 만물'이다. 아니 우리들은 대부분 그보다는 좀 나은 환경에서 출생했다. 예수 보다는 귀족적이라 할 것이다. 천민 아기, 인간의 눈으로 볼 때 아버지의 정체조차 제대로 알 수 없는 몸으로 이 땅에 던져진 아기, 멸시와 천대의 눈길 속에서 태어난 아기, 하나님은 왜 이런 상황의 아기로 오실까? 비록 세상에서는 모멸받고 천한 신분이라도 "그는 하늘에 있는 것들과 땅에 있는 것들, 보이는 것들과 보이지 않는 것들, 왕권이나 주권이나, 권력이나 권세나 할 것 없이 모든 것이 그로 말미암아 창조되었고 그를 위하여 창조되었고 그는 만물보다 먼저 계시고 만물은 그의 안에서 존속한다."고 선언한다.

이것이 우리가 예수 그리스도로 인하여 갖게 되는 "신 인권의 개념"이다. 예수님을 통해 우리 비천한 인간을 이렇게 까지 사랑하시고 높여주시는 그분의 사랑에 눈물이 난다. 한 인간의 권리를 모든 만물의 시작이요, 목적이요, 모든 만물을 포괄하는 만물 보다 크고 궁극적인 틀로 제시하니 얼마나 위대한 선언인가?

우주적 그리스도론

골로새서의 독특하고도 광대한 스케일의 우주적 그리스도론은 특별히 오늘을 살아가는 우리 세대들에게도 소중한 의미를 준다. 역사적 예수의 삼십년 남짓한 삶은 십자가로 마감되었으나 이후 부활하신 주님으로, 세상의 역사를 주관하시는 그리스도로 그의 삶은 확장되었다. 이를 구분해서 역사적 예수와 신앙의 그리스도로 나누기도 한다.

이후 교회는 그리스도의 현존, 오늘 우리가 사는 사회 속에서 그리스도는 어떻게 나타나시는가하는 질문을 끊임없이 던져왔다. 이러한 교회의 질문은 예수를 까마득하게 먼 역사의 인물로 묻어두거나 그리스도를 신화적 영역 속에만 머물게 하지 않고 오늘 우리들 가운데 예수 그리스도께서 어떻게 현존하시느냐는 질문에 대하여 우주적 그리스도는 신학적인 대답을 줄 수 있는 주제이기도 하다. 이러한 질문은 각 시대마다 끊임없이 던져왔고, 성서 자체에도 이러한 질문에 대한 답변들이 여럿 존재한다.

마태 25장 최후의 만찬의 비유에는 "지극히 작은 자 하나에게 한 것이 나에게 한 것이다."라며 자신을 지극히 작은 자와 동일시한다. 이 말은 우리가 만나는 모든 이들이 그리스도이시며, 그중에도 특히 소외되고 우리가 멸시하기 쉬운 지극히 작은 자 안에 그리스도께서 함께 하신다는 고백이다. 오늘의 역사 속에서 그리스도는 가장 낮은 자, 지극히 작은 자 안에 현존하신다는 작은 자 그리스도론이 제시된다.

그러나 골로새서는 "만물이 그의 안에 존속한다."(골 1:17)고 선언한다. 개역은 "만물이 그 안에 함께 섰느니라."라고 한다. 그리스도는 이제 만물과 동일시된다. 그러면 이제 만물이 그리스도이다. 이러한 기독론을 우리는 '우주적 그리스도론'이라고 부른다. 이제 그리스도는 만물 위에 계시고, 만물을 통하여 계시고, 만물 안에 계시며 만물은 그리스도 안에 있다. 그렇다면 만물이 그리스도 아닌 것이 없다. 창살을 통하여 들어오는 빛은 "그리스도의 빛"이고, 산도 그리스도의 산이요, 강도 그리스도 이며, 하늘 나는 새도 그리스도이고, 아이들이 좋아하는 풍뎅이, 하늘소도 그리스도의 풍뎅이, 그리스도의 하늘소이다. 그리스도는 만물과 동일시된다.

이제 그리스도는 단지 인간을 위한 구원자라든가, 마태복음이 제시했듯이 지극히 작은 자들의 구세주를 넘어서 만물을 구원하시고 만물 안에 계시는 주님이시다. 그동안 지구 환경의 문제가 그렇게 크게 부각되지 않는 때에 골로새서의 우주적 그리스도론은 그다지 눈길을 끌지 못했다. 뜬금없는 잠꼬대 취급을 받았으나 기후위기, 지구의 위기를 겪게 되면 골로새서의 우주적 그리스도론은 크게 주목을 받고 있다.

> 그는 그의 몸인 교회의 머리이십니다.(골 1:18)

몸은 집합적 개념이다. 우리들이 모여 이루는 공동체는 몸이고 교회이다. 그리스도가 교회의 머리라는 말을 핑계로 모든 것을 그리스도에게 밀어 버리고 신도들 자체를 낯선 객으로 만들어 버려서는 안된다. 그리스도인은 그리스도를 따라 사는 사람들이라는 의미에서 그리스도를 머리라고 하는 것이다. 그리스도가 교회의 머리라는 말은 우리들 각자가 교회의 머리로서 역할을 하라는 말이다. 내가 살면 교회는 움직이고 내가 죽으면 교회는 송장이 된다. 그리스도는 그리스도를 따르는 우리들 하나하나를 통해서 교회를 이끌고 움직이신다. 그리스도는 교회의 머리되는 우리들의 총체적 머리, 머리들의 중심이시다.

우리들은 한계를 가졌지만 그리스도를 따라 살기로 한 사람들 아닌가? 그러니 그리스도가 교회의 머리시라는 말은 우리들이 교회의 머리가 된다는 말이며 그것은 우리들의 삶의 중심에 그리스도를 최우선으로 해야 한다는 그리스도 중심의 삶의 실천론이다. 우리는 그 실천의 머리이다.

> 그는 근원이시요. 죽은 사람들 가운데서 맨 먼저 살아나신 분이십니다.(골 1:18)

그리스도는 생명을 살리는 세력의 근원이다. 우리들안에 생명의 근원이고 지휘자이신 예수께서 계시다. 그분은 죽은 사람들 가운데서 맨 먼저 살아나셔서 우리들 안에 계시고 우리들을 통해서 새로운 생명의 역사를 진행하신다. 그리스도는 우리들 안에 생명의 기운, 생명의 세력이 되어 모든 것 위에 으뜸의 기세가 되게 하신다. 그리스도는 삶의 충만함, 그 근원에 계신다. 그런데 그리스도는 만물 안에서 무슨 일을 하시는가?

> 하나님께서는 그리스도 안에 모든 충만함을 머물게 하시기를 기뻐하시고, 그리스도의 십자가의 피로 평화를 이루셔서, 그리스도로 말미암아 만물, 곧 땅에 있는 것들이나 하늘에 있는 것들이나 다 기쁘게 자기와 화해시키셨습니다.(골 1:19-20)

그리스도는 '구세주', 세상을 구원하시는 분으로 만물 안에서, 만물이 하나님의 신성으로 충만하도록 하신다. 만물이 이렇게 새로워지는 근거는 에베소서에서 보았듯이 그리스도의 십자가에 있다. 십자가의 피로 이루신 평화로 만물 안에 서로 상충되고 적대하는 모든 것들을 평화롭게 하고, 조화롭게 하며, 하나님 안에 화해하게 만드셨다. 그리스도는 자신의 생명을 비워 만물의 생명을 가장 충만하게 만드셨다. 이것이 그리스도의 비움이다. 인간들처럼 게걸스럽게 자기 욕심을 위해 다른 사람들, 다른 생명들을 마구잡이로 훼손하는 것이 아니라 세상의 생명이 충만한 상태가 되게 하기 위해서 자기 자신을 희생하고 비우신다.

십자가는 정치범의 형틀이다. 그러나 예수는 그것을 정치적 세력의 보복과 복수의 상징으로 삼지 않고 교회도 예수의 십자가를 그렇게 이해했다. 당신이 죽임을 당한 한의 십자가이고 피의 십자가이지만 그것으로 평화를 이룬다는 것은, 그리스도의 길을 가고 있는 우리들을 통해서 만물을 자신과 화해시킨다. 증오의 에너지도 일시적인 집중과 단결을 가져오지만 그것은 궁극적인 행복이 되지 못하고 많은 부작용을 가져온다. 증오로는 영원히 승리할 수 없다. 결국은 끊임없는 보복의 쳇바퀴 속에서 쓸데없는 에너지를 소모한다. 오늘 우리 삶의 진정한 충만함으로 오신 그리스도께서는 우리들의 모든 미움과 보복의 한을 녹이고 평화를 이루신다.

이러한 화해의 충만함은 모든 피조물에 미친다. 이제까지 기독교 신학이 "예수께서 인간의 죄를 대속하기 위해 십자가를 지셨다"고 했다. 그러나 그리스도는 인간만이 아니고 모든 만물 안에 계시고 그 만물을 생명으로 충만하게 하시며 자기 안에서 만물과 화해를 실현하신다. 예수 그리스도의 구원이 단지 인간만이 아니라 모든 피조물의 해방에 해당한다.

> 피조물은 하나님의 자녀들이 나타나기를 간절히 기다리고 있습니다. 피조물이
> 허무에 굴복했지만, 그것은 자의로 그렇게 된 것이 아니라, 굴복하게 하신 그분
> 이 그렇게 하신 것입니다. 그러나 소망은 남아 있습니다. 그것은 곧 피조물도 사

멸의 종살이에서 해방되어서, 하나님의 자녀가 누릴 영광된 자유를 얻는다는 것
입니다. 우리는 모든 피조물이 이제까지 함께 신음하며, 해산의 고통을 함께 겪
고 있다는 것을 압니다.(롬 8:19-22)

서남동은 우리가 고백하는 그리스도는 역사적으로 세 종류가 있다고
했다. 첫째는 우리가 전통적으로 고백하는 케류그마(초대교회 사도들이 전한
복음)적 그리스도이고 두 번째는 세속적 그리스도이다. 이는 마태 25장에
서 보듯이 목마른자, 배고픈자와 동일시하는 그리스도이다. 현재 우리에
게 나타나는 그리스도의 현존을 말한다. 세 번째는 우주적 그리스도인데
이것은 우리가 앞으로 맞이할 미래의 그리스도를 보여준다고 과거, 현재,
미래의 그리스도로 구분했다.[1]

유영모 선생은 "내가 먹는 낱알과 채소가 나를 위해 희생되어 나를 대
속한다. 그리스도가 내 양식이라면 나를 위해 대속되는 만물은 죄다(모두)
그리스도이다."라고 했다. 이것은 그리스도의 대속에 대해서 보다 심오
한 차원을 열어 준다. 이는 예식 안에 갇힌 성만찬을 일상으로 가져온다.

성만찬의 생태적 이해

바울에게 그리스도인들이 나눠 먹는 떡은 단지 역사적 예수의 몸에 머
물지 않는다. 그것은 그리스도를 주(主)로 고백하고 따르는 모든 이의 몸
으로 확장된다. 따라서 그를 따르는 모든 세대 모든 인류의 몸을 통해 그
리스도의 몸은 확장된다. 곧, 우주적 그리스도이다. 몸으로서 예수의 삶

---

1) 서남동, "현재적 그리스도", 『전환시대의 신학』, 65-84. 1967년 11월 20일 『연세논총』에
   발표된 글

은 이천 년 전 팔레스타인에서의 삼십 삼년 짧은 생애에 머물지 않는다. 그의 삶은 떡과 잔을 나누고 그의 삶에 참여하기로 약속하는 모든 이에게 확장된다. 따라서 예수의 인격 또한 과거에 결정된 고정 불변의 것이 아니다. 그분의 인격과 삶은 열려있고 지금도 자란다. 바울은 그리스도의 몸이 예수 자신의 몸을 넘어 그를 따르는 신자들의 공동체인 교회로 확장되고 자란다고 보았다.(엡 4:16). 그런데 골로새서에서 그리스도는 인간의 경계를 넘어 온 생명, 온 우주로 확장된다.

"그리스도는 모든 피조물 보다 먼저 나셨고 만물이 그분 안에서 창조되었다"(골 1:15)고 한다. 만물이 그 분 안에서 새로운 말씀을 부여받고 새로운 의미를 갖는다. 이것이 만물이 예수 그리스도로 인하여 갖게 되는 '새로운 존재의 권리'이다. 예수님을 통해 단지 피조물인 존재들은 하나님의 감격스러운 사랑 안으로 초대된다. 이제 그리스도의 존귀함은 단지 인간을 넘어 모든 생명, 우주 만물로 확장된다. 우주적 그리스도는 우리가 도달해야 될 새 인격이다. 이 세상이 도달해야 될 새 세상의 모습이다. 이것은 우리들이 만들어가야 할 새로운 관계이다. 만물이 상호간에 서로가 서로를 세워가는 토대가 되며 서로가 도달할 수 있는 관계의 완성을 보여준다. 그 완벽한 조화와 사랑이 이루어지는 온전한 유기체로서의 그리스도의 몸을 향하여 우리는 나아가고 있다.

떡과 포도주는 단순한 특정질료가 아니라 하나님과 인간의 노동, 그리고 자연이 함께 빚어 만든 창조세계 총체를 상징한다. 이렇게 빚어진 성찬을 통해 인간이 하나님의 임재와 신비를 경험한다면 그들의 삶을 둘러싼 자연 또한 하나님의 임재의 거룩한 성소(聖所)로서 의미를 가지게 된다. 성찬의 전통에서 떡과 포도주 자체를 임재의 대상으로 보고 화체설이냐

공존설이냐 논쟁하는 것은 불필요하다. 물질 자체가 신성화되기 보다는 그것이 '나누어지는 행위'가 '임재'요 '하나됨'의 상징이다.[2]

우주적 하나됨과 평화

> 그리스도 안에서는 하나님의 모든 신성이 몸이 되어서, 충만하게 머물러 있습니다. 우리도 그의 안에서 충만함을 받았습니다. 그리스도는 모든 통치와 권세의 머리이십니다.(골 2:9-10)

이 거대한 우주적 하나됨과 평화를 어느 누구도 깨뜨릴 수 없다. 더 이상 차별, 배제, 계급주의, 군사주의, 민족주의, 전쟁, 독점, 카르텔, 왕권, 폭력 이런 것들이 존재할 수 없다. 분열하고 찢기우는 것들은 이제 그 근거를 잃었다. 그리스도는 만물을 하나로 만드시는 화해와 평화이시다. 모든 것 안에서 모두를 상생하게 만드시며 모든 것을 온전하게 하시는 힘이시다. 이 조화를 깨고 돌출해 나와서는 안 된다. "세상에 집에 집을 더하고 밭에 밭을 더하여 자기 혼자 살듯 하는 자들"(사 5:8) 세상에 혼자 존재하듯 하는 사람들은 그리스도와 적대하는 세력이다. 최소한의 물질로 살아갈 것을 역설한 베르자이에프는 "최소한의 물질은 물질이 아니고 정신"이라고 했다.

왕양명은 이러한 만물의 조화를 비유로 말한다. 어린아이가 우물에 빠지려는 것을 보고 누구든지 반드시 깜짝 놀라 측은한 마음을 갖는다. 이

---

2) 김경호, "성찬의 사회학적 의미", 『이것을 행하여 나를 기억하라』 한국기독교장로회 제100회 총회 기념 주제강연집, 2015. pp. 79-95.

사실은 어린아이와 일체라고 하는 사랑의 이치(仁)를 그 사람이 가지고 있다는 것을 증명한다. 새와 짐승이 살해당하기 위해 끌려갈 때 슬피 울거나 죽음을 두려워하는 것을 볼 때 사람은 반드시 참지 못하는 마음을 갖게 된다. 이 사실은 인간이 새와 짐승과 일체라고 하는 사랑의 이치(仁)를 그 사람이 가지고 있다는 것을 증명한다. 사람이 나무가 꺾이고 부러지는 것을 보면 반드시 딱하게 여기는 마음이 있다. 이것은 인간이 풀과 나무와 일체가 되는 사랑의 이치(仁)를 증명한다. 또한 순수한 무생물적인 기왓장이나 돌이 깨어지고 부숴지는 것을 보았을 때도 그 마음이 애석하게 느낀다. 이것은 인간 마음의 사랑의 이치와 기왓장, 돌과 일체를 이루고 있음을 말해주는 것이다.3)

엘리스 워커의 소설 자주빛깔에 나오는 주인공이 "나뭇가지를 자르면 자기 팔에서도 피가 날것처럼 느꼈다"고 말하는 것은 인간은 우주만물과 공감하며 교통하며 사귈 수 있다는 것을 말한다. 또한 전습록은 말한다.

> 바람, 비, 이슬, 우레, 해, 달, 별, 짐승, 풀, 나무, 산, 시내, 흙, 돌과 사람은 본래 몸
> (一體)일 뿐이다. 여기서 오곡과 짐승의 부류는 모두 식료가 되어 사람을 포함할
> 수 있고, 약초와 광물과 같은 것은 모두 약이 되어 사람의 질병을 치료할 수 있
> 다. 이것은 사람과 동물, 식물, 광물, 즉 천하 만물이 하나의 기(氣)에 의해서 서
> 로 통한다(相通)는 것을 의미한다.4)

만물을 하나로 꿰뚫어 서로를 연결해 주고 살리는 기의 흐름을 성령의

---

3) 왕양명, "大學問"『양명전서』권 26, 4
4) 왕양명,『전습록』하권, 74조

활동이라고 볼 수 있다. 안병무 선생은 말년에 바로 동양적인 기(氣)가 바로 성령이라고 말씀하셨다. 성령은 만물 안에서 만물을 하나로 엮어주고 조화를 만들어 가며 만물이 한 몸으로 서로 통하여 가게 하는 영이다.

하나님은 만유의 아버지이시고 만유 안에 계시고, 만유 위에 계시며, 만유를 통하여 계신다고 한다. 초월하신 하나님께서 모든 것 안에 계시는 내재적 존재로 모든 생명의 몸을 입으셨다. 성육신은 단순히 인간의 몸뿐 만이 아닌 모든 만유의 몸, 생명의 몸, 세상의 몸을 입으신 사건이다. 몸의 신학은 지구와 그 거주자들의 육체적 필요와 건강을 가장 최우선적으로 배려하는 신학이다.

거짓 교사들과의 싸움

> 여러분이 그리스도와 함께 죽고 세상의 유치한 원리에서 떠났는데, 어찌하여 아직도 이 세상에 속하여 사는 것과 같이 규정에 얽매여 있습니까? "붙잡지도 말아라. 맛보지도 말아라. 만지지도 말아라"하니, 왠말입니까? 이런 것들은 다 한때에 쓰다가 없어지는 것으로서, 사람의 규정과 교훈을 따른 것입니다. 이런 것들은 꾸며낸 경건과 겸손과 몸을 학대하는 데 지혜를 나타내 보이지만, 육체의 욕망을 억제하는 데는 아무런 유익이 없습니다.(골 2:20-23)

여기서 세상의 유치한 원리, 이 세상의 규정이라고 말하는 것은 어떤 것들인가? 예수님도 대체로 법을 지키셨지만 어느 때는 단호하게 법을 초월하기도 하셨다. 그런 행위는 당시 최고의 권위에 도전하는 위험한 행위였다. 세상은 예수의 이러한 도전을 무모하다고 보아서 그를 십자가에

달았다. 그가 정통의 교육을 받은 것도 아니요, 나이가 많은 것도 아니요, 출신이 좋은 것도 아니다. 한낮 변방 시골에서 올라온 새파란 젊은이가 도대체 무엇이 길래 최고의 권위인 성서에 대해서 "옛 성인은 이렇게 말했지만 나는 이렇게 말한다."고 하고 선언 할 수 있었을까? 그 어마어마한 권위는 도대체 어디서 나오는 것일까?

그것은 "인간사랑"의 엄청난 권위에서 나왔다. 그것은 예수 자신에게서 나오는 권위였다. 그것은 모든 인간의 차별에 대한 전투였고 어느 누구도 하나님의 사랑에서 배재할 수 없다는 근본적 인간의 권리에 대한 엄격한 선포였다.[5]

예수는 당시의 민중을 죄인으로 규정하는 바리새인에 대해서, 그들이 갖는 계급적인 차별에 대해서 철저하게 저항하셨다. 도대체 누가 자기 자신이 스스로 죄인이라고 생각하면서 살아가겠는가? 사람들 앞에서 "나는 죄인이고 나쁜 놈"이라는 자의식을 가지고 사는 사람은 건강하지 못하다.

다 나름대로 자기변명이 있고 자기 자존심이 있다. 이것은 매우 중요하다. 자기에 대한 사랑, 자신에 대한 자존심을 상실한 사람은 위험하다. 자기 사랑을 가지고 있는 사람이라야 이웃을 사랑하고, 자신의 명예도 지키고, 헌신도 할 수 있다. 이러한 자기 사랑은 모든 위대한 행위의 근원이다. 반면에 자기 사랑을 포기한 사람은 어떤 것도 불가능한 사람이고, 막 가는 인생이 되기 쉽다. 그러기에 예수께서는 당시 바리새인들이 죄인이라고 낙인찍은 사람들을 하나님 나라의 주인들로 초대하며 그들을 죄인으

---

5) 김경호, "예수와 율법" 『복음서(상) 역사적 예수와 그의 운동』 대장간, 2019. pp. 229-254.

로 내모는 체제에 맞서게 했다.

　법이나 제도가 자기 양심을 괴롭힐 때, 자신이 그 틀에 맞출 수 있다면 모르겠거니와 그것으로 인해 자기를 포기하고 잃어버리는 상황이 올 수밖에 없다면 그 법에 맞서라는 것이다. 생명, 자신의 생명을 유지해 나가는 바탕이 가장 큰 인권의 기본이고 인간사랑의 기본이다. 자기 자신을 지킬 권리, 이것은 가장 기본적인 인권이다. 그것이 자기 생존과 방어를 위해 오는 것이라면 비록 죄인이라도 그것은 가장 우선적으로 지켜야할 첫 번째 목록이다.

　"비둘기처럼 온유하고 뱀처럼 슬기로워라"고 성서가 말하는데 뱀은 전통적으로 죄의 상징으로 쓰였는데도 그처럼 슬기로우라고 한다. 족장 중 야곱을 보면 의롭지 못하다. 그러나 그는 가장 위대한 조상 중에 하나이다. 자기 생존을 위한 권리, 그것은 죄와 율법과 어떤 권위도 뛰어넘는다. 일반 법률에서 묵비권을 행사하는 권리를 인정하는 것도 죄를 입증하는 것보다는 생존차원의 자기 권리가 더욱 소중하다고 보기 때문이다.

　그리스도의 목회는 우리를 자유케 하며 우리를 해방하신다. 당시 유대인들은 율법의 틀로 사람을 묶어 죄인을 만들려고 한다. 오늘의 기독교도 마찬가지다 그동안의 교회의 전통이 어떻게 해서든지 인간을 죄인이라는 틀 안에 묶어 놓아 쉽게 조직과 구조에 충성하는 순한 양으로 길들이려고 했다. 그러나 그리스도의 나라는 종의 멍에를 메고 사는 나라가 아니라 모두가 자유하며 평화를 누리는 나라다.

때를 선용하라

외부 사람들에게는 지혜롭게 대하고, 때를 선용하십시오. 여러분은 언제나 소금으로 맛을 내는 것과 같이, 은혜가 넘치게 말을 하십시오. 여러분은 묻는 이들에게 적절한 대답을 할 줄 알아야 합니다.(골 4:5-6)

때를 선용하라는 것은 무슨 말일까? 인간에게 삶의 기회가 몇 번은 다가온다는데 그 순간을 잘 포착하여 잡으라는 것일까, 기회를 잡는다는 것은 일확천금이나, 높은 직위에 오르거나, 큰 명예를 얻는 것을 말할까? 때를 선용하라는 선문답 같은 말은 "사람들에게 지혜롭게 대하고..."라는 문맥에서 밝혀진다. 그 다음 절은 사람들을 대할 때 은혜가 넘치는 말을 하고, 묻는 이에게 적절한 대답을 할 줄 알라고 한다.

어떤 횡재의 기회가 우리에게 오는 것이 아니라 우리 주변에 널려 있는 사람들이 바로 우리들의 기회이다. 살면서 자기 성격이나 이기심, 자기주장이 너무 강해서 만나는 사람들과 계속 악연을 쌓는 사람이 있다. 그는 많은 적을 만들고 마치 머리에 숯불을 이고 사는 사람과 같다. 반면 주변에 사람들을 진실하게 대하고 좋은 만남을 이루어 가는 사람이 있다면 그는 언젠가 그에게 다가올 때를 얻는 사람이다. 그 모든 호의들이 쌓여 그는 큰 기회를 얻게 될 것이다. 기회는 바로 지금은 속을 썩이고 있을지도 모르는 내 주변의 사람들이다. 그들과의 관계가 기회이다. 이 관계가 쌓이면 좋은 연이 쌓일 것이다. 불교에서는 연을 소중히 여기라고 한다. 지금 좋지 않은 관계의 사람이라고 하더라도 그와 더불어 미래를 위한 여운을 남겨 놓아야 한다.

함께 생각 나누기〉

* 역사적 예수가 신앙의 그리스도로 발전하고, 바울에게서 그리스도의 몸인 교회로 나아가고, 에베소서와 골로새서의 우주적 그리스도로 확장 발전해 나아가는 과정에 대한 이야기해 봅시다. 교회의 신앙이 변화해 가는 과정은 각각 그 시대의 요구에 대한 응답이지 어느 것이 맞고 어느 것이 틀린 것은 아니므로 변하는 고백들의 특징에 대해서 이야기 합시다.

* 교회와 신조 안에 갇히기 쉬운 그리스도를 그 틀에서 꺼내온 우주적 그리스도론에 대한 각자의 생각을 나누어 봅시다.

* 골로새서의 신앙과 동양사상이 어울어 질 수 있는 가능성에 대해서 이야기해 봅시다.

* 오늘날의 생태적 위기에 대해서 골로새서의 신앙 고백이 말하는 세상의 충만함에 대해서 상상력을 가지고 이야기 합시다.

우주적 찬양과 춤

할렐루야. 성소에서 하나님을 찬양하여라. 하늘 웅장한 창공에서 찬양하여라. 주님이 위대한 일을 하셨으니, 주님을 찬양하여라. 주님은 더없이 위대하시니, 주님을 찬양하여라. 나팔 소리를 울리면서 주님을 찬양하고, 거문고와 수금을 타면서 주님을 찬양하여라. 소구치며 춤추면서 주님을 찬양하고, 현금을 뜯고 피리 불면서 주님을 찬양하여라. 오묘한 소리 나는 제금을 치면서 주님을 찬양하고, 큰소리 나는 제금을 치면서 주님을 찬양하여라. 숨 쉬는 사람마다 주님을 찬양하여라. 할렐루야.(시 150:1-6)

그리스도 안에서는 하나님의 모든 신성이 몸이 되어서, 충만하게 머물러 있습니다. 여러분도 그의 안에서 충만함을 받았습니다. 그리스도는 모든 통치와 권세의 머리이십니다.(골 2:9-10)

카나다의 명상춤 전문가 로우리 교수는 말한다. "나는 내가 기억하는 한 언제나 춤을 추어왔다. 내가 깨닫게 된 것은 춤이 나의 첫 번째 언어이며 항상 춤을 통해 하나님과 대화해왔다. 춤은 내 존재의 가장 진실한 장소이고 더 나아가 언어이며 표현 방식이었다."

아기는 태어날 때 어머니의 맥박 소리에 맞춘 리듬으로 팔과 다리를 움직인다. 새로운 생명의 탄생은 문자 그대로 말하기 이전에 춤으로 시작한다. 한나 아렌트는 '첫 번째 자유는 언어의 자유가 아니라 움직임의 자유이다'라고 말했다. 우리는 손과 발을 그리고 몸통을 움직이기 위해서 태어났다. 우리의 몸은 미묘하고 신비로운 존재인 우리의 내적 삶을 표현한다. 우리는 우리의 몸과 영혼과 마음을 다해 하나님을 사랑해야 한다. 우리의 모든 몸짓으로 우리의 모든 세포로 모든 생명으로 그 사랑을 표현하는 것만이 우리 안에 최고의 에너지를 불러 오는 길이다.

로우리는 "나는 나의 슬픔, 분노, 공포 그리고 즐거움이 어떤 고백처럼 공간으로 흘러들어간다. 나는 부드럽게 하나님에 의해 받아들여지고 나의 몸짓은 예배로 변형되며 나의 시선은 나 자신을 넘어간다. 이제 내게 있는 것은 오직 하나님을 위한 공간뿐이다."라고 말하며, 현대 춤의 개척자인 루스 드니스도 "나는 춤이 몸의 너무나 깊고 정묘한 것을 표현할 때, 영혼과 영혼의 교류수단으로 활용 된다"고 했다.

우리시대의 죄는 정말로 중요한 일들에 대해 무감각한 것이다. 라틴어 이널티아 inertia는 영어로 이너시어로 발음된다. 이 말의 의미는 "내적인 생명을 나타내는 기술이 없는 것"을 말한다. 우울증(depression)도 표현이 억압되었을 때 내 감정이 가라앉아 꼼짝 못할 때 생긴다. 만일 내가 내 몸에게 부드러운 동작을 하게 된다면 변화는 안에서부터 일어나기 시작할 것이다. 중세의 성지 순례는 자신의 몸을 길 위에 내어 놓음으로 자아를 하나님께 맡기는 것이었다.

만약 우리가 내면에서 우러나오는 동작에 자신을 맡기면 우리는 변할 수 있다. 움직임 안에 있는 영은 우리를 마비시킨 타성으로부터 끌고나온다. 그리고 우리들 몸의 안과 밖에서 치유하고 확장하고 순환한다. 나의 움직임은 나의 치료약이고 내 영의 언어이다. 이것은 하나님의 영의 훈련이다. 춤이 내 존재의 내부 핵심으로부터 나오는 것인 이유는 몸 전체가 타성의 경향에 대립하기 때문이다. 이것은 생을 위한 신호이며 하나님을 향한 신호이고 또한 성령께서 몸이 되신 것이며 보이지 않는 것을 보이게 하기 때문이다. 움직임은 거룩함을 볼 수 있는 다리이다. 하나님 앞에서 동작은 우리의 기도이다. 우리가 즐겨 부르는 작자 미상의 글 춤의 왕이 란 글이 생각났다.

이 세상이 창조되던 그 아침에 나는 아버지와 함께 춤을 추었다.
내가 베들레헴에서 태어날 때도 하늘의 춤을 추었다.

높은 양반들을 위해 춤을 추었을 때 그들은 천하다 흉보고 비웃었지만
어부를 위해서 춤을 추었을 때에는 날 따라 춤을 추었다.

안식일에도 쉬지 않고 춤췄더니 높고 거룩한 양반들이 화를 내면서
나를 때리고 옷을 벗겨 매달았다 십자가에 못 박았다.

높은 십자가에서 피를 흘리면서 춤을 계속해 추기란 힘이 들지만
끝내 땅속에 깊이 묻힌 이후에도 난 아직 계속 춤춘다.

어리석게도 그들 좋아 날뛰지만 나는 생명이다. 결코 죽지 않는다.
네가 내안에서 살면 나도 네 안에서 영원히 함께 살련다.

춤춰라 어디서든지 힘차게 멋있게 춤춰라.
나는 춤의 왕 너 어디 있든지 나는 춤 속에서 너 인도하련다.

예수님께서 십자가의 죽으신 것은 하나님의 기도이며 하나님의 춤이다. 십자가에서도 피를 흘리며 추신 춤이다. 그것은 우리를 죄 없다고 하시기 위해서, 우리를 거룩하고 흠이 없고 책망할 것이 없는 사람으로 내세우시려는 것이다. 우리들은 별로 변한 것이 없다. 그런데도 우리를 흠 없다고 인정하려면 그동안 하나님께서 주셨던 율법, 명령, 말씀을 다 무시하고 없던 것으로 해야 한다. 엄청난 역사의 모순, 엄청난 가치의 모순, 말의 혼돈이 오는데 그것을 어찌 처리하겠는가?

그러기 위해서는 하나님께서 육신의 몸으로 오셔서 십자가에 달려 돌아가실 수밖에 없다. 십자가의 죽으심은 육신의 몸으로 우리와 화해하시는 하나님의 춤이고 하나님의 몸 기도이다. 우리가 몸을 움직인다는 것, 무언가 표현한다는 것은 얼마나 중요한 일인가?

행복 전도사라고 하는 닉 부이치치는 호주 사람이다. 그는 태어나면서부터 기형이다. 팔 다리가 없이 아래쪽에 아무런 힘을 쓰지 못하는 조그만 다리가 하나 달렸을 뿐이다. 그는 8살 때 죽으려고 했다. 대학에 갈수도 없고 자신의 힘으로는 아무것도 할 수 없다는 생각에 어린 나이지만 그가 살아있다는 것이 엄마나 아빠에게 짐만 된다고 생각했다. 그러나 그는 일어났고 대학을 졸업했다. 그리고 그가 가진 몸의 조건들을 활용하는 방법을 연구하기 시작했다. 지금은 그가 그의 몸으로 수영, 축구, 골프, 컴퓨터. 컴퓨터 음악을 즐긴다. 그는 자신의 조그만 다리로 모든 일을 한다. 지금은 모든 사람에게 나도 할 수 있다는 행복 전도사 역할을 하고 있다.

그가 미국의 한 여학교에서 한 강연을 하였다. 그는 자기 몸으로 할 수 있는 것들을 재롱처럼 선보이다가 갑자기 쓰러졌다. 그가 상에 누워서 고

개만 청중을 향해 앞으로 한 채 말한다,

"우리는 넘어지면 다시 일어납니다. 그런데 나는 팔다리가 없으니 어떻게 일어나겠습니까? 우리는 가끔 넘어질 때가 있습니다. 그런데 나는 일어날 힘이 없다고 느낄 때가 있지요. 만약 내가 일어나지 못한다면 나는 그냥 하나의 짐 덩어리일 뿐입니다. 내가 일어나려고 시도하다가 만약 백번 모두 실패하고 내가 일어나려는 것을 포기한다면 아마 나는 다시는 일어서지 못할 것입니다. 하지만 실패해도 다시 일어나고 다시 일어난다면 그것은 끝이 아니예요. 언젠가는 끝이 오겠지만 우리는 어떻게 끝내는 가가 중요하죠. 다시 일어설 수 있는 용기가 중요하죠."

그는 머리를 땅에 짚고 몸을 잔뜩 웅크려서 그 조그만 다리를 살짝 지렛대로 이용해 발딱 딛고 일어섰다. 많은 학생들이 눈물을 흘리며 박수를 쳤고 강연 후 그와 깊은 포옹을 했다. 모두가 울고 있었다. 단지 일어선다는 하나의 몸짓이 이렇게 사람을 감동시키는 위대한 설교요 기도가 될 수 있다. 우리는 우리들의 수많은 몸짓으로 무엇을 하고 있는가? 몸이 움직인다는 것은 바로 그것이 우리들의 기도이다.

저의 할머니는 99세에 돌아가셨다. 할머니께서는 하나님께 부름 받기 전까지도 눈은 밝아 성경을 수십 수백 번을 통독 하셨다. 그렇지만 귀가 어두우시다. 그러나 신기한 것은 말씀을 전혀 알아듣지 못해도 예배에 꼭 참석하신다. 할머니의 지정좌석이 있다. 소리가 안 들리기에 기도 순서는 누가 옆에서 기도 끝났다고 알려드려야 눈을 뜨신다. 물론 설교도 전혀 안 들리지만 매번 그렇게 집중해서 설교를 들으실 수가 없다. 찬송은 언제나 할머니 곡조가 있다. 모든 찬송이 동일한 곡조로 불려진다. 그래도 그렇게 예배에 참석하는 것을 일주일 내내 손꼽아 기다리는 기쁨이다. 무엇을 들으려고 가시는 것이 아니다. 그냥 그의 예배는 몸의 기도이고 그분의 신앙을 몸짓으로 표현하는 춤이다.

　우리 교회에도 연세드신 어르신들이 언제나 그 자리에 앉아 계신 것을 볼 수 있다. 이분들은 예배 시간에 늦지 않으신다. 언제나 그 자리에 듬직하게 계신다. 바위처럼... 이것이 그분들의 몸의 기도이며 그분들의 춤이다. 우리들의 몸이 흘러가는 것이 삶으로 나타내는 가장 깊은 하나님과의 대화이고 몸짓이고 오직 올곧은 한길을 보여주는 신앙고백이다. 그것이 우리들의 춤이다.

　오늘은 마침 기도 대신에 간단한 몸동작을 해보겠습니다.
　모두 눈을 감고 손을 모아 기도하는 손을 만드시기 바랍니다.
　이제 하나님을 우러러 본다는 마음으로 조용히 고개들어 보십시오.
　그리고 손을 치켜 올려 하나님께서 부어 주시는 은혜를 온 몸으로 받아 보십시오.
　그리고 일 분간 명상하며 하늘의 은혜를 받겠습니다.

》 (강남향린교회 강단 중에서)

4

목회서신

서신의 구분

바울의 서신을 다음과 같이 구분한다. 21개의 서신 가운데서 바울을 발신자로 명기한 서신은 13개이다. 그중에 데살로니가전서, 갈라디아서, 고린도전서, 빌립보서, 빌레몬서, 고린도 후서, 로마서의 7개의 서신은 진정한 바울 서신으로 바울이 직접 쓴 작품이니 약 50-60년대의 작품이다. 그리고 에베소서, 골로새서, 데살로니가후서는 제2 바울서신 또는 유사 바울 서신이라고 분류한다. 바울의 진정한 서신은 아니지만 바울의 사상을 이어가는 바울을 추종하는 공동체의 작품으로 본다. 그리고 디모데전서, 디모데후서, 디도서는 목회서신이라고 부른다. 각 책의 이름은 수신자의 이름이며, 바울을 따르는 후대 공동체의 작품으로 보인다. 수신인이 개인으로 나타나지만 꼭 개인에게 주는 편지라기보다는 그 공동체에 주는 편지이다. 이 13개의 편지를 외형상 바울이 쓴 것으로 나타나기에 넓은 의미로 바울서신이라고 부르기도 하지만 엄밀하게 위와 같이 나눌 수 있다.

데살로니가 전후서-재림의 문제

초대교회의 가장 큰 신학적 문제는 재림에 대한 것이다. 바울은 예수의 재림이 임박한 것으로 생각했다. 초기 바울 문서인 데살로니가전서는 임박한 종말에 대한 기대(살전 4:13-18, 5:1-11)로 가득차 있다. 바울 자신도 자신이 죽기 전에 주님의 재림(파루시아, parousia)이 임할 것이라고 믿었다. 그래서 그는 고린도서에서 결혼하지 않은 사람은 결혼하지 않은 채로 주님의 재림을 맞는 것이 좋다고 말하기도 한다. 초대교회가 다 함께 모여서 공동생활을 하게 된 원인도 재림이 임박했다고 믿었기 때문이다.

> 주께서 호령과 천사장의 소리와 하나님의 나팔 소리와 함께, 친히 하늘로부터 내려오실 것이니, 그리스도 안에서 죽은 사람들이 먼저 일어나고, 그 다음에, 살아남아 있는 우리가 그들과 함께 구름 속으로 이끌려 올라가서, 공중에서 주님을 영접할 것입니다. 그리하여 우리가 항상 주와 함께 있을 것입니다.(살전 4:16-17)

> 주님의 날이 밤에 도둑처럼 온다는 것을, 여러분이 잘 알고 있습니다. 사람들이 "평안하다, 안전하다" 하고 말할 그 때에, 아기를 밴 여인에게 해산의 진통이 오는 것과 같이, 갑자기 멸망이 그들에게 닥칠 것이니, 그것을 피하지 못할 것입니다... 그러므로 우리는 다른 사람들과 같이 잠자지 말고, 깨어 있으면서, 정신을 차립시다.(살전 5:2-3, 6)

이들 중에는 자신의 생업을 포기하고 교회에 함께 모여 열정적으로 그 날을 고대하는 사람들이 생겼지만 그날은 쉽게 오지 않았다. 예수의 재림과 세상의 종말이 예상 외로 지연되자, 신자들은 임박한 재림에 대한 그들의 신앙이 잘못된 것으로 생각하게 되었다. 재림이 지연되는 것에 대한 조바심과 초조함이 후기 문서들에 나타나며 이를 해명해야 하는 것이 초대교회가 직면한 가장 큰 신학적 문제였다. 여러 가지 방향으로 해명들이 나왔다. 데살로니가 후서는 재림이 있기 까지 아직 상당한 시간이 경과해야 함을 강조하며 재림의 지연을 말한다.(살후 2:1-12) 이것은 후기의 편지들의 특징이다.

> 형제자매 여러분, 우리 주 예수 그리스도의 다시 오심과 우리가 그분 앞에 모이는 일에 대하여 여러분에게 간청합니다. 누가 예언으로나 알리는 말로나, 또는 우리에게서 받았다고 하는 편지로 주의 날이 벌써 왔다고 말하더라도, 여러분은 마음이 쉽게 흔들리거나 당황하거나 하지 마십시오. 여러분은 아무에게도 어떤 방법으로도 속아 넘어가지 마십시오. 그 날이 오기 전에, 먼저 배교하는 일이 생기고, 불법을 행하는 사람 곧 멸망의 자식이 나타날 것입니다.(살후 2:1-3)

데살로니가 전서는 진정한 바울서신으로 바울이 직접 쓴 편지지만 데살로니가 후서는 제2 바울 서신에 속하는 후대의 서신이다. 데살로니가 후서는 재림의 지연을 말하며, 임박한 종말의 기대에 대해서, 그것은 마음이 흔들리는 것(아포 투 누스 *απο του νούς* 몰지각 2:2)이며 속아 넘어가는 것(살후 2:3)으로 재평가한다. 이러한 재림의 지연은 1세기 말의 상황이며 약 110년경이다. 데살로니가전서가 50년 정도의 서신인데 비해 상당한 차이가 난다.

베드로후서 역시 후대의 서신으로 재림의 지연을 시간의 상대성으로
설명한다.

> 사랑하는 여러분, 이 한 가지만은 잊지 마십시오. 주님께는 하루가 천 년 같고,
> 천 년이 하루 같습니다. 어떤 이들이 생각하는 것과 같이, 주께서는 약속을 더디
> 지키시는 것이 아닙니다. 도리어 여러분을 위하여 오래 참으시는 것입니다. 그
> 분은, 아무도 멸망하지 않고, 모두 회개하는 데에 이르기를 바라십니다. 그러나
> 주님의 날은 도둑 같이 올 것입니다. 그 날에 하늘은 요란한 소리를 내면서 사라
> 지고, 원소들은 불에 녹아 버리고, 땅과 그 안에 있는 모든 일은 드러날 것입니
> 다.(벧후 3:8-10)

목회서신의 종말

목회서신에도 이러한 경향이 나타난다.

> 그대는 어려서부터 성경을 알고 있습니다. 성경은 그리스도 예수를 믿는 믿음으
> 로 말미암아, 구원에 이르는 지혜를 그대에게 줄 수 있습니다.(딤후 3;15)

목회서신은 예수의 과거 현현과 성경말씀, 그리고 신도들의 말씀 앞에
깨어 있는 삶을 통해서 구원이 이미 도래했다면서 종말의 시간을 현재화
했다. 이런 종말에 대한 이해는 초대교회의 상황과 경험에서 나왔다. 임

박한 그리스도의 재림을 강조한 바울과 베드로와 같은 1세대 카리스마적 지도자들은 순교했지만 그들이 뿌린 씨앗으로 교회는 성장했다. 이제는 카리스마적인 종파적 분위기를 벗어나서 교회의 늘어난 신도들을 조직적으로 관리하고 지도할 필요성을 갖게 되었다. 임박한 종말을 강조하는 유대교의 묵시적 사상은 교회의 항구적인 조직과 직제로 대체되었다.

바울은 임박한 파루시아를 기대하며 로마제국이 지배하는 현실질서를 상대화하였다. 다시 말해서 바울은 궁극적 구원의 성취를 현재가 아닌 그리스도의 재림이라는 미래적[1] 시간으로 생각했다. 디모데 전후서의 저자는 바울과 유사하게 그리스도의 파루시아를 대망하지만 임박한 종말론에 대한 강조는 등장하지 않는다. 오히려 디모데서는 그리스도 예수가 역사 속에서 구원을 성취했기 때문에 구원은 현재적 실재라고 말한다. 바울이 임박한 재림을 표현하는 용어인 파루시아(parousia)라는 단어 대신 현현(epiphaneia)이라는 단어를 사용한다.(딤전 6:14, 딤후 1:10, 4:1,8) 이 단어는 '신이 스스로 자기를 드러냄'이란 뜻이다. 저자는 에피파네이아를 사용하여 하나님의 종말론적 통치가 이미 예수 사건을 통하여 발현되었다는 것을 강조한다.

실현된 종말론

우리가 데살로니가 전서의 종말의 기대가 데살로니가 후서에서 종말의 연기로 바뀌는 과정을 보았다. 그러나 이와는 정반대 순서의 종말론을 말하는 이론이 있다. 바로 "실현된 종말론"이다. 목회서신은 임박한 종말

---

1) 정승우, 『디모데전후서』 연세신학 백주년 기념 성경주석 대한기독교서회, 2014. 31.

파루시아에 대해 '구원'이 예수의 과거 현현으로 이미 시작되었다고 말했는데 이를 실현된 종말론(realized eschatology)이라고 한다. 즉 이 땅에서 예수의 활동과 더불어 하나님의 종말론적 구원사역이 시작되었으며 그리스도의 죽음과 부활로 이미 성취되었다는 해석이다. 이러한 경향은 복음서에서부터 나타난다.

> 내가 하나님의 영을 힘입어 귀신을 내쫓는 것이면, 하나님의 나라가 너희에게 왔다.(마 12:28)

바알세불 논쟁에서 예수는 "하나님 나라가 이미 임했다(εφθασεν : φθανω 도달하다의 부정 과거형)"고 말한다. 또 요한의 제자가 예수께 '하나님의 나라가 언제 임하느냐'(눅 7:22)고 묻자 예수는 "이미 앉은뱅이가 걸으며 문둥이가 깨끗함을 받고 귀머거리가 들으며 가난한 자에게 복음이 전파된다."는 말로 답한다. 이러한 일들은 이사야서에 따르면 마지막 종말 때에 일어나는 징조들이다. 그런데 그런 일들이 지금 눈앞에 벌어지고 있으니 그 나라는 이미 임하여 있다는 뜻이다.

마지막 때에 나타나는 표징을 요구하는 사람들에게 "제자들이 보고 듣고 있으니 복이 있다"(마 13:16-17)라는 말씀도 이미 나타난 일로 종말을 말한다. "율법과 선지자는 요한의 때까지이고, 지금은 하나님 나라의 시기이다."(눅 16:16)라는 말씀도 '지금'을 하나님 나라의 때로 말한다.

예수가 하늘로부터 사단이 떨어지는 것을 보았다는 기록(눅 10:18)이나, 그리스도의 오심과 함께, 심판은 이미 시작되었다는 말씀(요 3:18~19)이나, 믿는 자는 영생을 이미 소유했다는 구절(요 5:24) 등이 이를 입증한다.

내가 진정으로 진정으로 너희에게 말한다. 나의 말을 듣고 또 나를 보내신 분을 믿는 사람은 영생을 얻고, 심판을 받지 않는다. 그는 죽음에서 생명으로 옮겨 갔다. 내가 진정으로 진정으로 너희에게 말한다. 죽은 사람들이 하나님의 아들의 음성을 들을 때가 온다. 지금이 바로 그 때이다. 그리고 그 음성을 듣는 사람은 살 것이다. 그것은, 아버지께서 자기 안에 생명이 있는 것처럼, 아들에게도 생명을 주셔서, 그 안에 생명이 있게 하여 주셨기 때문이다.(요한 5:24-26)

다드(C.H. Dodd, 1884-1973)는 요한복음 연구에서 요한복음은 이미 종말이 실현되었다는 것을 전제로 '실현된 종말론'을 가지고 있다고 밝혔다.[2]

그는 하나님의 나라는 예수 그리스도의 인격과 사역을 통해 이미 시작되었다고 본다. 종말론은 세계의 마지막이 아니라 예수에 의해서 세워진 새로운 역사의 탄생이며, 제자들에 의해 지속되는 새로운 역사적 현상이라고 한다. 다드는 "종말은 미래로부터 현재에로, 기대의 영역으로부터 실현된 경험의 영역으로 이동했다"고 주장했다. 그는 알베르트 슈바이처가 주장한 철저한 종말론(그리스도의 임박한 재림을 강조하는 종말론)을 신랄하게 비판하고 종말론에 대한 논의에 새로운 방향을 제시했다. 그가 종말론을 예수의 교훈의 중요한 주제로 본 것은 슈바이처와 유사하나, 하나님나라를 미래적인 것이 아닌 현재적인 것으로 주장한 것은 슈바이처와 전혀 다르다. 그는 예수가 이 땅에 오신 사건, 초림과 함께 하나님나라가 실현되었다고 보았다.

다드는 사도들의 설교를 분석함으로써 그의 종말론을 체계화했다.[3]

---

2) C.H. Dodd, *Historical Tradition in the Fourth Gospel*, 1963. pp.1-44.

3) C.H. Dodd, *The Apostolic Preaching and its Developments: Three Lectures with an Es-*

구약성서에서는 주의 날이 미래 사건으로 간주되고 있는데 반해, 신약성서에서는 현재적 사건으로 표현되고 있다며 "신약성서 저자들에게는 일반적으로 종말이 역사 속에 들어왔고 하나님의 감추어진 통치가 계시되었으며, 장차 올 세대가 이미 도래했다."고 믿었다. 교회는 하나님나라가 메시야의 오심과 더불어 실현되었다고 선언했다. 다드는 그리스도의 재림, 심판의 날, 새 땅 등과 같이 신약에서 발견되는 미래 종말론적 요소들은 오히려 교회가 나중에 첨부한 것으로 후에 유대인의 묵시문학으로부터 도입한 것으로 해석했다.

다드는 예수와 함께 종말이 왔다고 믿고 이를 실현하는 공동체가 교회였는데 현실은 그들이 바라는 이상과는 다르기에 본래 교회가 가지고 있는 종말론(실현된 종말론)의 재구성이 필요하게 되었으며, 그 결과가 미래 종말론이라는 것이다. 그러므로 다드에 의하면 미래 종말론은 기독교 본래의 것이 아니며 후대에 유대묵시문학의 자료에 근거하여 재구성된 것이다. 다드는 철저하게 현재적인 것으로 이미 실현된 종말론이 초대교회의 종말 사상이었다는 것을 강조했다.

18세기 이후에 일어난 서구자유주의 신학에 의해 낙관론이 일어났고 하나님의 나라는 이 땅에 이루어질 수 있다는 소망이 팽배했었다. 그러나 세계는 그러한 낙관론이 무색하게 두 차례의 큰 세계의 전란에 휩싸이게 된다. 이에 자유주의 신학이 가진, 인간의 죄성을 간과한 역사의 낙관론에 대해 반성이 일어났으며 요하네스 바이스(J. Weiß)를 이어서 슈바이쳐(Albert Schweitzer)의 철저한 종말론이 자리 잡았다. 슈바이쳐는 종말을 철

---

chatology and History, 1936 참조

저하게 먼 미래의 사건으로 구성했다. 반면 다드는 이러한 슈바이쳐에 대한 반성으로 다시 종말을 철저한 현재의 사건으로 만들었다. 그러나 성서에서 종말론의 미래적 요소(슈바이쳐)와 현재적 요소(다드)는 공존한다. 어느 한쪽만을 강조하다보면 그 사이에 묘한 긴장이 사라지고 모순이 발생한다.

하나님의 나라는 예수 그리스도의 인격과 사역을 통해 시작되었고 우리에게 보이는 현실로 다가왔지만 아직 완성은 아니다. 하나님 나라는 이미 예수 그리스도의 오심으로 인해 시작되었고 지금은 자라나고 있는 진행형이다. 비록 지금은 보이지 않고, 답답하게 느껴지지만 서서히 자라나고 있다. 하나님의 나라 즉, 하나님의 통치는 하늘 높은 곳에서 땅으로 내려오는 것이 아니라, 이 땅 위에서 조용히 눈치 채지 못하는 곳에서 일어나고 있으며 겨자씨와 같이 누룩과 같이 지금은 보이지 않지만 현저하게 자라나고 있으며 완성을 향해 나아가고 있다.[4]

이러한 종말에 대한 견해를 시작된 종말론(Inaugurated eschatology, already not yet)이라고 부르기도 한다. 오스카 쿨만(Oscar Cullmann)이 알버트 슈바이처의 철저한 종말론과 C. H. 다드의 실현된 종말론을 결합하여 만들었다.

목회서신

디모데 전, 후서와 디도서는 교회를 이끌어 가는데 필요한 지침, 즉 교회내 목회직분의 수행을 위한 지침들을 포함하고 있어서 이를 목회서신

---

4) 김경호, "하나님 나라는 자라고 있다." 『복음서 하-몸의 부활, 산자들의 부활』, 대장간, 2020. pp. 96-132.

으로 부른다. 이 세권의 책은 마치 한권의 책과 같이 유사한 내용과 정황을 지니고 있다. 이 편지들은 고린도서나 빌립보서, 로마서는 편지를 수신하는 공동체의 이름이지만 디모데서와 디도서는 바울의 제자이며 동역자로 간주하는 디모데와 디도라는 개인에게 보낸 편지 형식이다. 하지만 사적인 편지라기보다는 공동체를 향하여 주는 내용이다. 이는 바울의 이름으로 작성된 회람용 목회지침서라는 공적인 성격을 지닌다. 5)

목회서신은 진정한 바울의 편지들과는 상황이 다르고 담긴 신학이나 강조점도 다르지만 바울 이후 전개된 초기 기독교의 역사를 이해하는데 매우 중요하다. 교회가 어떻게 사도들의 순교이후에 로마제국의 박해를 이겨내고 승리할 수 있었는가를 알 수 있는 소중한 기록들이다. 우리는 목회서신을 통해서 2세기 초에 교회가 직면한 문제들과 이를 둘러싼 사회, 역사적 정황들을 이해할 수 있으며 초기교회가 내외적으로 직면한 신앙적 위협을 어떻게 극복하고 제도적 교회로 발전하였는가를 엿볼 수 있다. 저작 연대는 100-125년경으로 추정한다.

바울 사후에 점차 그의 가르침과 행적이 왜곡되고 호도되는 분위기 속에서, 바울계 인물들은 바울의 전승을 교회를 위한 올바른 모델로 제시할 필요성을 느꼈다. 그들은 바울의 이름으로 서신을 작성하였다. 이런 의미에서 목회서신들은 권위 대행자와 같은 기능을 수행한다. 바울이 부재한 상황에서 그의 권위를 이행하는 디모데와 디도 같은 인물들이 바울의 권위에 근거하여 그의 권면과 가르침을 교회에 전달하기 위한 목적이다.6)

---

5) 정승우, op.cit., 20
6) Ibid., 12

공동체를 향한 기록들이지만 바울이 보내는 편지 형식으로 되어있는 것은 고대 문헌들에는 유명인의 이름으로 작품을 발표하는 경향이 있기 때문이다. 유대에도 모든 율법은 모세로, 지혜는 솔로몬으로, 여러 시대에 걸친 예언도 유명한 이사야의 이름으로 발표했듯이 그리스-로마의 문학에도 그런 경향들이 흔하게 나타난다. 특히 디모데후서 4장은 마치 바울 개인의 유언과 흡사한 분위기로 언급된다.

> 나는 이미 부어드리는 제물처럼 바쳐질 때가 되었고, 세상을 떠날 때가 되었습니다. 나는 선한 싸움을 다 싸우고, 달려갈 길을 마치고, 믿음을 지켰습니다. 이제는, 나를 위하여 의의 월계관이 마련되어 있으므로, 의로운 재판장이신 주께서, 그 날에 그것을 나에게 주실 것이며, 나만이 아니라 주께서 나타나실 것을 사모하는 모든 사람에게도 주실 것입니다.(딤후 4:6-8)

이에 이어서 디모데에게 감옥에 갇힌 자신에게 겨울 전에 올 것과 올 때, "가보의 집에 둔 겉옷과 가죽 종이에 쓴 책을 가지고 오라"(딤후 4:13)는 개인적인 부탁을 유언처럼 남긴다. 고대 유대교 문헌들에는 유명한 인물들이 일종의 유언처럼 자신의 후계자들에게 전하는 권면의 글을 남기는 것이 전통이다. 예를 들어 바울은 사도행전 20장 17-38절에서 에베소에서 온 장로들에게 고별연설을 한다. 또한 예레미야의 편지, 바룩서, 12족장의 유언서와 같은 신구약 중간기의 외경문학들도 일종의 유대교 유언문학의 전통 속에서 형성된 문헌들이며 이런 의미에서 디모데 전, 후서를 바울의 친서로 생각하는 학자들은 이 편지의 장르를 바울의 유언집으로

간주한다.[7]

목회서신들은 문체로 보나 사상적 측면으로 보나 바울의 진정한 편지와는 확연히 다르다. 이 편지들에는 바울의 중심사상을 이루는 칭의론, 종말론, 그리스도의 몸의 신비한 연합, '그리스도 안에' 등의 신학은 눈에 뜨이지 않는다. 반면 '선한 양심', '절제' '육신의 연단'과 스토아 철학의 덕목들을 교회의 윤리로 차용한다. 이것은 이 편지의 수신자들이 그리스사상과 문화에 익숙한 기독교인들이라는 것을 보여준다. 특히 디모데후서 3장 2절 이하에 등장하는 소위 '악덕목록'은 그리스-로마 사회에서 통용되던 윤리와 유사하다. 이 때문에 학자들은 로마제국의 가정법규(household code)가 디모데 전, 후서에 영향을 주었다고 말한다.[8]

권오현은 목회서신과 바울서신을 비교하여 다음과 같이 정리하였다[9].

	바울서신	목회서신
교회의 지도자	Charismatic 사도, 예언자, 교사	institutional 감독, 장로, 집사
교회의 설교 (kerygma)	예수의 십자가와 부활 (eschatological)	바른 교훈(ethical) -딤전 1:10, 딤후 4:3
성도의 신앙	순종	교리의 인정 -딤전 3:9, 6:10
성도의 생활	사랑과 믿음과 소망	경건 -딤전 2:1, 4:7
이단에 대한 공박	논증과 변명	진리의 옹호
교회의 본분	선교하는 교회	세속의 교회

---

7) Ibid., 10

8) Ibid., 11

9) 권오현, 『바울의 편지』 대한기독교서회, 1995, 23. Ibid., 26에서 재인용.

디모데와 디도

디모데는 루스드라 출신으로 루가오니아라는 이름의 그리스인 아버지와 유대인 어머니 유니게 사이에서 태어났으며 할머니와 어머니를 통해서 성경을 배웠다. 디모데는 바울의 2차 선교여행부터 바울의 동반자였으며 데살로니가(살전 3:2-3), 고린도(고전 4:17, 6:10-11), 빌립보(빌 2:19-24)등 여러번 바울의 파견을 받아 활동하였다. 바울의 3차 선교 여행에는 에베소 교회 설립에 중요한 역할을 했으며, 교회들에서 모은 헌금 전달을 위한 예루살렘 여행에도 동반자로 참여했다.(행 20:4) 디모데는 고린도후서, 빌립보서, 골로새서, 데살로니가 전 후서, 빌레몬서등에 공동 발신인으로 언급된다.

디도는 사도행전에 언급되지 않는다. 그는 이방계 그리스도인으로서 바울과 바나바의 수행자로 예루살렘의 사도회의에 참석하였다.(갈 2:1, 3) 그는 고린도교회의 헌금 모금을 수행하는 핵심 인물이었고 바울과 고린도교회가 갈등을 빚을 때 조정자로서 역할을 했다.(고후 2:13, 7:6, 13-16) 이들은 바울의 지시들을 교회에 전달하는 대리자의 역할을 감당한다. 이들을 통해 이들은 교회의 거짓 교설에 맞서 나아갈 방향을 제시하며 교회의 목회에 관여한다. 이 편지는 디모데와 디도를 위한 편지라기보다는 소아시아 교회에 주는 편지이다.

목회서신의 내용

사도들 사후에 교회에서 생기는 문제들에 주목한다. 고린도전서 12장에서 교회를 그리스도의 몸으로 비유한 바울이 디모데 전, 후서에서는 감독, 장로, 집사와 같은 제도화된 교회의 직분을 명확하게 구분하여 열거하며 디모데에게 이들을 임명하고 관리할 자격을 준다.(딤전 3:8-13) 또한 고린도전서에서 성령의 은사(카리스마, karisma)를 강조하며 그리스도의 몸 된 교회의 일치를 호소하던 바울이 디모데전서에서는 가부장적인 교회의 직제를 통한 위계적 관리를 강조한다. 바울이 자신의 편지에서 사도의 권위와 영적 카리스마에 입각한 지도력을 행사하고 있다면, 디모데 전후서의 지도력은 제도적 권위에 근거하고 있다.10)

디모데 전서는, 교회 치리(1장), 예배에서의 남자와 여자의 처신 문제(2장), 감독과 집사의 역할(3장), 이단의 문제(4장), 과부, 노인(5장), 종, 부자들(6장)에게 주는 권면과 교훈의 내용으로 되어 있다.

디모데 후서는 목회자에게 주는 목회상담의 내용이다. 고난 가운데서도 복음에 충성하라는 내용(1:3-2:13), 무익한 변론을 경계하라는 경고(2:14-26), 종말에 나타나는 이단의 성격(3:1-9), 목회자의 직무(3:10-4:8), 바울과 그 동역자들의 신상에 일어난 일들(4:9-22)에 대해 전한다.

디도서는 디모데전서와 내용이 가깝다. 교회의 치리에 대해서 다루는데, 장로와 감독에 대하여(1:5-9), 이단에 관하여(1:10-16), 교회 안의 여러 가지 사회적 신분들이 취해야할 태도에 관하여(2:1-10), 하나님의 구원하시는 사랑(2:11-3:11), 부탁과 인사(3:12-15)등이다.

목회서신과 여성

바울은 예수의 복음을 실현하기 위해 바울 당시 사회에서는 수용하기 어려운 혁명적인 주장들을 했지만 여성이나 동성애 문제 등에는 그 시대

---

10) Ibid., pp. 10-11.

가 가지는 한계가 그대로 보인다. 목회서신에는 보다 더 강화된 차별성이 나타난다. 당시의 변화된 배경 속에서 그 입장을 살펴본다.

한국교회에서 장로는 "한 아내의 남편이며(디도 1:6)라는 구절을 근거로 여성의 장로 목사 안수를 반대하는 근거로 삼는 웃지 못 할 일도 벌어지고 있다. 여기서는 바울계 서신의 여성에 대한 태도를 살펴보고 한국교회의 문제도 살펴보자.

> 여자는 조용히 언제나 순종하는 가운데 배워야 합니다. 여자가 가르치거나 남자를 지배하는 것을 나는 허락하지 않습니다. 여자는 조용해야 합니다. 사실 아담이 먼저 지으심을 받고, 그 다음에 하와가 지으심을 받았습니다. 아담이 속임을 당한 것이 아니라, 여자가 속임을 당하고 죄에 빠진 것입니다. 그러나 여자가 믿음과 사랑과 거룩함을 지니고, 정숙하게 살면, 아이를 낳는 일로 구원을 얻을 것입니다. 이 말은 옳습니다.(딤전 2:11-15)

여기서 남자가 우월한 이유를 두 가지로 들고 있다. 첫째는 남자가 여자보다 먼저 지음 받았고, 둘째는 여자가 속임 당해 죄에 **빠졌다**는 것이다. 그러나 남자와 여자는 동시에 창조되었다. 먼저 지음 받은 '아담(adam)'은 '남자'를 말하는 것이 아니라 '사람, 인류'라는 뜻이다. 히브리어로 남자는 이쉬(ish)이고, 여자는 이샤(isha)이다. 이러한 남녀의 구분이 성서에 처음 나타나는 것은 "남자에게서 나왔으니 여자라고 부를 것이다"(창 2:23)라는 대목이다. 여자가 없는데 어찌 남자가 있겠는가? 아담은 남녀 구분 이전의 사람 혹은 인류를 말할 뿐이다. 여자가 생기면서 동시에 남자도 생긴 것이다.

또 영어의 man을 사람 또는 남자로 보듯이(물론 이것은 서양의 가부장적 문명에서 남자만을 사람으로 여긴 언어의 흔적이다) 아담을 남자로 본다고 하면, 그래서 남자가 여자보다 먼저 창조되었다는 것을 인정한다면, 선과 악을 알게 하는 나무를 먹지 말라는 금지명령(창 2:17)은 여자가 생겨나기도 전에 남자에게 주신 명령이 된다. 그때 여자는 아직 창조되기 이전이다. 그렇게 된다면 선과 악을 알게 하는 나무를 따먹지 말라고 한 명령은 하나님과 남자의 약속이다. 여자는 약속의 당사자가 아니다. 그런데 그 자리에 있지도 않았고, 약속 당사자도 아닌 여자에게 온갖 죄를 뒤집어씌우는 것은 정당한가? 만약 아담을 남자라고 하여, 남성의 우선순위를 고집한다면 적어도 죄의 기원에 대한 책임을 묻지 않든가, 혹은 그 책임을 물으려면 아담을 남녀 구분 이전의 단순한 '사람'으로 이해해야 할 것이다.

그런 의미에서 앞에 인용한 디모데전서의 말씀은 온갖 못된 것은 전부 여자의 책임으로 뒤집어씌우고 있다. 물론 그것이 성서의 일부분이므로, 보이지 않는 손이 조종해서 성서를 오류 없이 기록해 간다고 믿는 순진한 교인들은 이러한 논의에 난감해할 것이다. 그러나 위에 언급한 디모데전서의 말씀은 당시의 최고 경전인 오경을 재해석한 것인데 원전이 되는 창세기의 뜻을 제대로 해석하지 못했다고 할 수 있다.[11]

초대교회의 여성지도자

반면 바울 서신에는 여성을 잠잠하라고 하고 여성의 머리는 남성이니 여성은 머리에 너울을 쓰라고 한다. 이런 본문들은 그 당시의 세계관이

---

11) 김경호, 『오경-야훼신앙의 맥』 도서출판 대장간, 2017, 86-88.

가졌던 한계를 그대로 보여주는 것이 분명하다.

그러나 초대교회에 브리스길라, 루디아, 뵈뵈, 마리아, 드루베나, 드루보사, 유오디아, 순두게, 유니아등 많은 여성 지도자들이 언급된다. 이것은 당시 성 차별이 엄존하고 있는 사회에서 상대적으로 교회 안에서 여성들의 발언과 활동이 활발했다는 것을 말해준다. 바울이 로마서를 마감하는 인사로 그간 신세를 진 인물들에 대해 문안을 하는 로마서 16장에 27명의 인사가 거론되는데 그중에 여성이 10명이고 17명이 남성이다. 그중에는 이름이 특정되지 않고 "루포와 그의 어머니"(13절)로 나오기도 한다. 특히 7절에 "유니아"는 명백한 여성의 이름인데 그녀를 "탁월한 사도"로 언급하며 바울 보다 먼저 그리스도를 믿은 인물이다. 그럴 경우 여성의 사도권을 인정하게 되어 교회의 위계질서에 큰 혼선을 가져올 수 있다고 판단해서 그동안 교회는 이를 왜곡시켰다.

이들은 유니아를 남성의 이름인 유니아누스로 바꾸기도 했다. 그러면서 유니아는 유니아누스라는 남자 이름을 간략하게 줄인 형태라고 했다. 그러나 이런 주장은 사실이 아니다. 고대 세계에 유니아라는 이름을 가진 여자들이 250명이 넘었지만 그 중에 유니아누스라는 이름을 줄인 형태로 유니아라는 이름을 가진 남자는 단 한명도 없었기 때문이다.[12]

유니아에 대해서 "그들은 사도들 중에서 뛰어난 사도들이었다."(οιτινες εισιν επισημοι εν τοις αποστολοις)고 한다. 여기서 그들은(οιτινες, who)과 뒷부분 "사도들 안에 뛰어난 사람"을 에이신(εισιν)이란 동사가 동격으로 연결한다. εισιν은 주어가 3인칭 복수형일 때 받는 Be동사이다. 이를 우리 성

---

12) Marcus J. Borg & John Dominic Crossan, 『첫 번째 바울의 복음』 김준우 옮김, 한국기독교연구소, 2010. 74.

경에는 "사도들에게 좋은 평을 받았다"(새번역), "사도들에게 존중히 여겨지고"(개역), "사도들 사이에서 평판이 좋은 사람들로서"(공동번역)로 번역하여 유니아라는 여성 자체가 사도로 인정받았다는 것을 숨긴다. 하지만 가톨릭 새 번역에는 "그들은 뛰어난 사도로서"로 번역하였고, 가톨릭 200주년 기념성서는 "그들은 사도들 가운데 출중하고"로 원문의 뜻을 살려서 제대로 번역하였다.13) 로버트 뱅크스는 적어도 초기 주석가들은 유니아를 확실하게 여성사도로 언급했다고 증언한다.14)

초대교회 지도력의 중심에 여성들이 위치해 있는 경우가 많다. 막달라 마리아는 십자가와 부활 사건의 첫 증인이다. 그의 증언으로 제자들도 부활 사건을 전해 듣게 된다. 마리아는 사도들을 능가하거나 비견되는 제자로 나타나기도 한다. 이러한 증거들은 역설적으로 초대교회가 여성들의 해방공간이 되자 사회적으로 억눌렸던 여성들의 활동이 분출되어 나왔다는 것을 보여준다. 성서 친화적인 여성신학자들은 초대교회 안에서 활발하게 활동하는 여성의 지도력에 주목하였다. 따라서 바울 서신에 나타나는 여성 차별적인 구절들은 초대교회 안에서 폭발적으로 분출해 오는 여성의 발언과 지도력을 어느 정도 자제시켜 사회 분위기에 맞추어 갈 필요가 있어서 나온 발언이라고 해석한다. 여성의 자제를 당부하는 발언의 배경은 오히려 여성들이 교회에서 활발하게 활동했다는 현실을 반증하는 증거이기도 하다. 디도서 2장 3절은 "나이 많은 여자"들의 역할에 대해서 "좋은 것을 가르치는 사람이 되게 하라"고 말하며 여성의 가르

---

13) 가톨릭 200주년 기념성서, 분도출판사, 1996.
14) Robert Banks, 『바울의 공동체 사상-문화적 배경에서 본 초기 교회들』 장동수 역, Ivp, 2007, 266.

치는 역할을 인정한다.

제2 바울서신이나 목회서신등 후기 바울계 문서들에서는 바울이 직접 작성한 문서들 보다 더욱 가부장적 입김이 강하게 나타난다. 바울은 대체로 남성과 여성의 역할에 대해서 평등한 원칙을 적용하려고 애쓴다. 하지만 진정한 바울 서신인 고린도전서 11장에 명백한 성차별적 언급이 나타난다.

> 여자가 남자에게서 난 것과 마찬가지로, 남자도 여자의 몸에서 났습니다. 그리고 모든 것이 다 하나님에게서 생겨났습니다. 여러분은 스스로 판단하여 보십시오. 여자가 머리에 아무것도 쓰지 않은 채로 하나님께 기도하는 것이 마땅한 일이겠습니까? 자연 그 자체가 여러분에게 가르쳐 주지 않습니까? 남자가 머리를 길게 하는 것은 그에게 불명예가 되지만, 여자가 머리를 길게 하는 것은 그에게 영광이 되지 않습니까? 긴 머리카락은 그의 머리를 가려 주는 구실을 하는 것입니다. 이 문제를 두고 논쟁을 벌이려고 생각하는 사람이 있을지는 모르나, 그런 풍습은 우리에게도 없고, 하나님의 교회에도 없습니다.(고전 11:12-16)

바울은 남녀 모두에게 평등한 원칙을 제공하는 것이 기본원칙이었다. 하지만 이 본문은 그렇지 않기 때문에 이 단락이 진정한 바울의 것이냐 후대의 삽입된 것이냐의 논쟁도 있다. 왜냐하면 이 본문이 사본에 따라 생략된 사본도 있고, 본문의 위치가 다르게 나타나기 때문이다. 그러나 우리가 본문이 진화한 과정을 추론하는 것은 문서비평에서 중요한 요소이지만, 성격이 다르다고 해서 후대의 삽입이라고 결론을 내리는 것은 현재의 판단 기준에 따라 과거의 문서를 제멋대로 판단할 수 있다.

크로산은 당시 풍습으로 머리에 쓰지 않는 것은 결혼하지 않았다는 표지이고 머리에 쓰는 것은 결혼의 표지였다고 한다. 하지만 교회 안에서 일부 결혼한 여성들이 본인은 하나님과 결혼했다면서 머리에 쓰지 않는 경향이 나타나 공동체에 혼돈이 생길 뿐만 아니라 그것이 그들의 남편에게 모멸감을 주었기 때문에 바울이 여성에게 이런 제한을 두었다고 설명하기도 한다. 크로산은 노예제도와 가부장제도에 대한 바울서신의 급진적인 태도가 제2 바울서신에서 보수적인 바울로, 그리고 목회서신에서는 반동적인 바울로 후대로 갈수록 변화되었다며 그 과정을 비교한다.[15]

	급진적인 바울	보수적인 바울	반동적인 바울
노예제도	빌레몬서	골 3:22-4:1 엡 6:5-9	딛 2:9
가부장제도	고전 7 롬 16	골 3:18-19 엡 5:22-33	딤전 2:8-15 고전 14:33b-36

바울이든 후대의 사람이 변형시켰든, 누구든지 그가 태어난 시대의 상황에 지배를 받는 것은 당연하다. 많은 여성 지도자들에 대한 언급에도 불구하고 바울은 여성의 문제, 동성애 문제들에서 오늘의 관점에서 보면 명백한 시대적인 한계를 보인다.

목회서신에는 그나마도 더욱 가부장적이고 바울이 빌레몬서에서 보여주는 노예에 대한 진보성조차도 상당히 조심스러워한다. 이런 이유들은 교회 안에서의 윤리와 로마 치하에서 세상의 질서가 판이했기 때문이라

---

15) Marcus J. Borg & John Dominic Crossan, op.cit., 81.

고 볼 수 있다. 교회 안에서는 여성들이 자유롭게 활동하고 주인과 종, 유태인과 이방인의 차이가 사라진 공동체를 지향했지만 아직 세상의 질서가 이를 받아들일 수 없었기에 교회가 점차로 세상의 질서를 내면화하면서 생긴 현상으로 볼 수 있다. 교회가 점차 초기의 카리스마적인 분위기에서 벗어나 제도화되는 과정에서 당시 그리스-로마의 가부장적인 가정법규를 수용하였기 때문이다.[16]

---

16) 정승우, op.cit., 33.

* 목회서신의 구분과 성격에 대해서 이야기 합시다.

* 바울 서신이 임박한 종말에 대해 강조한다면 목회 서신은 종말에 대해서 어떤 변화된 태도를 갖는지 이야기합시다.

* 목회서신은 바울 서신에 비해서 여성과 노예에 대해서 어떻게 다른 입장을 갖는지 이야기 합시다.

* 초대교회 속에 나타나는 여성지도자들과 그들의 역할에 대해서 이야기합시다.

* 한국교회와 사회가 갖는 가부장제도에 대해서 이야기 하고 평등한 사회로 나아가기 위해서 어떤 것들이 필요할까에 대해서 이야기 합시다.

성 평등

여러분은 모두 그 믿음으로 말미암아 그리스도 예수 안에서 하나님의 자녀들입
니다. 여러분은 모두 세례를 받아 그리스도와 하나가 되고, 그리스도를 옷으로
입은 사람들이기 때문입니다. 유대 사람도 그리스 사람도 없으며, 종도 자유인
도 없으며, 남자와 여자가 없습니다. 여러분 모두가 그리스도 예수 안에서 하나
이기 때문입니다. 여러분이 그리스도께 속한 사람이면, 여러분은 아브라함의 후
손이요, 약속을 따라 정해진 상속자들입니다.

갈라디아서 3:26-29

인간이 태어나는 순간부터 사람들의 관심은 고추냐 아니냐에 집중한
다. 물론 요즈음은 대부분은 배 속에서부터 미리 알기도 한다. 옛날에는
아기가 태어나면 사람들의 출입을 삼가기 위해 새끼줄로 금줄을 매다는
데 거기에 고추가 끼어 달리는가 아닌가부터 그 아기의 일생과 가문의 운
명이 갈린다. 아버지의 성을 따라 가계가 이어지는 전통 아래서 여성은
오랫동안 아기를 낳는 도구처럼 여겨졌다.

한 인간의 장래가 단지 신체(성기)의 특징에 따라 남성과 여성으로 출생
부터 영구 분리한다. 그리고 무슨 옷을 입는가, 무슨 놀이를 하는가, 머리
의 길이를 어떻게 하느냐. 어떤 취미를 갖는가, 무슨 교육을 받는가, 어떤
친구를 사귀고 바깥출입의 제한시간이 어떻게 정해지는가의 모든 것이
그 놈의 고추에서부터 시작되어 정해진 운명으로 다가온다. 한 사람의 사

회적 역할, 그에게 강요되는 성격과 품성, 심지어는 그의 인생과 직장에서의 임금의 액수까지 자동으로 정해진다면 사실 거기서부터 모든 불평등이 출발하는 셈이다. 이는 명백한 차별이다. 우리사회가 남성적, 여성적이라고 설정한 성역할은 대부분 인간 개개인의 특성을 고려치 않고 역사와 사회가 부여하는 편견으로 인간을 일정한 틀에 맞추어 찍어내는 역할을 수행한다.

한 인간에게 성기는 가장 은밀하고 감추는 부분이지만 아이러니 하게도 그 모양에 따른 구별인 남성과 여성이란 딱지는 늘 이마에 내어 붙이고 다녀야 미덕이 된다. 태어나면서부터 나의 정체성은 감별되고 출생 기록부에는 제일 먼저 남성, 여성의 구분이 기록된다. 우리 사회는 그 구분에 따라 모든 것이 달라지는 매뉴얼이 작성되어있고 그 틀에 맞추어 인간을 주조하는 역할이 행해진다. 사람을 만나서 가장 먼저 파악하는 것은 남성인가 여성인가 하는 것이다. 거기에서부터 모든 관계가 출발한다. 그런데 어떤 사람이 남자인지 여자인지 알지 못하게 차림새를 하면 용납되지 않는다. 지금도 보수적인 분들은 젠더 중립적인 차림을 아주 싫어한다. 심지어는 서양의 대부분의 언어는 쓸데없이 단어에도 남성과 여성을 붙여서 성, 수, 인칭에 따른 활용을 다르게 한다. 이런 모든 것들은 인간 사회 뿐만이 아니라 모든 만물을 위계질서로 줄 세우기 위함이다. 사물에게까지 확장된 가부장주의라 할까?

개인의 성향과 특성, 인격에 상관없이 성에 따라 사회가 원하는 역할이 부여된다. 여기에는 그 사회가 원하는 이데올로기가 강하게 작용한다. 남성은 용맹하고 과감하고 창의적이며 도전적이고 모험을 즐겨야 하기에 다소의 실수도 너그러이 용서되지만 여성은 순종적이고 상냥하고 고분

고분 해야 하는데 다소 어긋나가면 요부, 요녀가 된다. 심지어는 마녀로 처형당한 시대도 있다. 그 속에 불변하는 원칙은 남성의 권익을 지켜나가는 가부장적 원리다. 이것은 우리시대에 평등한 인간으로 만나고 대할 수 있는 사회가 되기 위해서 가장 먼저 넘어서야할 벽이다.

인간이 성역할에 따라 정해놓은 매뉴얼은 꼭 정확하지 않고 개개인에 맞지도 않는다. 심지어는 성적 지향에서도 규칙상 남성은 여성을 좋아해야 하는데 성적 성향이 그렇지 않은 사람들이 통계적으로 약 7-10%에 해당한다고 한다. 적지 않은 비율이다. 전에는 이들이 숨어 지냈지만 이제는 그들이 목소리를 내기 시작했고 자신의 성적 지향에 맞게 살아갈 권리를 찾기 위해 드러내기 시작했다. 그러니 이제 성별도 성기의 모양에 따라 남이 정하는 것이 아니라 자신이 선택하는 시대가 오고 있다. 신체의 특성에 따라 주어지는 성을 섹스(Sex, 생물학적인 성)라고 한다면 이에 저항해서 젠더(Gender, 사회적 성, 문화적 성)라고 한다.

과거의 매뉴얼에 의하면 여성은 그 삶의 완성이 결혼을 통해 완성된다. 성경에도 디모데전서 2:15에 "여자가 믿음과 사랑과 거룩함을 지니고, 정숙하게 살면, 아이를 낳는 일로 구원을 얻을 것"이라고 말한다. 여성은 단지 아이를 낳는 도구 정도로 생각했다. 그래서 꼭 결혼해야하는 것이 운명이고 그래야 완성이 된다고 생각했다. 그래서 결혼하지 않은 여성은 미혼녀가 되고, 남편이 먼저 죽은 여성은 미망인이 된다. 남성 중심의 세계관에 여성은 단지 도구일 뿐이다.

결혼이냐 미혼이냐를 이름부터 드러내는 것을 거부하며 '미즈'라는 용어가 등장하고, 결혼 여부를 묻는 것이 실례가 되듯이 다가오는 시대에는 성별에도 남자냐 여자냐가 아니라 자신이 선택하는 성을 쓰게 될 것이다.

초대교회를 성립 시킨 '영성'은 각기 다른 계급, 출신, 성별을 뛰어 넘어 모두가 자매와 형제로 인식하는 것이다. 그들이 하나로 만나는 데서 오는 감격과 설레임이 초대교회의 '영성'이었다. 초대교회의 이러한 삶의 자리는 예수의 십자가도 '화해'를 가져오는 틀로 이해했다. 또한 서로 적대했던 유대인과 이방인, 종과 자유인, 남자와 여자를 화해시키고 하나되게 하는 것으로 이해했다.

여성과 남성 사이에 장벽을 허물고 서로가 깊이 평등한 인간과 인간으로 만나는 영성이 교회의 영성이 되어야 한다. 문자적으로도 '성령'을 가리키는 히브리어는 여성형 명사이다. 삼위일체이신 하나님은 여성과 남성의 완벽한 조화의 신학적 표상이다. 여성이 억눌리는 현실은 성령을 구박하는 것이고 하나님을 핍박하는 것이며, 이러한 억눌림 현상은 불행한 가정으로 나타난다. 이는 교회는 물론 사회적 불안으로 나타나며 동시에 억압하는 남성 자신의 파괴로 귀결된다. 여성의 권리는 인간의 권리이고 동시에 남성의 권리이기도 하다.

교회 성장주의는 남성문화의 전형

지난 시대에 교회를 풍미한 교회의 성장주의는 교회가 추구한 남성 문화의 전형이다. 머릿수 중심의 발전론, 대규모 집회, 대교회 지향, 물량주의, 업적주의 등을 중시하던 시대는 지나갔고 이미 한계에 이르렀다. 한국교회에서 연일 계속되는 전도와 부흥집회에도 불구하고 개신교 인구는 현격하게 감소하고 있다. 대화 없이 자신의 입장을 무조건 강요하고 밀어 붙이는 식의 일방전달의 문화, 예배, 목회는 이제는 새로운 패러다임으로 전환되어야 한다. 소그룹 중심, 나눔과 소통, 대화, 가정에서부터 억압적인 모든 요소를 회개하고 평등한 인간관계를 체험해 나가는 평등의 문화가 교회의 새로운 영성이 되어야 한다.

성평등이라고 해서 남녀가 똑 같은 역할을 해야 한다는 데에 초점을 맞추게 되면 여성도 남성과 똑 같이 근력을 쓰는 격한 노동을 하고, 군대에도 가야한다고 주장 할 수 있다. 여성의 차이점은 인정되고 존중되며 권리로 보장받아야 한다. 남성은 의무적으로 군대에 가지만 여성은 여성이기에 오랜 시간을 출산하기 위해 고통을 겪는다. 임신, 출산을 해야 하는 여성이 건강과 휴식을 보장받을 권리를 가져야한다. 남성이 군대를 갈 때는 주변에서 성대하게 송별의식을 갖듯이 여성이 임신하고 출산을 할 때도 주변에서 축하의식을 베풀고 이웃의 축복 가운데 진행되어야 한다. 단지 누구의 가문을 잇는 후사로서의 축복이 아니고 독립적인 여성의 어머니 됨을 축복해야 한다. 그리고 나아가서는 육아가 공공의 사회적 책임 아래서 베풀어지도록 해야 한다.

성 평등이 단지 그동안 남성이 누리던 몫을 여성에게 나누는 데에 머물지 않아야 한다. 정책이나 행사가 남성 위주로 진행되고 단지 한 두 명의 여성을 구색 맞추기 식이나 보조적 역할로 끼워 넣는데 만족해서는 안 된다. 처음 기획 과정에서부터 그 중심에서 평등한 주체로 참여하게 우리 사회 제도들을 개혁해야 한다. 십자가 아래에서 모인 교회 공동체에서 성 평등의 문제는 단지 인류의 반을 차지하는 여성을 구원하는 문제가 아니라 억압받는 여성과 왜곡된 남성 모두를 구원하는 복음의 본질적 문제이다.

» (강남향린교회 강단 중에서)

5

공동서신

야고보, 베드로전후, 유다, 요한1,2,3서의 7서신을 공동서신이라고 부른다. 이 편지들은 특정한 교회나 개인에게 보낸 것이 아니고 교회일반을 대상으로 하며 주로 1세기 이후 100-140년대의 작품으로 여겨진다.

교회의 조직화

당시 교회는 이미 조직과 구조가 갖추어졌다. 로마와의 대 전쟁으로 예루살렘 성전이 파괴되고 유다가 멸망했다. 그러나 그 이후에도 대 로마 항전은 그치지 않았다. 계속되는 항전과 로마에 의한 보복이 상존했다. 당연히 유대교도 생존의 위기를 맞이했다. 이런 배경 속에서 일부는 안식일과 할례, 율법준수 등의 유대적 요소를 더욱 강화하는 쪽으로 방향을 잡았고 일부는 이방인과의 갭을 없애고 세계화된 새로운 유대교의 형태로 전환하게 되었다. 후자가 바울의 방향이었고 이는 기독교회를 생성하는 중요한 토대가 되었다.

이들은 로마와의 전쟁을 통해 뼈아픈 교훈을 얻었다. 강경대응이 부른

참화, 급진적 모험주의의 처참한 결과를 보았다. 박해에 대해 순교만을 정당화화는 근본주의로는 생존할 수 없다는 것을 알았고 좀 더 지혜롭게 시대를 뚫고 나가야 한다는 교훈을 얻었다. 그들에게는 로마와의 새로운 관계정립이 과제가 되었다.

성서의 정경화, 직제, 신조

한편 성서의 정경화 작업도 진행되었다. 주후 90년 얌니아 회의에서 구약 39권을 정경으로 확정하였고 영지주의, 마르시온(Marcion)은 140년경 누가복음 및 10권의 바울서신을 정경으로 인정하였다. 기독교회도 신약의 정경화 작업에 착수하여 325년 니케아 공의회에서 신약 27권을 확정하였다. 당시 정경에서 제외된 문서들도 있었다. 로마 감독 클레멘트의 서신, 안디옥 감독 이그나티우스가 순교할 때 교회에 보낸 서신, 디다케(열두 사도의 가르침)등 다수의 문서들이 정경에서 제외되었다. 또한 교회는 성직제도와 교회의 신조(신앙고백)도 확립하였다.

영지주의와는 다른 길로

희랍사상을 기독교로 옮겨온 영지주의는 내면적으로 심오하기는 하지만, 기독교회는 영지주의가 가지는 이원론, 관념론, 탈 역사주의, 자유주의적 경향을 이단으로 정죄하였다. 이들이 예수 그리스도의 성육신을 부정하는 것은 구체적인 역사와 현실을 부정하고 복음을 단지 철학적 체계나 신비주의로 전락시킬 뿐이었다. 기독교가 가지는 하나님 나라에 대한 이상과 사회적 책임을 이루는 데는 영지주의가 독이라고 판단했다. 이러한 영지주의적 경향은 공동체를 분열시키고, 내적으로 무력하게 만드는 교묘한 역할을 수행했다.

영지주의는 개인의 영적체험과 자유를 강조했다. 영적체험이란 것이 역동적이고 능동적인 것 같으나 본래 '체험'이란 것은 사변, 이론과 상대되는 말로서 "현장에서의 체험" "삶에서의 체험"을 뜻한다. 이런 체험을 통해서 우리는 "현장의 영성" "역사적 사건에서의 영성"을 얻는다. 그러나 체험을 "영적체험"으로 돌려 버리면 본래 체험이라는 말이 갖는 실천성, 역동성이 무력하게 된다. 영지주의는 육체를 부정하고 경시하기에 극단의 쾌락주의, 현실주의로 가거나 극단의 금욕주의, 내세주의의 두 가지 극단에 빠진다. 육체를 부정한다는 것은 현실에서의 경험과 고통에 무관심하게 만들며, 영적이라는 모호한 말로 현실을 외면하고, 현실을 개혁하려는 의지는 천박한 것으로 여긴다. 이러한 영지주의적인 경향은 교회로 스며들어와 교회의 변혁적 전통을 송두리째 와해시키는 유혹이 되었다.

오늘날 교회에서도 영적체험이라는 말을 많이 쓴다. 그런데 이 말을 영적이라는 모호한 말로 현실을 배제한 신비체험이나 관념주의에 머물면 이는 이미 오래전 교회가 이단으로 정좌한 것을 불러들이는 것이다. 교회의 영성, 영적 체험이란 용어는 사도들의 전통으로 사용한 "그리스도 중심주의"를 확립하는 의미여야 한다.

당시 재림에 대한 기대는 많이 약화되었지만 완전히 사라진 것은 아니었다. 재림에 대한 긴장감은 교회가 조직과 체계를 갖추고 구조화되면서 안정된 체제를 세웠지만 교회가 세운 체제 속에 매몰되거나 고착되지 않게 하는 역할을 감당하였다.

한편 영지주의의 영향을 받은 자유방임주의자들이 교회를 위협하기도

하였지만 교회에 긍정적인 영향을 끼친 것도 있다. 그들의 자유로운 상상력은 신앙을 교리와 신조의 일정한 틀에 가두어 놓으려는 시도에 저항하였고 교회의 제도와 교권에 반대하여, 교회의 역동성을 강조하는 쪽으로 자극이 되기도 하였다.

야고보서

야고보서는 흔히 예수의 동생 야고보(막 6:3)가 쓴 것으로 돌리지만 저자가 구사한 훌륭한 그리스어 문체를 보면 그럴 가능성은 낮다. 실제로 이 서신은 주후 200년 이후에 신약문서들 가운데 나타났으며 4세기 이르기까지 인정을 받지 못했다. 루터는 이 서신을 '지푸라기 서신'이라고 비판했다. 그 이유는 이 서신에서 '믿음으로만' 죄인이 의롭게 된다는 가르침을 부정(약 2:14-26)하며, 예수의 죽음이 가지는 대속과 부활에 대한 말씀이 나타나지 않기 때문이다.

그러나 서신의 저자는 자신을 가리켜서 "주 예수 그리스도의 증인이요 종"으로 이해한다.(약 1:1) 저자는 바울계의 사상이 책임 없는 신앙으로 전락하는 것에 맞서서 주님의 동생 야고보의 이름을 차용해서 그의 권위로 모순을 지적한다. 저자는 믿음과 행함에 대하여 이미 바울의 가르침을 전제한다. 야고보서 2장은 로마서 4장과 갈라디아서 3장을 전제한다. 바울은 민중을 억압한 율법체제에 대한 도전으로 '믿음'을 강조했지만 야고보는 현실도피, 관념, 현학적이고 자유방임주의적인 영지주의에 대해 대항하며, 교회의 힘을 파괴하는 죽은 믿음, 행함 없는 믿음에 대해 도전한다.

그는 그리스도인들이 거듭나게 된 "진리의 말씀"(약 1:18)은 구체적 행위를 추동하고 삶을 실천으로 이끌어가는 하나의 힘이라는 사실을 일깨운다. 그러므로 그리스도인들은 단지 말씀을 듣는 자로 머물러서는 안 되며 말씀을 행하는 자가 되어야 한다고 강조한다.

제2 바울서신인 에베소서가 믿음에 대해서 "여러분은 믿음으로 말미암아 은혜로 구원을 받았습니다. 이것은, 여러분에게서 난 것이 아니요, 하나님의 선물입니다. 구원이 행위에서 난 것이 아님은, 아무도 그것을 자랑할 수 없게 하려고 하시는 것입니다."(엡 2:8-9)고 하는데 비해서 야고보서는 "행함이 없는 믿음은 죽은 것"이라고 반박한다. 즉 '말'은 '사건'과 어우러져야 그 의미가 분명해진다. 말 자체로는 절대적인 진리에 대해 아무런 답도 얻을 수 없다. 말은 사건 속에서 비로소 그 의미를 드러낸다. 야고보서의 믿음은 행위 자체를 말한다. 행동없이 단지 말씀을 듣기만 하는 자는 자기를 속이는 자다.

> 조금도 의심하지 말고, 믿고 구하십시오. 의심하는 사람은 마치, 바람에 밀려서 출렁이는 바다 물결과 같습니다. 그런 사람은 주께로부터 아무것도 받을 생각을 하지 마십시오. 그는 두 마음을 품은 사람이요, 그의 모든 행동에는 안정이 없습니다.(약 1:6-8)

> 여러분은 말씀을 실천하는 사람이 되고, 그저 듣기만 하여 스스로를 속이는 사람이 되지 마십시오.(약 1:22)

> 우리는 자신의 아름다움을 위해서 거울을 본다. 거울을 보는 것은 얼굴에 묻은 이물질을 제거하고 자신을 바로잡기 위해서다. 그런데 거울로 확인은 열심히 하는데 정작 자기 모습을 바로잡지 않는다면 어리석은 일이다. 말씀을 듣고 깨달

기는 하지만 그 말씀을 실천하지 않는 것은 이과 같다.

　말씀을 행하는 사람이 되십시오. 그저 듣기만 하여 자신을 속이는 사람이 되지 마십시오, 말씀을 듣고도 행하지 않는 사람은 그대로의 자기 얼굴을 거울 속으로 들여다보기만 하는 사람과 같습니다. 이런 사람은 자기의 모습을 보고 떠나가서 그것이 어떠한지를 곧 잊어버리는 사람입니다.(약 1:22-24)

　성경의 진리는 전폭적으로 신뢰할 수 있는 진리, 그야말로 활력이 넘치는 가르침이다. 그러므로 그것을 거절하는 것은 하나님의 권능에 의해 변화되기를 거부하는 것이다.

　나의 형제자매 여러분, 사람이, 믿음이 있다고 말하면서도 행함이 없으면, 무슨 소용이 있겠습니까? 그런 믿음이 그를 구원할 수 있겠습니까? 어떤 형제나 자매가 헐벗고, 그 날 먹을 것조차 없는데, 여러분 가운데서 누가 그들에게, 평안히 가서 몸을 따뜻하게 하고, 배부르게 먹으라고 말만 하고, 몸에 필요한 것들을 주지 않으면, 무슨 소용이 있겠습니까? 믿음에 행함이 따르지 않으면, 그 자체만으로는 죽은 것입니다. 너에게는 믿음이 있고 나에게는 행함이 있다. 행함이 없는 너의 믿음을 나에게 보여라 그러면 나는 행함으로 나의 믿음을 너에게 보이겠다.(약 2:14-18)

　저자는 아주 명쾌한 논리를 구사한다. 행함을 거치지 않고 어떻게 보이지 않는 믿음을 보일 수 있겠는가? 불가능하다. 그러나 나는 행함을 통해서 그것으로 믿음을 보이겠다는 것이다. 저자는 아브라함이 하나님을 믿으니, 하나님께서 이것을 아브라함의 의로 여기셨다."(약 2:23)며, 아브라함이 이삭을 제단에 놓고 칼을 빼어드는 행위, 자신의 아들을 바치는 행동으로 의롭다 하심을 받은 것이라 한다. 창녀 라합도 정탐꾼들을 접대하여 다른 길로 내보내는 행동을 통해서 의롭게 여겨졌다며 행함이 없는 믿음은 죽은 믿음이라고 한다.

우리가 각자를 부르시는 하나님의 음성을 어떻게 듣는가? 어떻게 응답하는가? 우리는 훌륭한 방향을 잡고 있고 정말 진솔한 하나님의 말씀을 듣고 있다고 하더라도 그 부르심을 따라나서는 행동이 없다면 헛된 것이다. 순진하게 그 말씀에 반응해서 작은 실천이라도 행하는 것이 중요하다. 더 이상 이론이 아니라 이제는 누군가 나서서 내가 할 수 있는 작은 몫을 찾아야 한다.

율법은 거울을 통해 우리의 영적 추함을 드러내는 것으로 자기 역할에 이바지한다. 예수가 우리에게 "하늘에 계신 너희 아버지께서 완전하신 것 같이 너희도 완전하여라"(마태 5:48)고 권고할 때, 그의 목표는 우리를 주눅 들고 납작하게 만들려는 것이 아니다. 마틴 루터는 말한다.

> 율법이 당신을 겸허하게 하고, 두렵게 하고, 완전히 납작하게 만들어 절망 직전에 이르게 한 후, 율법은 그 율법을 올바로 사용하는 방법을 당신이 알도록 주선한다. 왜냐하면 율법의 기능과 용도는 죄와 하나님의 분노를 드러내는 것일 뿐만 아니라, 또한 우리를 그리스도께로 몰아가는 것이기도 하기 때문이다.

바울과 루터가 말하는 은총과 야고보의 행함은 그런면에서 동전의 양면을 이루는 조화이다. 어느 한쪽을 잃으면 그것은 값싼 복음이 되거나 무한 절망 가운데 빠져 스스로를 포기하게 되는 탕자의 길을 갈 수도 있다.

베드로전서

베드로전서는 트라야누스 황제시대(A.D.98-117년)의 작품이다. 이때는 크리스천에 대한 전면적인 로마의 박해의 시대이다. 단지 크리스천이란 이유 때문에 원형경기장에서 사자 밥이 되고 십자가형, 화형을 당했다.

> 지금 잠시 동안 여러분이 여러 가지 시련을 겪으면서 어쩔 수 없이 슬픔에 빠져 있더라도, 이것을 기뻐하십시오.(벧전 1:6)

> 사랑하는 여러분, 여러분을 시험하려고 시련의 불길이 여러분 가운데 일어나더라도, 무슨 이상한 일이나 생긴 것처럼 놀라지 마십시오. 오히려 여러분이 그리스도의 고난에 참여하는 것이니, 기뻐하십시오. 그러면 그의 영광이 나타날 때에, 여러분이 기뻐 뛰면서 즐거워하게 될 것입니다. 여러분이 그리스도의 이름 때문에 모욕을 당하면, 복이 있습니다... 그리스도를 믿는 사람으로서 고난을 당하면, 부끄러워하지 말고, 도리어 그 이름으로 하나님께 영광을 돌리십시오. 하나님의 집에서부터 심판을 시작할 때가 되었기 때문입니다.(벧전 4:12-17)

> 정신을 차리고, 깨어 있으십시오. 여러분의 원수인 악마가, 우는 사자 같이, 삼킬 자를 찾아 두루 다닙니다.(벧전 5:8)

이들이 박해를 당한 이유는 첫째, 그리스도교가 조직화하고 영향력있는 제도로 확산되자 로마는 체제 위협적인 존재로 인식하였으며 둘째, 하층민 중심의 평등한 섬김과 나눔의 사상은 노예 노동에 의존한 제국의 가치질서를 위협했다. 셋째, 로마의 법과 체제를 기본적으로 잘 지키면서도 그 체제를 근본적으로 변혁시키는 잠재능력에 두려움을 느꼈다고 볼 수 있다.

베드로전서 자체는 노예와 주인이 서로 섬기며 봉사하는 형제관계로 발전하기를 바랐다. 이들이 로마라는 체제 안에 존속하므로 겉으로는 신분적 차이에 대해 인정할 수밖에 없는 한계를 가지고 있다. 로마라는 거대한 체제는 그들 앞에 놓여진 엄연한 현실이었기에 이에 정면으로 도전할 수는 없었다.

> 여러분은 주님을 위하여, 인간이 세운 모든 제도에 순종하십시오. 주권자인 왕에게나, 총독들에게나, 그렇게 하십시오. 총독들은 악을 행하는 사람에게 벌을 주고, 선을 행하는 사람에게 상을 주게 하려고, 왕이 보낸 이들입니다.(벧전 2:13-14)

> 하인 여러분, 가장 두려워하는 마음으로 주인에게 순종하십시오. 착하고 너그러운 주인에게만이 아니라, 까다로운 주인에게도 그리하십시오. 억울하게 고난을 당하더라도, 하나님을 생각하면서 괴로움을 참으면, 그것은 아름다운 일입니다.(벧전 2:18-19)

교회는 정면으로 로마에 대항하지는 않았다. 하지만 노예제도와 신분, 계급, 가부장 질서를 토대로 하는 로마 체제 아래서 근본적으로 차별이 없는 공동체를 지향했다. 하기에 겉으로 보기에는 권력 앞에 순한 교회였지만 그 안에는 로마의 지배이데올로기를 무너뜨리는 근본적인 변혁의 씨앗을 품고 있었다.

> 하나님께서는 그 크신 자비로 우리를 거듭나게 하시고, 예수 그리스도를 죽은 사람 가운데서 다시 살리심으로써, 우리에게 산 소망을 안겨 주셨습니다.(벧전 1:3)

하나님께서는 우리를 새로 태어나게 하신다. 그 근거는 하나님의 자비이다. 우리 자신에게는 스스로 거듭날 만한 에너지가 없다. 이미 썩은 것이 어떻게 그 안에서 스스로 새로워지겠는가? 누군가 우리를 새롭게 해주지 않으면 안 된다. 하나님께서 예수를 죽은 사람 가운데서 다시 살려 내셨듯이 우리를 거듭나게 하시는 것도 전적으로 하나님의 자비에 근거하며 하나님의 주권에 속한다. 은혜로 우리를 구원하신다는 말은 달리 말하면 하나님의 철저한 주권 행위라는 말이다.

썩지 않고 변하지 않는 유산

> 썩지 않고, 더러워 지지 않고, 낡아 없어지지 않는 유산을 받게 하셨습니다.(벧전 1:4)

우리가 세상에서 추구하는 것들은 결국 썩고 없어지는 것들이다. 마지막에는 다 세상에 놓고 떠나야 할 것들이고 변할 수밖에 없는 것들이다.

그러나 하나님 안에 있는 진리는 썩지 않는 영원한 것이다.

우리는 일이 너무 잘 풀려 갈 때 끝이 안 좋아지면 어떻게 하나하고 염려한다. 반면 일이 조금 안 풀리면 더욱 비참한 상상으로 안절부절이다. 사랑할 때는 고무신 거꾸로 신으면 어떻게 하나하고 염려하고, 이 사랑이 변하면 어떻게 하나하고 염려한다. 그러나 하나님께서 주시는 것은 썩지 않고, 더러워 지지 않고, 낡아 없어지지 않는 유산이다. 이 유산이 우리를 위해 변치 않는 하늘에 간직되어 있다고 한다.

이 세상의 것은 다 썩고 변한다. 그것은 당연한 질서이다. 썩지 않고 변하지 않는 것이 있다면 그것이 오히려 문제이다. 세상의 것들은 영원하지 못하다는 것이 원칙이다. 세상의 것들은 변하고 소멸하지만 하나님의 큰 뜻에서 보면 그것이 다 당연한 질서이다. 오히려 살아 움직이는 생성과 생명의 활동으로 이해할 수 있다. 하나님의 큰 품에서 볼 때, 그러한 변화는 오히려 당연한 것이다. 우리가 울고불고 할 일이 아니다. 이 땅에서는 우리가 원하는 결과가 나오지 않을 수도 있다. 보다 중요한 것은 우리가 이 세상에 사는 동안 할 수 있는 한 최선을 다한다면 그 최선을 다하는 것으로 이미 완성한 것이다. 그것은 변치 않는다. 자신이 보는 앞에서, 우리가 원하는 결과가 오지 않을지 모르지만 참다운 진실은 하늘에 쌓일 것이다. 그러한 소망 안에서 우리는 썩지 않고, 변하지 않는 영원함을 이미 확보하고 사는 것이다.

여러분의 믿음을 보시고 그의 능력으로 여러분을 보호해 주시며, 마지막 때에 나타나기로 되어있는 구원을 얻게 해주십니다.(벧전 1:5)

얼마나 놀라운가? 하나님은 우리의 믿음을 깨지 않으신다. 그래서 우리가 믿는 그대로 이루어지도록 당신의 능력을 실어주신다. 하나님께서는 우리가 실망할까봐 우리의 믿음이 깨지지 않도록 거기에 당신의 능력을 더해주신다. 그래서 우리의 믿음이 보호받을 수 있도록 해주시며 그 결과 마지막 때에나 나타날 구원의 결과를 미리 당겨 우리 앞에 지금 여기서 이루어질 수 있게 해주신다.

불로 연단한 믿음

> 지금 잠시 동안 여러분이 여러 가지 시련을 겪으면서 어쩔 수 없이 슬픔에 빠져 있더라도, 이것을 기뻐하십시오.(벧전 1:6)

시련을 겪는데 어떻게 기뻐하겠는가? 슬픔에 빠져있는데 어찌 그것을 기뻐할 수 있단 말인가? 우리에게 모든 아픔은 혹독하다. 모든 것이 순조롭게 잘 풀려나간 사람들이 우리역사에 큰 공헌한 사람이 있는가? 너무 순조롭게 잘 나가는 사람은 큰 인물이 되지 못한다. 성서의 인물을 보더라도 하나님께 크게 쓰임 받는 사람은 모든 것이 순조로웠던 사람들은 아니다. 그들은 큰 고난을 딛고 선 사람들이다.

야스퍼스는 말했다. "인간에게 위기의 순간이야 말로 가장 성스럽고 영적인 깨달음에 다다르는 순간이다." 우리가 원하지 않는 고난이 닥쳐왔거나 자기가 피할 수 있음에도 몸으로 맞닥드린 고난 가운데 우리는 가장 맑고 순수한 영혼을 가질 수 있다.

만약 매일 대박 터지는 일만 계속 된다면 그는 분명 더 큰 쾌락을 찾아

타락하거나 더 큰 자극을 추구하다가 심한 우울증에 걸려 버리고 말 것이다. 그래서 전통적으로 종교적 수양은 자기를 쳐서 훈련하는 고행의 방법을 쓴다. 고통스러운 상황을 일부러 자초해서라도 깨달음을 얻기 위해서다.

> 여러분의 믿음이 연단을 받아서 순수하게 되면, 불로 연단하여도 마침내는 없어지고 마는 금보다 더 귀한 것이 됩니다.(벧전 1:7)

그럼에도 불구하고 우리가 기뻐할 수 있는 까닭은 그것이 바로 하나님의 연단의 증거이기 때문이다. 여러 가지 시련과 그로인해 겪게 되는 슬픔은 분명 피하고 싶은 것이지만 하나님께서 연단시킬 대상으로 삼으셨다는 선택의 증거이기도 하다. 우리가 당하는 시련과 슬픔은 바로 하나님께서 함께 하시는 증거이다. 지금은 연단의 긴 터널이지만 힘들지 않다. 그것은 장차 그 시련을 이겨낸 사람들이 받을 영광과 존귀이기 때문이다.

보이지 않는 것에 대한 믿음

> 그것은 예수 그리스도께서 나타나실 때에, 여러분이 칭찬과 영광과 명예를 차지하게 하려는 것입니다. 여러분은, 그리스도를 본 일이 없으면서도 사랑하며, 지금 그를 볼 수 없으면서도 믿으며, 말로 다 표현할 수 없는 영광과 즐거움을 바라보면서 기뻐하고 있습니다.(벧전 1:7-8)

칭찬, 영광, 명예는 그리스도 안에서 누리는 기쁨이다. 이것은 보고 확인해서 얻는 것이 아니다. 베드로전서가 쓰여진 시대의 사람들은 그리스도를 볼 수는 없었지만 그를 사랑하고, 본 일이 없으면서도 믿는다. 이것은 눈으로 보고 사랑하던 시대의 사람들 보다 더욱 큰 영광을 받을 것이다. 그런 신앙은 겸손에서 온다. 보고 확인하는 신앙, 결과를 보아야하는 신앙은 자칫하면 교만에 빠지기 쉽다. 이는 타인과 비교하여 우월감을 자랑하며, 의심을 낳고 결국 분열을 가져오게 된다. 그러니 이런 것들을 가지고는 한사람도 변화시킬 수 없다.

진정한 겸손은 자의식이 좋지 않은 사람들의 자기비하나 자기 천대하는 것과는 거리가 멀다. 이것은 안에서부터 솟아나오는 충만감과 넘쳐 나오는 기쁨이기에 늘 자신감이 있다. 진정한 자신감은 결코 교만하지 않다. 교만하다는 것은 또 다른 열등감의 표현이다. 하나님께서 주시는 충만감은 우리가 일상에서 경험하기 힘든 자기인식이다. 이 겸손은 내게서 나오는 것이 아니고 하나님께로부터 오는 것이다. 나 자신은 그런 것을 받을 아무 것도 하지 않았고 아무 자격도 없으나 하나님의 은총으로 주어지는 것이기에 겸손이면서 동시에 기쁨이다. 이것은 충만한 환희면서 동시에 겸손이고 평화다. 자기 내적으로 충만한데서 나오기에 모든 것을 품고 이해하고 함께 할 수 있다.

신앙은 나를 넘어 남의 존재를 인정하는 것이다. 하나님께서 우리들을 그렇게 대해 주셨듯이 지금은 없지만 믿음의 눈으로 보기에 타인에게 열린 마음이 가능하다. 타인과 대화하고, 그로부터 듣고 나를 살펴 조정하는 것이 근본이다. 그 열린 마음이 우리를 새사람으로 만들어 간다. 하나님께서는 타인을 통하여 우리를 새롭게 하신다.

지옥으로 내려가신 그리스도

그는 영으로 옥에 있는 영들에게로 가서서 선포하셨습니다.(벧전 3:19)

그리스도가 지옥에 내려가셨다는 것은 신학적으로 중요한 주목의 대상이다. 그가 지옥에 내려가신 이유는 그리스도 이전에 죽은 사람을 구원하기 위함이고, 또한 악의 세력에게 결정적인 파멸을 선고하기 위함이다. 동시에 지옥 자체를 해체하기 위함이다. 이러한 신학적 주제는 사도신조에 그는 "죽은 자 가운데서 살아나셨다"고 하는데 이것은 음부에서 살아나셨다는 뜻으로 죽음과 악, 지옥의 세력을 무력하게 하고 해체시키시는 그리스도의 권능을 고백하는 것이다. 가톨릭의 사도신조는 그가 음부에 내려가셨다는 고백을 명백히 한다.

지옥은 희랍어로 게헨나(γεεννα)의 번역이고, 이 말은 히브리어 게 힌놈(ge hinnom)을 희랍어로 음역한 것이다. 게(ge)는 골짜기란 뜻이고 힌놈(hin-nom)은 예루살렘 성의 서쪽 계곡을 말한다. 이곳은 예루살렘 성에서 나오는 쓰레기들을 불태우는 곳이고 가난한 서민들과 유아들, 제대로 장례를 치를 수 없는 사람들을 불에 태우는 곳이다. 게헨나는 지명이지만 문자대로 하면 "애곡하는 계곡"이라는 뜻을 가진다. 항상 매캐한 냄새와 쓰레기 썩는 냄새, 사람을 태우는 역한 냄새가 범벅이 되고 24시간 불이 붙어 연기가 나며 곡하는 소리가 들리는 곳이 바로 힌놈 골짜기이다. 그래서 게헨나라는 말은 죽음, 영원한 불의 형벌, 저주를 뜻하는 의미로 쓰였고 나중에는 지옥과 같은 세상을 은유하는 말로 쓰였다. 그리고 "불붙는 지옥(게헨나)에 던져질 것이다"는 예수의 말을 죽음 후에 삼층천, 땅 밑 세계 지옥을 연상하고 교리화했다.(참조 마태 5:22, 29, 8:12, 13:42, 13:50, 22:13, 25:30, 25:41 계14:10, 20:10, 21:8)

그밖에 죽음과 부활 사이에 한정된 시간에 거하는 곳으로서 하데스(α δεs, 음부), 보이지 않는 깊은 곳이라는 의미로 스올(sheol) 등이 쓰이기도 한다. 거지 나사로의 비유(누가 16장)에 보면 명백히 죽음 후의 세상에 대해 언급한다. 이것은 유대인들의 신앙, 구약에는 없는 개념이다. 후에 희랍적 사상에 의해 들어온 개념이다. 이는 예수 그리스도는 산자의 구원뿐 만이 아니라 죽은 자의 구원도 완성하신다는 의미를 갖는다. 베드로전서가 "그는 영으로 옥에 있는 영들에게로 가셔서 선포하셨습니다."(3:19)라는 선언은 예수의 주권이 삶과 죽음 모두에게 미친다는 고백이다.

지옥이라는 교리가 사람들에게 선행을 강조하기 위해 존재할 것이다. 그러나 지옥에 가거나 벌 받지 않으려고 선을 베푸는 것은 오히려 거룩한 말씀을 유치하고 천박하게 만든다. 중세의 한 신학자가 "지옥의 벌이 무서워 선을 행하는 자들을 위해서 바로 지옥이 만들어졌다"고 말했다.

중세가 그 교리의 중심에 '연옥' 또는 '지옥'을 말한 것은 사람을 겁박하기 위함이다. 예수의 비유 중에 '불붙는 게헨나' 등을 언급하는 것은 신화적 세계보다는 청중에게 이 세상에서의 결단과 긴장을 촉구하는 의미로 쓰였다. 그런데 지금 여기서의 결단의 이야기는 죽음 후에 저 세상의 이야기로 숨어버리고, 신화적 삼층천의 이야기로 변질하였으며 오늘 여기 사는 사람은 아무것도 안하고 하늘만 쳐다보는 신앙으로 만들어 버렸다. 더욱이 고약한 것은 우리를 해방하고 자유케 하기위한 그리스도의 사역을 오히려 인간을 협박하고 위협하는 주제로 변질시킨 것이다.

하나님께서 우리를 해방하신다. 아무도 우리를 땅 속 깊은 곳에 묶어두지 않는다. 그리스도께서는 하늘에서 내려 오셨듯이 지옥에서도 올라오셨다. 그는 하늘의 경계 뿐 만이 아니고 땅의 경계도 온 몸으로 무너뜨리셨다. 그는 어둠과 죽음의 세력을 파괴하고 해체시키셨다.

박해 속에서 핀 사랑의 꽃

베드로전서는 직접적으로 로마의 질서에 대항하라고 말하지는 않지만 그들 안에서 이루어지는 새로운 사랑의 질서는 조용하게 로마의 하층민들을 파고들었다. 마침내 로마 제국은 이를 체제에 대한 위협으로 간주하고 박해를 가한다. 여기서 베드로전서가 강조하는 사랑의 정치적 의미를 살펴본다.

베드로전서는 박해상황에 있는 크리스천에게 주는 성경이다. 루터는 성경 중에 최고의 성경이라고 극찬하였다. 박해가 극성을 이루던 시기는 64년 후반에 네로의 박해시대와 90년대 초반의 도미티아누스의 박해, 그리고 110-112년의 트라야누스의 박해이다. 초대교회 전반에 걸쳐서 기독교에 대한 적대감과 박해의 분위기가 깔려있다. 그러나 베드로전서는 앞서서 살펴본 대로 내용을 보면 박해에 이를 까닭이 없다. 베드로 전서는 주권자인 왕이나 총독의 심기를 건드리지 않으려고 노력(2:13)하며 왕을 공경하라(2:17)고 말하며 종에게도 주인에게 복종하라(2:18)고 충고한다.

당시 로마에 저항하며 민족운동을 하는 사람들이 보면 한심한 소리로 여겼을 것이다. 신약성서 전반이 사실 별로 다르지 않은 분위기이다. 저항하던 민족주의자들은 로마항쟁으로 초토화되었다. 노예로, 디아스포라로, 쫓겨난 상황이라는 것을 전제해야 한다. 당시는 직접적으로 로마에 대해 거스를 수 없는 분위기였다. 그럼에도 그리스도인들이 박해를 받았다. 무슨 이유인가? 베드로전서는 박해 중에 있는 그리스도인들에게 적극적인 행동지침으로 서로 사랑할 것을 권유한다.

> 꾸밈없이 서로 사랑하기에 이르렀으니 순결한 마음으로 서로 뜨겁게 사랑하십시오.(벧전 1:22)

> 한마음을 품으며 서로 동정하고 서로 사랑하며, 자비로우며, 겸손하십시오.(벧전3:8)

> 무엇보다도 먼저 서로 뜨겁게 사랑하십시오. 사랑은 허다한 죄를 덮어줍니다.(벧전 4:8)

이런 권고 속에 로마에 대한 저항은 찾을 수 없다. 당시는 정치적으로 로마에 직접 대항 할 수 없는 상황이었다. 로마는 7황제 시기라고 하는 최고 전성기였고, 로마에게 대항하는 자에게는 잔인하였다. 하지만 로마는 다른 종교, 문화에 대해서는 관대한 정치를 했다. 클럽, 길드 등의 모임과 사상에 대한 토론이 자유롭고 무슨 이야기든지 허용하는 광장문화가 그들이 자랑하는 관대함이었다.

기독교는 이 빈틈을 타고 들어간다. 교회 공동체는 입문의식인 세례를 받으며 "아바 아버지!"라고 하며 모두가 형제, 자매 관계 속으로 들어간다. 종이나 자유인이나, 유대인이나 헬라인이나, 남자나 여자나 다 같은 하나님의 자녀로 형제, 자매의 관계 속으로 들어간다. 이것은 당시 로마

사회와는 다른 질서이다. 그리스도인들은 세상의 질서가 아니라 하나님 안의 새로운 가정, 새로운 가족이 되고, 새로운 탄생이 이루어진다. 이것이 바로 거듭남이고, 중생이다. 하나님 안에 거듭나고 그분을 아버지라고 부르는 새로운 관계로 들어간다.

로마제국은 처음에는 자신들이 가진 관용의 원칙에 따라 기독교를 허용하였다. 그들이 직접적으로 로마에 대해 항쟁하지 않으니까 아무런 문제가 되지 않을 것으로 생각했다. 그러나 수많은 하층민들이 기독교로 몰려갔다. 변방의 이름 없는 종교, 무식자들의 종교가 로마 내에서 번성했고 노예, 가난한자, 보잘 것 없는 사람들, 여자, 어린이들이 들끓게 된다. 이것이 교회의 시작이다.

로마의 클럽이 동일한 계급내의 모임이고 주로 상층부의 모임이라면 교회는 하층민 연대가 주류이고 이에 동조하는 지식인, 드물게 의식 있는 상층이 합류하였다. 당황하게 된 로마는 교회를 가만 놔두었다간 로마의 노예제도를 비롯한 사회질서가 근본적으로 무너진다는 염려를 가지게 되었다. 그것이 스파르타쿠스의 반란과 같이 이어질 경우 걷잡을 수 없게 될 것을 우려하였고 지극히 온순한 기독교에 대해 박해를 시작하였다.

그렇다면 베드로전서가 이런 박해상황에서 서로 뜨겁게 사랑하라는 말이 무슨 말인가? 이것은 가슴이 말랑말랑해지는 남녀 간의 사랑이나 가족 간의 사랑을 말하는 것이 아니다. 서로 다른 신분으로 이루어진 공동체에서의 사랑은 인간의 모든 차별에 저항하는 사랑이요, 태어나면서부터 어떤 민족, 어떤 신분, 어떤 계급으로 태어나느냐가 모든 인간의 운명을 결정하는 신분사회에 대한 항거이다. 그것이 사랑이 갖는 정치적 차원이다.

박해는 노예는 노예끼리, 식자는 식자끼리, 자유인은 자유인끼리, 부자는 부자끼리 지내라는 강압이요, 이 신분과 계급의 질서를 지키라는 강제이다. 이에 대해는 교회는 사랑으로 맞선다. 인간 위에 인간을 설정하고 그 차별과 억압을 제도화하고 그것위에 거대한 권력을 세운 로마라는 제국이 얼마나 허구에 의한 것이고 인간의 본성에 반하는 질서인가를 입증한다. 욕하거나 무기를 들거나 반란을 일으키지 않더라도, 인간의 벽을 허문 뜨거운 만남과 사랑을 통해서 가장 웅변적으로 차별에 저항하며, 차별을 의무화하는 짐승의 질서에 대해 가장 인간적인 저항으로 거대한 제국의 허상을 드러낸다.

이런 사랑의 메시지는 모든 신약성서의 주된 강령이고, 예수님의 중심되는 가르침이다. 예수님의 고난과 십자가야 말로, 가장 높은 하나님의 자리에서 가장 낮은 죄인들을 위해 죽음의 길을 선택하신 사랑의 원형이요, 사랑의 출발점이다.

부요와 풍요함 속에 꽃핀 중세와 서구 기독교의 삶의 자리는 기독교 역사에서 고난, 박해, 이에 맞선 사랑의 저항을 제거해 버렸다. 고난과 박해의 상징인 십자가는 하늘 높이 걸리었고, 모든 장식에 가장 성스러운 위치를 차지하고 찬송되지만 더 이상 자신의 신분과 계급의 자리를 과감히 박차고 나오는 일은 사라졌다. 인간의 벽을 허문 뜨거운 형제 자매의 만남도 일어나지 않았다. 밤새 하나님을 아버지라고 불러 대기는 하지만 그것이 무슨 의미를 갖는지는 외면해 버렸다. 그리스도인들이 십자가를 꺾어 버렸다. 가진 사람, 신분이 있는 사람들은 하나님께서 자신들에게 주신 특권이라고 눌러 앉아 버렸고 그들이 마땅히 해야할 일은 외면해 버렸다.

이 사랑은 신분간의 차별을 절대화하는 인간의 정의에 맞서는 새로운 가족으로서의 하나님의 정의이며, 이것은 어떠한 폭력과 무력의 저항보다도 가장 강력한 저항이며 차별과 억압과 가난에 대한 원초적인 항거이다. 이것이 기독교의 사랑이 갖는 정치적 차원이다. 기독인의 참된 사랑은 모든 차별과 억압과 가난을 당연한 것으로 여기도록 강요하는 질서에 항거한다. 그것이 여전히 우리에게 십자가를 지게 하는 일이 될지라도, 그 십자가는 결국 부활에 이르게 하는 길임을 기억해야한다.

베드로후서

베드로 후서는 2세기 전반기의 작품이며 공관복음과 바울서신을 경전으로(3:15-16)하고 있다. 베드로후서는 재림을 의심하는 사람이 희망을 거듭 되새기도록(3:8-9)하는 것과 하나님께서 더디 오시는 것은 회개할 수 있는 기회를 주시기 위한 것이니 흠 없이 살라(3:14)는 것을 부탁하기 위해서 쓰였다.

또한 베드로후서는 영지주의자들인 거짓교사와 싸움(3:4)을 위해서 쓰였다. 그리스도 중심주의에 대한 반발로 영지주의 자들은 인간의 자유를 말한다. 이것은 인간의 삶에 역동성을 주는 것 같으나 결국은 아무런 실천의 영역도 제시하지 못하므로 인간을 사변화, 개별화, 비역사화, 무력화시킨다.

유다서

유다서의 저자는 야고보의 형제 또는 예수의 형제인 유다의 이름을 쓰지만 위명, 필명일 가능성이 높다. 이것은 사도들 시대 최고 후대기록

(17절)이다. 그리고 영지주의와의 싸움에서 믿음을 지키기 위해 쓰여졌다.(3:17-18)

함께 생각 나누기〉

* 공동서신은 어떤 서신들을 말합니까?

* 야고보서의 중심 사상에 대해서 이야기 합시다.

* 베드로전서가 처한 정치적 상황에 대해서 이야기합시다.

* 베드로전서가 강조하는 사랑에 대해서 살펴보고 초대교회가 강조한 사랑의 정치학에 대해서 이야기 합시다.

* 공동서신의 공동의 적인 영지주의가 최초의 이단으로 정죄된 이유에 대해서 살펴보고 오늘의 기독교, 오늘 우리들의 예배가 단지 지나간 이야기를 반복하는 예배가 아니라 오늘의 사건과 만나려면 어떻게 변화되어야 할까를 이야기해 봅시다.

사건의 현장에 선 교회-촛불교회[1]

기독교는 냉혹한 군사독재시대에도 굴하지 않고 신앙인의 양심에서 우러나오는 투쟁을 이어왔습니다. 민주화투쟁과 통일운동에 선봉에 서 왔으며 6월 항쟁을 이끄는 핵심적 역할을 감당했습니다. 또한 암울한 시대에 목요기도회 등을 통하여 인권 사각지대에서 희생당하는 사람들의 인권을 지켜오는 역할을 이어왔습니다. 이런 선배들의 신앙적 전통을 이어받아 2008년도 여름 촛불정국, 촛불봉기에서도 기독교진보세력이 결집하여 중요한 투쟁을 수행했습니다. 광우병 기독교대책위와 촛불교회를 통해 기독인의 신앙적인 양심을 지켜갈 수 있었습니다.

삶과 참여의 영성을 새롭게 하는 기독운동

그러나 통속적인 한국교회는 하나님께서 활동하시는 역사적 현장을 유기하고 예수를 따르는 삶을 단지 개인심령 속에서만 찾는 오류를 범하고 있습니다. 지금은 우리가 잃어버린 삶을 회복하는 새로운 기독운동이 절실한 때입니다. 우리 그리스도인들에게는 삶과 영성을 근본적으로 새롭게 확립할 수 있는 기독운동이 필요합니다.

---

1) 이글은 필자가 작성한 글로, 사건의 현장에 서는 촛불교회를 제안하는 파발문이다.(2008 11월) 그동안 진보적 사회운동을 펼쳐온 기독교 에큐메니칼 진영과 광우병 쇠고기 사건을 계기로 새롭게 사회운동에 합류한 복음주의권이 함께 연합하여 촛불교회가 출발하는 시작의 역사를 알 수 있는 취지문이다. 촛불교회는 용산참사 현장에서 시작하여 13년간 계속 고난 현장에서 드리는 예배로 이어지고 있으며 2022년 4월 초까지 460번째 기도회를 진행하는 중이다.

한국교회 일반이 지극히 개인적 영성에 치우쳐 있는 한, 그리스도인들이 자신들의 양심을 정치투쟁만으로 표현하는 데는 지극히 한계를 가집니다. 그러기에 새로운 참여의 영성을 키워나갈 장이 절실하게 요청됩니다. 그리스도인들이 영성을 훈련하는 장은 예배입니다. 우리들이 주님을 통해 우리들의 영을 새롭게 하지 못한다면 이 시대를 통하여 말씀하시고 역사하시는 주님을 따라갈 수 없을 것입니다. 그래서 "촛불교회(촛불을 켜는 그리스도인들)"은 정기적인 열린 기도회, 열린 예배를 통하여 한국교회가 참여의 영성을 북돋고 우리들 자신을 회개하는 마음으로 새롭게 결단할 것입니다. 우리는 우리의 주님께서 우리 보다 앞서서 이 역사의 현장, 고난 받는 민중의 현장에 참여하고 계시며 그들과 함께 싸우고 계심을 믿습니다.

기독인은 예배로 말합니다. 예배는 어느 장소, 어떤 시간에 드리느냐에 따라 때로는 가장 강력한 정치적 저항이 될 수 있습니다. 우리는 우리에게 주어진 종교적 자유를 통하여 가장 필요한 현장을 찾아가 예배함으로 우리가 사는 시대에 가장 절실한 예배를 드리게 될 것이며 때로 이것은 가장 강력한 기독교적인 투쟁의 방법이 될 것입니다.

진정한 예배는 사건의 예배입니다.

진정한 예배는 사건의 예배이며 역사의 현장, 고난의 현장에서 드려지는 예배입니다. 성서시대의 예배는 하나님과 만났거나 하나님의 위대한 해방사건이 일어난 현장입니다. 시편에 나오는 예배의 중심 주제들은 제국으로부터 해방을 이루어가는 출애굽 사건, 그들이 경제적 기반인 땅을 얻게 된 사건, 새로운 나라를 세우게 된 사건을 기념하는 의식들입니다. 성서시대의 유명한 제의적 축제들 역시 하나님의 해방사건을 기념하는 절기들입니다. 무릇 예배는 해방의 사건을 기억하고 나아가 새로운 해방의 사건을 일으키는 예배가 되어야 합니다. 시대적 사건과는 상관없이 단순히 이천 년, 삼천 년 전의 성서이야기를 반복하거나 그 사건들의 회고 차원에 머문다면 예배의 생명력은 이미 사라진 것입니다.

오늘의 예배는 정형화된 형태로 각 교단의 법에 따라 그 기본적인 틀이 규정됩니다. 예배가 오늘 같이 전례화 되고 움직일 수 없는 엄숙한 틀로 고정된 것은 중세 때입니다. 이 때 모든 의식은 성직자의 독점물이 되었고 이러한 전통은 서구의 식민지 확장정책을 따라 문화제국주의적의 양상을 띠게 되었습니다. 피점령국의 고유한 문화를 파괴하고 그 나라의 고유한 문화들을 저급하고 미신적이고 타도해야 될 대상으로 규정하였습니다. 기독교문화는 그 민족의 고유한 역사와 문화를 말살하는 대립적 틀을 가지고 토착문화와의 전쟁을 시도하였습니다. 각 나라의 고유한 문화들은 소멸될 위기를 맞게 되었으며 무력시위를 배경에 두고 승리한 서구문화가 자기표현의 양식을 서구적 예배의 방식에 담아 모든 민족들이 가진 문화적 창의성을 버리고 단지 서구적인 양식을 반복할 것을 교조적으로 강요하게 되었습니다.

그러나 예배는 각자가 처한 상황 속에서 구원을 이루어가기 원하는 하나님과 그의 백성들이 만나는 장입니다. 그러므로 하나님의 해방사건, 예수 그리스도의 구원(해방)사건을 극으로, 이야기로, 상징으로, 즉 그들의 문화적 도구-시, 노래, 춤, 연주, 제사를 통해 현재화하는 것입니다. 거기서 예배 참여자들은 하나님의 임재를 맛보고 예수 그리스도의 현존을 느끼는 것입니다. 예수 그리스도의 해방사건이 일어나는 예배는 지난 이야기를 반복하는 과거적 사건에만 있지 않습니다. 하나님 안에 있는 미래의 세계를 엿보고 그 나라에 대한 희망을 가지며 동시에 그 미래적 사건을 현재화하는 축제입니다.

우리가 과거 현재 미래 이렇게 시간을 구분하지만 이것은 관념이나 개념의 세계 안에 있는 구분에 불과합니다. 사실 우리의 경험 안에는 이런 모든 것이 통합되어 있습니다. 우리는 성서의 출애굽 사건을 말하면서 동시에 우리들의 출애굽을 생각하고 예수그리스도의 십자가를 말할 때도 그것은 동시에 우리들의 십자가이기도 한 것입니다.

우리가 지나간 성서의 해방사건을 재현하면서 미래에 우리들의 해방을 꿈꾸고, 동시에 우리가 해방을 지향하는 인격을 갖고, 오늘 우리의 해방사건으로 연결해 나가는 것입니다. 이러한 "해석학적인 순환"이 이루어지는 것이 바로 과거의 사건을 반복하는 예배가 갖는 기능이요 그 안에 오늘과 내일이 함께 들어있는 신비입니다. 이는 과거적 사건은 오늘 그와 유사한 사건들로 재현되어야할 당위성과 필연성을 가진다는 말이기도 합니다. 그것이 단지 지나간 과거의 이야기로만 되었을 때 우리는 지나간 화석을 예배하는 것이요, 기억과 관념으로만 해방을 즐기는 것입니다. 우리의 삶 안에는 모든 것이 해석학적인 통합이 이루어져야합니다.

예수님께서 "이산에서도 아니고 저산에서도 아니고... 참되게 예배를 드리는 사람들이, 영과 진리로 아버지께 예배를 드릴 때가 온다. 지금이 바로 그 때다... 하나님은 영이시다. 그러므로 하나님께 예배를 드리는 사람은 영과 진리로 예배를 드려야 한다."(요 4:21-24)고 했습니다. 우리는 여기서 진실로 드리는 예배는 우리들의 사건으로 드리는 예배를 말한다고 봅니다. 그것이 이 시대의 영이고 우리들의 영으로 드리는 예배이기도 한 것입니다.

또한 바울은 "여러분은 여러분의 몸을 하나님께서 기뻐하실 거룩한 산 제물로 드리십시오. 이것이 여러분이 드릴 합당한 예배입니다."(롬 12:1)라고 합니다. 우리 몸을 산제사로 드리는 것이 '우리들의 삶으로 예배드리는 것'을 말하는 것이 아니겠습니까? 우리에게 절실하지도 않은 문제에 대해 어찌 우리의 몸을 산제사로 드릴 수 있겠습니까? 예배는 우리들의 해방이야기, 개인적이던 집단적이던 우리의 몸으로 살아가는 이야기, 그 안에 있는 하나님의 구원사건, 해방사건의 이야기를 말해야 합니다.

이에 '촛불교회(촛불을 켜는 그리스도인들)'는 초대교회의 그리스도인들이 로마제국 치하에서 핍박 속에도 까따꼼베(지하 동굴 무덤)를 밝히는 등불을 켜고 모여 기도했던 전통을 이어받아 다음과 같은 원칙을 가지고 오직 그리스도를 따르는 순례의 길을 가고자 합니다.

1. 우리는 고난 받는 사람들을 위해 기도하고 그들을 위로할 것입니다.

하나님께서는 고난 받는 사람들의 외침을 들으십니다. 가슴에 맺힌 한을 울부짖는 소리는 기도보다 더 원초적인 하나님과의 소통입니다. 교회는 당연히 이러한 한을 가진 사람들과 소통하고 그들 가운데 함께 하시는 주님을 만나야 할 것입니다.

유신-군사독재로 이어오는 시기에 목요기도회가 고난 받는 사람들을 초청하여 증언을 듣는 예배였다면 '촛불교회'는 아픔의 현장에 찾아가서 가장 큰 아픔이 있는 사람들과 함께 소통하며 이들을 위해 기도하고 위로하는 예배를 중심으로 하는 교회가 될 것입니다.

2. 한국교회 갱신을 위해 필수적인 교회이기도 합니다.

"촛불교회'(촛불을 켜는 그리스도인들)이 드리는 예배는 살아있는 예배이며 동시에 미래를 지향하는 한국교회의 새로운 교회의 모습이기도 합니다. 이 예배는 평신도와 목회자가 함께 만들고 함께하는 예배가 될 것이며 한국교회의 갱신된 모습을 미리 밝혀주는 모델이 될 것입니다.

진보적인 의식을 가진 목회자라고 하더라도 목회자가 자기 교회의 평신도들과 함께 현장에 나오는 노력을 게을리 한다면 한국교회는 절대로 개혁되지 못합니다. 목회자와 평신도가 서로 긴장하는 한, 그 결과는 뻔합니다. 목회자는 하나님께서 주신 귀한 시간을 온전히 하나님의 뜻을 이루는 목회를 복원하는데 힘을 다할 것이며, 평신도들은 수동적인 자세에서 벗어나 만인 사제적인 의식을 가지고 적극적으로 교회를 변화시키는 노력과 기도에 참여할 것입니다.

3. 고난에 현장에 서는 교회입니다.

한국교회는 다 조직 교회의 형태를 가지고 있습니다. 조직은 건물과 재산을 요구하고 이를 위해 더 큰 조직을 요구합니다. 한국교회는 자체의 성장을 위해 못할 일이 없는 이상한 조직이 되어버렸습니다. 이것은 처음 교회의 설립 정신과는 거리가 먼 것입니다. 교회는 본래 야훼신앙과 예수신앙의 출발의 자리였던 현장성을 회복해야 합니다.

최초의 천막성전은 이스라엘 민족이 이동하는 대로 따라 움직이는 현장 중심의 성전이었고, 야훼의 법궤는 전쟁과 민족의 아픔이 있는 현장으로 이동해 다니는 하나님의 현존의 상징이었습니다. 초대교회의 출발점 역시 "예수와 민중이 만나는 현장"(안병무)이라고 하였습니다. 교회가 이 현장성을 회복하지 못하고 단지 조직된 교회로 자신들의 안락한 예배 공간 안에서만 머물러 있다면 이들은 하나님 없는 예배와 우상의 교회를 섬기는 것입니다. 우리는 역사와 민중의 고통의 현장에 계신 하나님을 만나러 들판으로, 현장으로 나아갈 것입니다.

우리는 현장성을 중요하게 생각합니다. 교회라는 울타리 안에 갇혀서 각자 이기적인 영역 속에 머물렀던 기독교가 현장으로 나와서 민중들이 아픔을 겪는 자리에 함께 하여야 합니다. 이에 '촛불교회(촛불을 켜는 그리스도인들)'의 예배는 고난의 현장, 역사의 현장에 찾아가서 함께 하며 살아 역사하시는 하나님의 현존을 대하는 사건의 예배를 드리게 될 것입니다.

4. 진정한 교육의 현장이 될 것입니다.

신도들을 이론으로 교육한다면 뛰어난 선생이 필요하고 그것이 원활하게 잘 이루어진다고 하더라도 교육된 성원을 현장으로 접근시키는 것은 또 다른 결단이 요구됩니다. 그런 의미에서 고난 현장에 직접 드리는 예배와 교회는 바로 감동이 있는 산교육의 현장이 될 수 있습니다. 자연스런 말씀의 체험과 교육과 예배가 하나로 어우러지는 진정한 회심의 현장이 될 것입니다.

5. 민주적인 공동체입니다.

촛불교회는 특정한 담임목사나 대표에 의해서 운영되거나 일정한 단체, 교회가 주도적으로 운영하는 체제가 아니고 공동목회의 장, 목사나 평신도 모두가 공동으로 책임지고 공동으로 대표하는 형태가 되어야 합니다. 목회자들이나 평신도가 함께 가르치고 함께 배우는 공동체가 될 것입니다. 굳이 교회의 정치 형태로 말한다면 회중교회 형태가 될 것입니다. 이 예배는 특정한 지도력에 의해 움직이는 것이 아니라 참여하는 대중 모두가 함께 주체가 되는 새로운 틀의 예배와 교회가 될 것입니다.

6. 매주 드리는 예배가 중심이 되는 조직입니다.

기독운동이 정치 투쟁 형식으로만 지속되기에는 한계를 가지고 있습니다. 비상한 시기에 나타난 사회적인 사안에 따른 임시적인 집회 보다는 보다 일상적이고 꾸준한 형태의 투쟁이 필요한 시점입니다. '촛불교회'의 예배는 교회의 전통이 오랫동안 지켜온 주례 모임을 원칙으로 하여 참여의 영성을 키워갑니다. 때로는 영성을 고양하는 실내 예배나 강연으로 때로는 현장을 찾는 예배로 이어갈 것입니다.

7. 새로운 형태의 연합운동입니다.

'촛불교회'의 예배에는 에큐메니칼 진영이나 복음주의 진영이 함께 참여하였듯이 앞으로 이 예배는 모든 교파, 단체, 연령, 성별, 지역을 초월하여 하나로 연합하는 장이 될 것입니다. 모든 사회적 구분의 정체성을 벗어나서 오직 그리스도를 따르고자 하는 그리스도인들이 예수께서 가신 길을 함께 나아가고자 하는 순수한 열정으로 진리 안에서 연대하고 일치된 그리스도의 몸을 이루어 나갈 것입니다.

'촛불교회'는 새로운 형태의 연합교회운동이 될 것입니다. 또한 사건의 현장이 꼭 수도권에만 있는 것이 아니기 때문에 촛불을 켜는 그리스도인들의 예배가 전국적으로 열리게 되기를 희망합니다. 사건의 현장에 모두가 내려갈 수는 없지만 해당지역에서 촛불을 켜는 그리스도인들과 연대하고 기도함으로 전국적인 연대와 참여를 강화해 나가길 바랍니다.

요한일서 : 영지주의와의 싸움

　요한 1,2,3서와 요한복음, 요한계시록은 요한공동체의 작품으로 요한
계 문서라고 부른다. 이 문서는 요한복음과 유사한 사상을 가지고 있다.
그러나 요한 2,3서는 다른 요한계 문서보다는 후대의 작품이며 요한 1서
의 저자가 아닌 다른 어떤 저자가 썼다고 보기도 한다. 여기서는 주로 요
한 일서를 중심으로 보겠다.

영지주의와의 싸움

　요한일서는 교회가 당면한 적들에 대해서 기독교의 진리를 변증한다.
　그 첫 번째 적은 당연 로마이다. 그들은 교회에 외적인 박해를 가해오
고 있다. 두 번째 적은 영지주의(Gnosticism)이다. 신약성서의 모든 책들이
그렇듯이 로마에 대한 직접적인 충돌은 자제하거나 깊이 감추어져 있
다. 그러나 영지주의에 대해서는 격렬한 논쟁을 벌인다. 영지주의자들은
희랍 철학의 경향을 가진 그리스도인들로 교회 안에 내적인 혼란을 가
져왔다. 노스티시즘(Gnosticism)이란 이름에서 보듯이 영(靈)과 지(知, know,

knoledge)적 깨달음이 구원에 이르는 길이라고 하여 2세기의 교회를 안에서부터 위협하는 가장 큰 시험이었다.

> 이 글은 생명의 말씀에 관한 것입니다. 이 생명의 말씀은 태초부터 계신 것이요, 우리가 들은 것이요, 우리가 눈으로 본 것이요, 우리가 지켜본 것이요, 우리가 손으로 만져본 것입니다.(요일 1:1)

생명은 꿈틀거리는 것, 움직이는 것, 활동하는 것, 변하는 가능성이 생동하는 것이다. 생명은 사물에 변화를 일으킨다. 그러나 영지주의는 사물의 가치를 영적이고 지적인데 둔다. 영적 깨달음, 지적 깨달음을 본질로 본다. 이들은 정신의 세계는 선하신 하나님에 의해서 지배되며 물질의 세계는 악의 원리에 의해서 지배된다고 본다. 인간이 몸으로 출생하는 순간 자유한 정신이 몸(물질) 안에 갇히게 됨으로 그때부터 자유한 영과 부자유한 몸이 갈등을 일으키며 인간에게는 죄와 고통이 시작된다고 본다. 영지주의는 구체적으로 나타난 것은 속된 것, 부정한 것, 극복되어져야 할 것으로 간주한다. 구체적으로 나타나는 육체는 죄의 근원이며, 일상에서 나타나는 사건 역시 부질없는 일회성에 불과하다. 그것은 지나가는 것이기에 영원한 가치가 없다. 잠깐 눈 감고 흘러가게 놔두면 되는 것들이다. 그러므로 그런 사건의 연속으로 생기는 역사도 역시 세속적이니, 거기에 목 맬 필요 없고 멀리할수록 빛나는 것으로 여긴다.

그러나 요한일서의 저자는 이렇게 추상적이고 영적인데서 신앙을 추구하는 것은 거짓이라고 한다. 그것은 그리스도를 반대하는 신앙이다. 우리의 영적인 신앙은 눈으로 보고 손으로 만져볼 수 있는 감각적이고 구체적이며 경험적인 영역에서 이루어진다는 것을 강조한다. 지금도 영지주의의 사상은 기독교 신앙 안에 지대한 영향력을 행사하고 있다. 우리가 즐겨 부르는 복음송가 중에 이런 노래가 있다.

> "죄 많은 이 세상은 내 집 아니네
> 내 모든 보화는 저 하늘에 있네
> 오 천국문을 열고 주를 보겠네
> 나는 이 세상에 정들 수 없도다"

십대의 소년 소녀들이 이런 가사에 취해 찬양하는 것을 보면 안쓰럽다. 이런 내용이 얼마나 우리를 관념에 사로잡히게 하는가? 우리를 상상의 세계에서 즐기게 만드는 동안 정작 우리가 발 붙여 매일 매일을 살아가는 삶은 부정된다. 이런 것은 생명이 아니며, 우리가 매일 땀 흘리고 사는 삶의 세계와는 분리된 병든 정신이다. 생동감 넘치는 삶을 부정하는 죽음의 문화일 뿐이다. 이는 상상의 껍데기이고 관념이다. 반면 우리의 복음은 그렇지 않다. 복음은 허구와 죽음을 극복한 생명의 이야기이다. 그것은 구체적이요 우리의 삶에 나타나는 것이다. "우리가 들은 것이요, 우리가 눈으로 본 것이요, 우리가 지켜본 것이요, 우리가 손으로 만져본 것"이다. 즉, 영지주의자들은 육신의 오감을 멸시하지만 복음은 오감으로 확인되고 나타나는 것 안에서 우리에게 다가온다. 그것은 지금 여기 우리가 사는 세계 안에서 일어나는 변화이다.

이 생명이 나타나셨습니다. 우리는 그것을 보았습니다. 그래서 우리는 이 영원한 생명을 여러분에게 증언하고 선포합니다. 이 영원한 생명은 아버지와 함께 계셨는데, 우리에게 나타나셨습니다.(요일1:2)

영지주의의 영의 체계에서 신(神)도 계급이 있다. 최고의 신은 인간사를 초월해 존재하는 절대신이며, 그럴수록 거룩하다. 반면 분노하고 사랑하고 질투하는 신, 인간사에 간섭하여 인간의 성정을 나타내는 신은 저급하다고 여긴다. 하물며 신이 인간이 되셨다는 성육신은 있을 수 없는 신의 스캔들이고 금기이다. 그래서 영지주의자들은 가현설(假現說)을 말한다. 가현설은 예수께서 육신을 입으셨다는 것은 가짜이며 그렇게 보였을 뿐이라고 한다. 예수께서 육신을 입으셨다는 것 자체를 부정한다.

그들은 말한다. "신이 어떻게 고통 받고 죽을 수 있겠는가? 절대적 존재가 어떻게 유한한 존재가 되겠는가? 영적 존재가 어떻게 부자유한 물질적 존재가 되겠는가? 그리스도는 예수라고 불리는 심오한 영적 인간과 일시적으로 결합한 것뿐이다. 신성은 예수의 인간성 위에 일시적으로 병존했을 뿐이다. 예수께서 세례를 받으실 때 하늘이 열리고 성령이 비둘기 같이 그 위에 임하시어(눅 3:21-22) 신성을 입었다가 십자가 처형 전에 다시 신성이 분리되었다고 한다. 그러기에 영지주의자들은 "십자가에 못 박힌 것은 그리스도가 아니고 인간예수일 뿐이다."고 한다. 이들에 대해 요한일서는 경고한다.

사랑하는 여러분, 어느 영이든지 다 믿지 말고, 그 영들이 하나님께로부터 왔는가를 시험해 보십시오. 거짓 예언자가 세상에 많이 나타났기 때문입니다. 여러분은 하나님의 영을 이것으로 알 수 있으니, 곧 예수 그리스도께서 육신을 입고 오셨음을 시인하는 영은 다 하나님께로부터 온 영입니다. 그러나 예수를 시인하지 않는 영은 다 하나님께로부터 오지 않은 영입니다. 그것은 적그리스도의 영입니다. 여러분은 그 영이 올 것이라는 말을 들었습니다. 그런데 그 영이 세상에 벌써 왔습니다.(요일 4:1-3)

영지주의자들은 지식으로 구원을 얻는 다고 보기에, 인간은 최악의 것도 최선의 것도 다 알고 있어야 된다고 생각한다. 인간은 가장 고귀한 것에서 가장 천한 것에까지 골고루 체험해야 한다고 생각한다. 죄를 범하는 것도 그들이 중요하게 생각하는 지식을 얻어가는 하나의 과정이고 의무이다. 죄도 어떤 종류의 필연이며 의무이다. 그들에게는 육체는 어떤 경우에서나 사악한 것이므로 사람이 그것을 어떻게 다루든지 간에 매한가지이다. 정절, 순결 또는 부도덕은 그리 대단하지 않다. 어차피 사악한 신체는 단지 소멸해 버릴 천박한 것일 뿐이다. 영지주의자들은 인간이면 누구나 가지는 본성과 욕망을 토대로 교묘한 논리를 펼쳐간다. 이에 대해 저자는 다음과 같이 경고한다.

우리가 그리스도에게서 들어서 여러분에게 전하는 소식은 이것이니, 곧 하나님은 빛이시요, 하나님 안에는 어둠이 전혀 없다는 것입니다. 우리가 하나님과 사귀고 있다고 말하면서, 그대로 어둠 속에서 살아가면, 우리는 거짓말을 하는 것이요, 진리를 행하지 않는 것입니다.(요일 1:5-6)

쾌락주의, 금욕주의

영지주의의 쾌락주와 금욕주의로 치닫는 양극의 주장은 육체를 경시한다는 데 공통점이 있다. 이 속에는 당면한 로마의 위협을 회피하려는 동기가 숨겨있다.

> 하나님을 안다고 하면서 그분의 계명을 지키지 않는 사람은 거짓말쟁이요, 그 사람 안에는 진리가 없습니다. 그러나 누구든지 하나님의 말씀을 지키면, 그 사람 안에서는 하나님께 바치는 사랑이 참으로 완성됩니다. 이것으로 우리가 하나님 안에 있음을 압니다. 하나님 안에 있다고 하는 사람은, 자기도 그리스도께서 사신 것과 같이, 마땅히 그렇게 살아가야 합니다.(요일 2:4-6)

영지주의 자들은 두 가지 극단적인 편향을 가진다. 육신의 욕망을 자유롭게 풀어주는 쾌락주의에 빠지거나 육신을 억압하는 금욕주의의 경향에 빠진다. 이 두 가지 극단은 육신을 부정하는 공통점이 있다. 육신을 부정하기에 인간관계, 사회관계에서 일어나는 만남과 친교, 사귐을 부정한다. 이들은 영적으로 최고의 자유 상태에 도달하기 위해서 은신해서 명상한다. 이러한 지적인 이해, 지적인 체계를 바탕으로 하기에 구원도 하나의 상상이나 이론체계일 뿐이다. 지적 깨달음을 소중하게 생각하는 종교가 흔히 빠질 수 있는 유혹이었다.

이들은 당시 희랍의 위대한 사상들에 필적하는 기독교를 만들 욕심이었으나 그것은 근본적인 기독교의 가르침과 부딪혔다. 그들은 성육신을 파괴하고 기독교의 윤리를 필요 없는 것으로 만들어 갔다. 희랍의 이원적 세계관은 현실을 잠시 동안 유효할 뿐, 궁극적으로 가치 없는 시간으로 여긴다. 반면에 초월적이고 내세적인 세상을 동경하게 만드는 것은 이유가 있다.

그들은 영적이고 지적인 영역 안에 숨음으로 현실에서 로마와 대립하면서 핍박을 받고 있는 기독교의 위험을 피해가고자 했다. 이러한 태도는 궁극적으로 로마가 전 세계를 힘으로 지배하는 것을 합리화한다. 반면 억압받는 사람들이 당하는 고통은 잠시 동안 스쳐지나가는 것뿐이라 하여 현재의 모순을 감추고 관심을 저세상으로 돌린다.

반면 초대교회는 모든 계급 신분 남녀의 차이를 넘어서는 대안적 공동체를 지향했다. 그로인해 로마로부터 위험 요소로 찍히고 박해를 받았기에 영지주의 자들은 직면하는 박해의 위기를 비껴가고 싶었다. 좀 더 편하고 덜 위험 기독교로 만들기 위한 시대적 필요가 영지주의를 낳은 것이다.

우리가 하나님 뜻대로 살아간다는 것은 마음은 원하되 삶에 드러나는 실천으로 보면 별로 뾰족한 것이 없다. 살아가기도 빠듯한 생활인들이 좋은 일이라고 생각은 하지만 한번 호기 있게 해 볼 것도 별로 없다. 항상 자기 앞가림 하다보면 마음은 앞서있으나 할 일은 제한된다. 실천의 한계가 분명하며, 조그만 일은 하더라도 마음에 차지도 않는다. 그러니 삶이고 실천이고 이런 것 생각하면 골치만 아프다.

그러나 영적인 영역에서는 아주 분명하고 확실하게 처리할 수 있다. 매일 금방 세상이 변할 듯이 생각할 수 있으며, 내면의 세계 안에서는 개벽이 일어나듯 단칼에 처리할 수도 있다. 그래서 그들은 추상과 관념 속에 빠져들고, 이를 영적이라 감탄하며 예수에게서도 성육신 같은 것은 부인해 버렸다. 나타나는 모든 것은 저급하다며 멸시했다. 그러나 요한일서의 저자는 예수는 우리가 보고 만지고 느낄 수 있게 오셨고, 우리가 보고 만지고 느끼는 생활 가운데 오셔야 한다고 말한다.

　저자는 영적인 세계로 숨어버리는 대신 서로의 사귐과 친교 속으로 끌고 나온다. 그것이 빛 가운데의 사귐이다.(1:7) 그리고 우리들 서로의 사귐은 하나님과의 사귐이고 그의 아들 예수 그리스도와 함께하는 사귐이며 그 사귐으로 인해 우리들 서로의 기쁨이 차고 넘치게 된다.

> 우리가 보고 들은 바를 여러분에게도 선포합니다. 우리는 여러분도 우리와 서로 사귐을 가지기를 바라는 것입니다. 우리의 사귐은 아버지와 또 그의 아들 예수 그리스도와 함께 하는 사귐입니다. 우리가 이 글을 쓰는 것은 우리 서로의 기쁨이 차고 넘치게 하려는 것입니다.(요일 1:3-4)

> 그러나 하나님께서 빛 가운데 계신 것과 같이, 우리가 빛 가운데 살아가면, 우리는 서로 사귐을 가지게 되고, 하나님의 아들 예수의 피가 우리를 모든 죄에서 깨끗하게 해주십니다.(요일 1:7)

　우리는 하나님을 어디서 사귀는가? 하나님을 어떻게 사랑하는가? 우리들의 사귐이 바로 하나님과 예수 그리스도와의 사귐이다. 우리 형제 자매 이웃을 사랑하는 그것이 바로 하나님을 사랑하는 것이다. 우리는 어디서 믿음을 찾는가? 우리가 서로 믿지 못하면 우리의 믿음은 헛수고이다. 우리들 자신이 영지주의의 요소를 다분히 가지고 있다. 우리는 영적, 지적으로 사람을 분석하고 판단한다. 이것은 그에 대한 불신이며 하나님께 대한 불신이다. 우리가 가슴으로 서로를 만나고 믿는다면, 그 가운데 인간의 푸근함과 사랑을 느낄 수 있다면, 우리는 그 속에서 하나님을 알게 된다. 우리가 무엇을 소망하는가? 먼 미래인가? 바로 우리 옆에 있는 형제 자매의 미래를 신뢰하고 누구보다도 귀한 사람이리라고 소망하면 그는 참 소망을 가진 것이다.

> 나의 자녀 여러분, 여러분이 죄를 짓지 않게 하려고, 내가 여러분에게 이 글을 씁니다. 누가 죄를 지을지라도, 아버지 앞에서 변호해 주시는 분이 우리에게 계시는데, 곧 의로우신 예수 그리스도이십니다.(요일 2:1)

죄는 하나님과의 관계가 절단된 상태를 말한다. 요한일서는 하나님과의 관계절단은 사람들과의 관계절단으로 나타난다고 한다. 요한일서에 의하면 세상과 분리된 곳에서 혼자 머무르며 의를 추구한다면 그것 자체가 바로 죄이다. 죄나 의라는 것은 사람들과 만나고 사랑하고 사귀는 그 안에서 이루어진다. 사람들과 어떤 관계를 맺느냐하는 것이 죄와 의의 가늠자가 된다.

주변의 사람들, 이웃들과 내가 어떤 관계를 맺는가가 나를 의인이나 죄인으로 판명한다. 아무리 가난하고 아무리 천하더라도 동등한 인격으로 받아들이지 못한다면 나는 죄와 관계 맺고 있는 것이다. 내가 고용한 고용인, 내가 절대적으로 필요해 내게 의지할 수밖에 없는 사람, 심지어 내몸으로 난 자식이라고 할지라도 나와 동등한 인격으로 대접하지 못한다면 나는 죄인이다. 남자건 여자건 신분이 어떻고, 출신 지역이 어떻건 간에 그들을 하나님을 대하듯 하는 애정과 사랑으로 대하지 못한다면, 내게는 사랑이 없다.

누가 죄인을 옹호한다면 그도 죄인이다. 영지주의 자들이 즐기는 이론으로 따지면 그렇다. 그러나 삶은 이론으로만 전개되지는 않는다. 우리가 죄를 지었을지라도 하나님 앞에서 변호해 주시는 분이 계시다면, 그의 한 마디 변호, 한 번의 몸짓이 우리의 마음을 움직일 것이다. 아마도 궁지에 몰린 우리에게 최고의 위안이 될 것이다. 우리를 끔찍하게 사랑하는 분이 나의 허물을 변호하여 주셨는데, 그에 대해 죄를 옹호했으니 불의라고 말할 수 있는가? 그것은 사랑 없이 논리와 철학만 가진 사람의 이야기이다. 그것은 사랑 안에서는 말할 것도 없이 "의"이다.

옛 계명을 뛰어넘는 새 계명

레위기에 이미 "네 이웃을 네 몸과 같이 사랑하라"는 말씀이 있다. 하지만 예수는 "내가 너희를 사랑한 것 같이 너희도 서로 사랑하라"고 한다. 여기서의 기준은 자기 몸처럼 사랑하는 것을 뛰어 넘는다. 예수는 자기 몸처럼 사랑하신 것이 아니라 자기 몸을 내 던져 사랑하셨다. 예수의 십자가는 우리에게 옛 계명을 뛰어넘는 새 계명의 삶을 주신다.

> 그는 우리의 죄 때문에 속죄제물이 되셨으니, 우리의 죄 때문만이 아니라, 온 세
> 상을 위하여 그렇게 되셨습니다. (요일 2:2)

하나님께서 우리의 죄를 용서해주시면 그냥 용서해주시지 꼭 제물을 받고야 용서하시나? 하나님도 물량주의에 빠져 기브앤 테이크(Give & Take)하시나? 더군다나 온 세상을 위하여 속죄제물이 되셨다는 것은 무슨 의미인가? 이런 질문이 설득력이 있는 것으로 보이는 것은 죄를 존재론적으로 이해하기 때문이다. 죄라는 것을 차곡차곡 쌓아서 우리 몸의 일부를

구성하고 있는 축적물처럼 여기기 때문이다.

　이 말씀도 역시 요한 일서가 강조하는 관계 안에서 이해해야 한다. 우리를 향한 하나님의 사랑이 견딜 수 없었기에 자신의 몸을 송두리째 내어 주셨다. 그것은 나와 하나님과의 관계뿐만이 아니라 "온 세상을 위하여" 하신 것이다. 개인적인 관계의 갱신뿐 만이 아니라 이 세상이 잘못 맺고 있는 억압과 착취의 관계, 인류가 그동안 쌓아온 모든 잘못된 관계를 일시에 속죄하기 위하여, 새로운 만남과 사랑의 본래적 모습을 보여주기 위해서다.

> 사랑하는 여러분, 내가 새 계명을 여러분에게 써 보내는 것이 아닙니다. 나는, 여러분이 처음부터 가지고 있는 옛 계명을 써 보냅니다. 그 옛 계명은 여러분이 처음부터 들은 그 말씀입니다. 나는 다시 여러분에게 새 계명을 써 보냅니다. 이 새 계명은 그분에게도 참되고, 여러분에게도 참됩니다. 그것은, 어둠이 지나가고, 참 빛이 벌써 비치고 있기 때문입니다. 빛 가운데 있다고 말하면서도, 자기의 형제자매를 미워하는 사람은 아직도 어둠 가운데 있는 사람입니다. 자기의 형제자매를 사랑하는 사람은 빛 가운데 머물러 있는 것이니, 그 사람 앞에는 올무가 없습니다. 자기의 형제자매를 미워하는 사람은 어둠 가운데 있고, 어둠 가운데서 걷고 있으니, 자기가 어디로 가는지를 알지 못합니다. 어둠이 그의 눈을 가렸기 때문입니다.(요일 2:7-11)

　요한일서는 관계를 중시하고 모든 것을 관계 안에서 이해한다. 빛 가운데 있다든지, 죄 가운데 있다는 모든 말은 내가 주변의 형제 자매들과 어떻게 관계 맺는가에 따라 달라진다.

저자는 새 계명을 준다고 하면서도 이것은 새로운 것이 아니고 처음부터 들은 말씀이라고 한다. 레위기 19:18에 이미 "네 이웃을 네 몸과 같이 사랑하라"는 말씀이 있다. 여기서는 이웃 사랑의 기준이 내 몸이다. 성자의 경지에 이르지 않고 어떻게 자기 몸처럼 남을 사랑할 수 있겠는가? 새 계명에 대한 말씀이 같은 요한계문서인 요한 복음에도 나온다. "이제 나는 너희에게 새 계명을 준다. 서로 사랑하여라. 내가 너희를 사랑한 것 같이 너희도 서로 사랑하여라."(요 13:34) 여기서의 기준은 자기 몸처럼 사랑하는 것을 뛰어 넘는다. 예수는 자기 몸처럼 사랑하신 것을 뛰어 넘어 자기 몸을 내던져 사랑하셨다. 그분은 "너희가 내 살을 먹지 않고 내 피를 마시지 않으면 너희 속에는 생명이 없다...내 살은 참된 양식이요 내 피는 참된 음료이다."(요 6:53-55)고 하신다. 예수는 자신의 마지막 몸과 피 까지도 우리에게 음료로 양식으로 주셨다. 이것은 "네 몸과 같이 사랑하라"는 옛 계명을 초월한다. 그렇기에 예수께서 지신 십자가 자체가 과거의 옛 계명을 허무는 새 계명이다. 십자가로 인해 이제까지의 사랑과는 차원을 달리하는 새로운 사랑의 차원이 열렸다.

세상의 욕망

여러분은 세상이나 세상에 있는 것들을 사랑하지 마십시오. 세상을 사랑하는 사람에게는, 그 안에 아버지의 사랑이 없습니다. 세상에 있는 모든 것, 곧 육신의 욕망과 눈의 욕망과 살림살이의 자랑거리는, 아버지께로부터 나온 것이 아니라, 세상으로부터 나온 것이기 때문입니다. 이 세상도 사라지고, 이 세상의 욕망도 사라지지만, 하나님의 뜻을 행하는 사람은 영원히 남습니다.(요일 2:15-17)

이 말씀은 이제까지의 문맥에 맞지 않는다. 하나님의 사랑을 하늘에서 찾을 것이 아니라 이 세상에서 함께 살아가는 사랑하는 것으로 찾아야 한다면서 느닷없이 "세상이나 세상에 있는 것들을 사랑하지 말라"고 한다. 여기 세상으로 번역된 희랍어 코스모스(kosmos)는 하나님께서 창조하신 후 보시고 좋다고 선언하신 우주, 피조 세계를 말한다. 요한 3:16은 "하나님께서 세상을 이처럼 사랑하사 독생자를 주셨다"고 한다. 그러기에 기독교는 세상을 정죄하고 죄악시 하는 영지주의와는 근본적으로 다르다. 예수께서 "내가 세상에 속하지 않은 것과 같이 그들도 세상에 속하지 않았다."(요 17:5-16)고 하신 뜻은 세상 자체가 아니라 "하나님에게서 떨어져 있는 세계"를 말한다. C.H. 다드는 세상을 "그릇된 원리 아래 구성되어 있는 비열한 욕망, 잘못된 가치관, 이기주의 등을 특징으로 하는 인간사회"라고 했다.

프로이디안이며 맑시스트인 라이히는 "리비도, 성욕, 욕망은 원래 인간에게 있었던 건강성의 요소이지 결코 억압할 성질이 아니다."고 하며 그는 이러한 것을 일종의 우주적 기운-오르곤(orgone)이라 불렀다. 이것이 인간의 몸속에서 활발하게 유통할 때 인간의 정신적 건강도 유지된다고 본다. 욕망자체가 없다면 죽은 인생이다. 우리 안에 아무런 욕구도 일어나지 않는 것이 더 문제이다. 들뢰즈는 생산적 욕망을 말한다. 그는 "욕망은 사회적 생산의 원동력이 되는 힘, 생산자체를 추동하는 힘이 된다."고 한다. 욕망이 생산한다면 그 생산물은 실재이다. 문제는 욕망을 어느 방향으로 흐르게 하는가가 문제이다. 욕망, 육신의 욕망은 하나님의 사랑을 말하는 비유로도 쓰였다. 하나님의 사랑을 말할 때 인간에 대한 '사랑'의 경험이 토대가 된다. 그것 없이는 하나님에 대한 사랑을 설명할 수도,

이해할 수도, 느낄 수도 없다. 이 욕망의 흐름을 이웃을 향하여 하나님의 정의를 향하여 흐르도록 방향 잡았을 때 이 물은 영원히 목마르지 않는 샘이 될 것이다.

> 자녀 여러분, 지금은 마지막 때입니다. 여러분이 적그리스도가 올 것이라는 말을 들은 것과 같이, 지금 적그리스도가 많이 생겨났습니다. 그러므로 우리는 지금이 마지막 때임을 압니다.(요일 2:18)

여기 적그리스도라고 번역한 말은 희랍어로 안티 크리스토이(αντιχρι-στοι)이다. 이말은 '적 그리스도들' 또는 '반(反)그리스도들'로 번역할 수 있다. 나와 다른 것은 모두 적으로 치부하는 단순, 경직, 편협성으로 세상을 보는 것은 곤란하다. 이런 흑백논리는 스스로를 병들게 한다. 단순히 종교적으로 그리스도에 반대하는 자들을 적그리스도라는 말로 못 박고 정죄해서는 안 된다. 여기서 상대방은 성육신을 부정하는 영지주의자들로 보인다.(요일 2:22) 그렇다면 반(反)그리스도 정도로 번역하는 것이 좋아 보인다. 가톨릭 200주년 기념 성서에서는 요한계문서의 특징적 용어인 안티 그리스도를 반그리스도로 번역한다.

그러나 분명히 타인의 생명을 존중하지 않고 자신의 이익을 위해 약자들을 희생양으로 삼는 착취자들이 있다. 그들은 부드러운 미소를 하고 있지만 실은 악마의 행위를 한다. 적 아닌 사람들을 적으로 부르는 편견에서 자유해야 하지만 진짜 우리가 분노하고 맞서야할 적을 구분하지 못하는 것도 병이다.

우리들의 공동체 우리들의 평화를 깨고 협박하는 자들, 생명에 적대하고 사랑을 거스르는 자들에 대해서는 우리가 엄격히 나무람으로 그들을 사랑할 수 있다. 해방신학자인 기라르디(J. Girardi)는 "기독교인은 모두를 사랑해야 한다. 그러나 똑 같은 방법으로 사랑하는 것은 아니다. 우리는 눌린 자는 보호하고 해방시킴으로서 사랑하고 압제자는 비난하고 그와 싸움으로서 사랑하는 것이다."고 했다. 때로는 비난하고 나무라고 싸우는 것이 사랑의 방법이 되기도 한다.

내 삶이 하나님이 누구신가를 말한다.

요한일서는 하나님이 누구신가를 집요하게 물어 들어간다. 하나님이 누구신가를 이론으로 증명할 수는 없다. 그러나 그분의 사랑을 입고 변화된 사람들은 하나님의 사랑을 나타내는 삶의 실천이 뒤따르고, 그의 삶의 실천을 통해서 우리는 하나님이 누구신가를 증언하게 된다.

> 그러므로 어린 자녀 여러분, 그리스도 안에 머물러 있으십시오. 그것은, 그가 나타나실 때에, 우리가 담대함을 가지려고 하는 것이며, 그가 오실 때에, 그 앞에서 부끄러움을 당하지 않게 하려는 것입니다. 여러분이 하나님께서 의로우신 분임을 알면, 의를 행하는 사람은 누구나 다 하나님에게서 났음을 알 것입니다.(요일 2:28-29)

우리가 하나님에게서 났다는 것을 구분하는 기준은 무엇인가?

첫째, 교회가 인정하는 형식적 기준은 세례이다. 세례를 받고 크리스천 공동체의 성찬예식에 함께 참여하게 되면 그는 하나님에게서 난 사람이다.

둘째, 내가 하나님에게서 난 사람이라는 고백이 뒤따라야 한다. 아무리 훌륭한 사람이더라도 자신이 하나님의 사람이라는 자의식이 없다면 그는 자기 삶을 통해 하나님과 관계 맺는다고 보기 어렵다. 내 삶의 주인을 예수 그리스도로 고백하고 그 분을 삶의 중심으로 모시는 결단과 고백이 중요하다. 물론 그런 고백 자체가 최종 확정을 뜻하는 것은 아니다. 최종적인 것은 하나님께서 내 사람이라고 인정해 주셔야 한다.

셋째, 내가 하나님에게서 난 사람이라면 걸 맞는 사건이 뒤 따라야 한다. 고백 따로 실천 따로 라면 고백이 진실하지 못한 것이다. 진정 의미있는 고백을 한다면 그 고백을 하는 순간부터 우리 주변에 의미있는 사건들이 따라야 한다.

한국교회 크리스천은 고백을 확장 시키는 데는 열심이지만 그가 어떤 삶을 살고 어떤 실천을 하는지에 대해서는 무관심하다. 그의 실천이란 또 다른 고백하는 사람을 찾아 나서는 일 뿐이다. 이렇게 고백하는 무리들을 세상 끝까지 채운다고 하더라도 세상은 하나도 달라질 것이 없다. 이것은 예수의 이름을 강요하는 사상적 제국주의 일뿐이다. 당신의 삶과 실천은 아무런 문제가 되지 않으나 단지 예수의 이름을 부르며 그 앞에 무릎 꿇고 항복하라는 것은 의미가 없는 복종일 뿐이다. 본훼퍼는 이러한 신앙을 "싸구려 은혜"라고 불렀다. 은혜는 하나님께서 자신의 아들의 생명을 우리를 위해 값으로 지불하고 얻은 은혜이기에 비싼 값을 치른 것이다.

신앙이란 나 자신 밖에 있는 한 기초, 즉 영원하고 거룩한 기초인 그리스도 위에 내 삶의 터전을 마련하는 것이다. 신앙이란 예수 그리스도의 시선에 붙잡히고 그 분 밖에는 아무 것에도 눈을 주지 않는 것이다. 신앙이란 자아의 이기적인 굴레로부터 뛰쳐나와 예수 그리스도를 알고 그리스도 안에서 자유하는 것이다. 신앙은 하나의 사건을 일어나게 하는 힘이요 그러기에 그것은 행위이기도 하다. 신앙이란 우리의 혼신을 다해 우리 안에, 우리들 사이에 일어나는 중요한 변화이며 변혁이다.

> 하나님의 자녀와 악마의 자녀가 여기에서 밝히 드러납니다. 곧, 의를 행하지 않는 사람과 자기의 형제나 자매를 사랑하지 않는 사람은 누구나, 하나님에게서 난 사람이 아닙니다.(요일 3:10)

요한일서 저자에 따르면 하나님에게서 난 사람, 하나님의 자녀를 판별하는 기준은 삶의 실천이다. 우리의 행위가 인식을 규정한다. 우리의 실천이 하나님을 말한다. 우리가 어떤 사건과 관계 맺고 있고, 어떤 의미 있는 사건들이 우리 주변에서 일어나는 것이 "하나님께서 어떤 분이시다"는 것을 증거 한다. 그러므로 우리들의 삶의 실천이 바로 우리들의 고백이다.

우리가 무엇으로 고백하는가? 입으로 고백하는 것이 아니다. 우리는 삶의 실천으로, 사건으로 고백한다. 평화의 사건, 인간해방의 사건, 민중의 사건으로 고백하는 것이다. 나면서부터 소경된 사람을 놓고 제자들은 자신의 죄냐 그 부모의 죄냐를 논하였다. 그러나 예수는 그가 하나님의 영광을 나타내기 위하여 소경된 것이라 했다. 지나간 시간들의 어떤 논리를 추구하는 것이 우리의 일이 아니다. 앞으로 그가 어떤 사건에 부르심 받게 하는가가 우리가 해야 할 일이다. 눈이 떠져 볼 수 있게 되면 보는 대로, 안보이면 보이지 않는 채로, 하나님의 일이 드러나게 해야 한다.

우리는 다 한 번씩 삶의 결정적인 순간을 맞이한다. 하나님께서 우리를 자녀로 부르시고 우리를 통해 하나님의 일, 하나님의 사건이 드러나도록 우리를 들어 쓰시는 아주 의미 있고 결정적인 순간을 마주한다. 예수 옆에 십자가에 달린 강도는 죽기 전에 바로 그 결정적인 순간을 맞았고, 바울은 다메섹에서 그 순간을 맞이했다.

사람마다 이런 순간이 우리에게 찾아올 텐데, 우리를 부르시는 그 기회가 항상 열려있는 것은 아니다. 어떤 사람들은 무감각한 채 그 순간을 느끼지 못하고 지나쳐 버린다. 그러나 우리 삶의 의미를 우리가 비로소 부여받게 되는 순간을 놓쳐서는 안 된다. 기도는 우리로 하여금 그 소리를 듣게 해준다.

> 우리가 이미 죽음에서 생명으로 옮겨 갔다는 것을 우리는 압니다. 이것을 아는 것은 우리가 형제자매를 사랑하기 때문입니다. 사랑하지 않는 사람은 죽음 가운데 머물러 있습니다. 자기의 형제나 자매를 미워하는 사람은, 누구나 살인을 하는 사람입니다. 살인을 하는 사람은, 누구든지 그 안에 영원한 생명이 없습니다.(요일 3:14-15)

형제 자매를 사랑하는 일은 이미 우리가 죽음에서 생명으로 옮겼다는 증거이다. 우리가 크리스천이 된다는 것은 사랑을 인생의 근본으로 삼고 살아가기로 스스로 맹세하는 것이다. 그것을 그리스도에게 서약하고 교회의 교인으로 가담하는 것이다.

　세상에서 서로 이기고 빼앗고 지배하는 것을 승리라고 부르고, 하나님께서 주신 축복이라고 부르며 구원의 징표라 여기는 사람들이 많다. 추악한 가치관이 추악한 신앙을 만들고 하나님 얼굴에도 회칠을 하고 있다. 죽음의 문화와 죽임의 문화가 판을 치고 있다. 이 흐름을 참다운 그리스도의 사랑으로 덮어야 한다. 우리는 말로나 혀로만 사랑하지 말고, 행함과 진실함으로 사랑해야 한다. 이렇게 함으로써, 우리가 진리에서 났음을 우리는 알게 되고, 하나님 앞에서 확신을 가지게 될 것이다.(요일 3:18-19)

> 이것이 하나님의 계명이니, 곧 그 아들 예수 그리스도의 이름을 믿고, 그리스도께서 우리에게 명하신 대로 서로 사랑하라는 것입니다. 그리스도의 계명을 지키는 사람은 그리스도 안에 있고, 그리스도께서도 그 사람 안에 계십니다. 우리는, 그리스도께서 우리 안에 계심을, 그가 우리에게 주신 성령으로 압니다.(요일 3:23-24)

　주가 내안에 계시고 내가 주안에 있다는 말은 무엇인가 수학적으로 같다는 것을 증명할 때, A가 B의 부분집합이고 B가 A의 부분집합이라면 A와 B는 같다고 정의한다. A⊂B, B⊂A, A=B, 이 기호대로 읽는다면 주님은 나와 같다는 말이다. 이런 말에 우리는 놀라고 신성모독이라며 알레르기 반응을 일으킬지 모른다. 그러나 우리는 주님과 같아야 한다. 주님과 존재와 권위에서 같은 것이 아니라, 우리 모두가 예수를 따라 작은 예수들이 되어야 한다. 우리 모두 작은 그리스도들이 되어서 이 세상을 바꾸어가는 데 작은 역할을 감당해야 한다. 우리가 눈 감고 하늘 보고 앉았는데 주님께서 홀로 세상에 역사하셔서 하나님 나라를 이루지는 않는다. 그 나라를 죽은 다음에 가는 나라정도로 세상 밖으로 내 쫓는 것은 기독교 신앙이 아니다. 그분께서 우리에게 보여주신 길을 가는데 주와 같고, 그분의 인격을 닮고자 하니 주와 같고, 우리의 삶과 사랑의 실천에서 우리는 그와 같아야 한다.

함께 생각나누기〉

* 요한일서를 문학적으로 구분하면 어떤 서신에 속하는지, 요한일서의 주된 논쟁 대상이 누구인지 이야기합시다.

* 영지주의에 대해서 살펴보고 지적인 깨달음을 강조하는 영지주의가 최초의 이단으로 정죄 받은 이유에 대해서 이야기 합시다.

* 요한일서가 말하는 "세상"과 "욕망"에 대해서 서로의 생각을 나누어 봅시다.

* 요한일서가 강조하는 그리스도인의 삶과 윤리에 대해서 이야기 합시다.

그 아픔이 세상을 구합니다 [1]

누가 10:29-37

오늘 본문은 선한 사마리아인의 비유라고 하는 유명한 비유다. 한 사람이 강도를 만나 쓰러져서 신음하고 있는데 그 나라의 지도자, 도덕군자, 종교지도자들이 모두 외면하고 가버렸지만 당시 가장 천하다고 생각하여 상종조차 하지 않던 사마리아 사람이 그들 돌보고 치료했다는 비유다. 대부분 우리는 이 비유의 주인공을 사마리아 사람이라 생각하고 그의 선행을 칭찬하는 비유라고 생각해왔다. 그래서 이 비유의 제목도 선한 사마리아인의 비유라고 부른다. 하지만 민중신학의 길을 여신 서남동 목사님은 이를 다르게 해석한다. 이 비유의 주인공은 강도 만난 사람이라는 것이다. 강도 만나 신음하는 사람을 돕는 것은 지극히 당연한 인간의 도리다. 사마리아 사람의 선행에 초점을 맞추면 강도 만나 쓰러지는 일을 예사로운 것으로 여기게 된다. 서남동은 말한다.

문제는 메시아적 성격이란 무엇이냐에 있는데 그 주된 의미는 새 시대를 가져올 주인공이라는데 있습니다. 개개인의 구속자, 또는 천당 안내자란 뜻과는 거리가 멉니다. 물론 거기에는 '새 인간'이란 뜻도 깃들어 있지만, 문제는 누가 메시아이

---

1) 이글은 강남향린교회 종교개혁주일 설교로 필자가 쓴 서남동에 대한 논문을 설교화한 것이다. 김경호, "서남동의 신학-한의 사제", 『인물로 보는 연세신학 100년』(서울 : 동연, 2015), 446-492.

며 누가 예수의 역할을 하느냐에 있습니다. '착한 사마리아 사람'의 비유에 보면 강도를 만나 고통 받고 있는 그 사람이 바로 메시아(예수)의 역할을 하고 있는 것입니다. 죽겠다고 호소할 때, 가서 치료해주면 그 때 '사람'이 되는 것이고, 모른 척하고 지나치면 그 때 짐승이 되는 것입니다. 내 속에 잠든 인간성을 깨우쳐 나를 인간답게 하느냐, 그렇지 못하느냐 하는 것은 단지 내가 신음소리를 듣느냐 듣지 못하느냐에 따라서 결정됩니다. 예수가 세상에 온 것은 바로 이 신음소리를 내는 역할을 하자는 것이지, 다른 데에 목적이 있는 것이 아닙니다. 예수의 수난의 의미가 여기 있습니다.[2]

서남동은 선한 사마리아 사람은 사람이면 마땅히 행해야 할 사람의 길을 간 것이지만 메시야의 역할을 수행하는 것은 강도만나 신음하는 사람이라고 한다. 또한 강도 만나 신음하는 사람을 우리 시대 고난 받는 민중으로 생각했다.

강도 만난 사람은 우연히, 혹은 재수가 없어서 강도를 만난 게 아니다. 강도짓은 그것을 어떤 개인의 범죄로만 치부하고 강도를 탓하므로 해결될 수 있는 성질이 아니다. 어느 누구도 강도 만나는 일이 생기지 않게 해야 한다. 그런데 강도 만나는 일은 어쩔 수 없는 일로 여기고, 그 뒤처리하는 선행에만 주목하는 것은 바르지 않다. 일어나지 말아야 하는 일을 당하고 쓰러진 사람이 있다면 보다 근본적인 문제를 생각해야 한다. 누군가 강도짓을 해야만 먹고 살 수 있다면 문제는 다른 데에 있다. 강도 개인의 파괴된 인성만을 규탄하는데 그쳐서는 안 된다. 강도를 옹호하는 말

---

2) 서남동, "민중신학을 말한다", 『민중신학의 탐구』, (서울 : 한길사, 1983), 180.

이 아니다. 자신의 이익을 위해 남의 생명을 앗아가는 짓은 당연히 엄하게 다스려야 한다. 그러나 강도가 수시로 일어나는 사회라면 그것은 결국 그 사회가 안고 있는 모순이고 해결해야할 짐이다.

오늘날도 수많은 유사한 행위들이 존재한다. 작업 벨트에 끼어서, 안전장치가 없는 위험한 작업에 희생되는 사람들, 거대한 재개발의 뒤에서 철거당하고 쫓겨나는 사람들, 수많은 억울한 사연들이 우리의 주변을 맴돈다. 희생자들은 강도당한 사람들이다.

그들이 내는 신음소리는 그 시대에 같은 어려움을 당한 사람들을 대변하는 소리다. 그러기에 강도 만난 이들의 신음소리는 그 시대의 죄를 속량하는 신음이요, 메시아적인 의미, 같은 어려움을 당하는 사람을 구원하는 의미가 있다. 이것을 서남동은 민중이 메시아의 역할을 한다고 했고 소위 '민중메시아'론이란 제목이 붙게 되었다. '민중이 곧 메시아'라는 서남동의 주장은 기괴한 민중 숭배론으로 받아들여지기도 했다. 서남동은 민중이 왜 메시야인지를 다음과 같이 설명한다.

> "왜 이들이 새 역사의 주인이 되느냐 그러면, 새로운 역사에 대한 통찰과 어떤 새 일이라고 하는 것은 이렇게 겪은 고통을 통해서만 오는 겁니다...(중략)... 메시아는 고난 받는 이웃으로 화신해가지고 우리에게 접근합니다. 그런 의미에서 민중이 메시아입니다. 우리가 메시아를 만난다고 하는 것은 그러한 이웃의 아픔을 내가 의식한다할까요, 그렇게 해서 새 시대의 문이 열리도록 돼 있고, 그런 의미에서 지금 고난 받는 사람이 새 역사, 새 사회를 건설할 주역이 된다고 하는 그런 이야기입니다...(중략)... 무슨 영웅적인 힘을 가지고 한다는 말이 아닙니다. 그들의 고난을 통해서 그들의 고난이 호소하는 그것이 계기가 돼가지고 지금보

다도 의로운 사회를 건설하는 계기가 됩니다. 그런 의미에서 그들이 새 역사를 열 고난 받는 메시아라 그 말입니다."[3]

이에 수많은 사람들의 비판이 이어졌다. 보수적인 신학자들은 말할 것도 없고 민중 목회자, 민중 신학자라고 하는 사람들에게도 비판이 쏟아졌다. 이들은 민중신학자들이 민중을 너무 이상적 존재로 본다고 비판했다. 민중을 제대로 보려면 그들이 가진 죄성도 함께 보아야 한다며 민중은 메시아가 아니라 구원받을 대상이라고 문제를 제기했다.

교회에 많은 사람들이 찾아와서 면담을 하기도 한다. 한번은 노숙자 행세의 사람이 찾아와서 면담을 요청했다. 이 사람이 자기가 살아온 이야기를 장황하게 늘어놓다가, 자신이 종교 체험한 이야기를 한참 진지하게 하더니, 내게 그 메시아가 지금 오셨는데, 그가 누구인지 아느냐고 물었다. 그러다 나를 똑바로 보면서 "그게 바로 난데!"라며, 갑자기 얼굴빛이 달라지더니 눈동자가 뺑글뺑글 돌면서 뚫어져라 나를 쳐다보았다. 순간 섬뜩하고 소름이 돋았다. 한마디로 또라이였다. 그런데 민중 메시아론을 사람들이 마치 이런 정신 분열자의 말처럼 이해했던 것이다.

이런 비판에 대해 송기득은 "민중 메시아론은 존재론적인 이야기가 아니라 윤리적, 기능적인 면에서 메시아의 역할을 한다는 말"이라고 정리했다.

---

3) Ibid., "민중(씨알)은 누구인가", 217-218.

"그것은 민중이 곧 예수라는 말이 아니고, 민중이 예수가 했던 메시아의 구실을 한다는 말이다... (중략)... 오늘날 우리의 역사를 담당하고 역사변혁을 추동하는 것은 온통 민중의 몫이며, 민중의 역할이다. 이런 뜻에서 오늘의 메시아는 민중인 것이다. 오늘날에는 예수가 했던 메시아의 구실을 민중이 대신하는 것이다. 이런 뜻이라면 '민중은 예수다'라는 명제를 무리 없이 받아들일 수 있다."[4]

죽재 서남동은 말한다.

"우리가 민중에게서 메시아 역을 보고 있는 것은 물에 빠진 사람을 건져주듯 어떤 정치적 권세를 가지고 군림하는 주권자와 같은 전통적 이미지에서 말하는 것이 아니고...(그들의) 아픔의 경험을 통해서 눈이 밝아지고, 거기에 응답하게 함으로써 하느님은 '새 인간'이 되게 하는 것입니다. 민중이 메시아의 역할을 한다는 것은 민중이 겪고 있는 고난 자체가 바로 그러한 역할을 하기 때문입니다. 민중의 고난에 동참하면 그게 사람되는 길이고 그게 바로 구원의 길인 것이죠. 이렇게 이해한다면 고난 받는 민중이 메시아이고 그래서 민중은 새 시대의 주인이 되는 것입니다."[5]

예수는 민중을 위해 산 사람이라기보다 그 자신이 민중이었다. 서남동은 예수를 민중의 상징이라고 보았고 따라서 예수의 십자가 사건은 성서의 이야기 한 가운데에 있는 민중 구원의 핵심 사건이다. 십자가 사건은 민중이 된 신의 고난을 상징하고, 그 고난의 십자가는 세상의 죄악을 속

---

4) 송기득, "민중메시아론", 『신학사상』 96집, (1997, 봄), 199.
5) 서남동, op.cit., 180-181.

량하고 민중 스스로 구원을 이루어가는 혁명이다. 이것은 밖에서 그들에게 주어지는 구원이 아니라 고난당하는 자들이 자신의 고난 속에서 주체적으로 이루어 가는 구원이다.

지금 사회 각계에서 아픔을 당하고 있는 분들, 그들은 자신의 문제만이 아니라 우리 시대에 누군가 치워야할 역사의 짐덩어리를 치우고 있는 것이다. 그들이 당하는 아픔은 우리 사회의 모순을 제거하고 누구보다도 앞장서서 누적된 적폐들과 싸우고 있는 것이다. 그러니 그 신음은 모든 같은 처지에 있는 사람들과 연대하는 신음이며 그들을 대변하는 신음이다. 새 시대를 열어가는 메시아적인 신음이다.

» (강남향린교회 강단 중에서)

요한일서 : 하나님은 사랑이시다

　"하나님은 사랑이시다'는 고백은 로마의 박해의 현실에서 나왔다. 로마가 헬라인과 자유인, 남성과 여성, 종과 자유인 차별을 당연시 하는 데에 대한 투쟁으로 기독교의 사랑이 존재한다. 그들은 순교를 강요하는 상황에 처해서도 목숨으로 지켜온 것이 "하나님은 사랑이시다"는 고백이다.

　여러분은 하나님의 영을 이것으로 알 수 있으니, 곧 예수 그리스도께서 육신을 입고 오셨음을 시인하는 영은 다 하나님께로부터 온 영입니다. 그러나 예수를 시인하지 않는 영은 다 하나님께로부터 오지 않은 영입니다. 그것은 적그리스도의 영입니다. 여러분은 그 영이 올 것이라는 말을 들었습니다. 그런데 그 영이 세상에 벌써 왔습니다. 자녀 여러분, 여러분은 하나님에게서 났고, 그들을 이겼습니다. 여러분 안에 계신 분이 세상에 있는 자보다 크시기 때문입니다.(요일 4:2-4)

여기 적그리스도의 기준이 되는 그리스도의 성육신은 무엇인가? 예수는 육신을 입고 오셨다고 고백하면 되는가? 이것은 단지 고백의 이야기가 아니다. 그분은 눈으로 보고 만져볼 수 있게 우리에게 오셨다.(요일 1:1) 그럼 크리스천들이 어떻게 예수를 눈으로 보고 만져보겠는가? 그분의 말씀 한 구절을 붙잡고 명상을 통해서 거슬러 올라가면 되겠는가? 마치 물고기가 물을 거슬러 자기가 태어난 상류로 올라가듯이 말씀을 타고 거슬러 올라가 예수의 심정에 이르고 요한의 마음에 이르면 우리의 신앙이 완성되는가? 초대교회가 영지주의와 싸워서 성육신 신앙을 지켜낸 것은 단지 이론과 논쟁의 승리가 아니다. 신앙을 이론으로 만들고 신비화시키는 무리들로부터 신앙이 그들의 삶의 변화가 되고 사건이 되도록 지켰다는 것이다.

예수의 말씀이 오늘의 사건이 되게 해야 한다. 그 말씀이 오늘 우리들의 역사의 현장에서 성육신하여 실제 우리가 눈으로 보고 손으로 만져보는 사건이 되게 해야 한다. 그것이 오늘 우리가 지켜야할 성육신 신앙이다.

더불어 어떤 예수를 사건화 하는 가는 매우 중요하다. 예수를 사건화하기로는 중세의 십자군 전쟁보다 적극적인 것은 없었을 것이다. 그들은 예수를 '왕중왕(王中王)'으로 그리고 십자군 전쟁의 지휘관으로 삼았다. 그들은 예수를 위엄과 권위의 화신으로 그렸다. 자신들의 상상에 오색찬란한 왕의 도포를 두르고, 말을 타고 전쟁의 진두에 서신 예수를 그렸다. 실제 예수와 얼마나 거리가 먼가? 이러한 반성이 일어 "가난과 청빈"을 중요시하는 예수를 그렸고 그들은 산속으로 들어가 수사 수녀가 되는 수도원 운동이 시작되었다.

사랑하는 여러분, 서로 사랑합시다. 사랑은 하나님께로부터 오는 것입니다. 사랑하는 사람은 다 하나님에게서 났고, 하나님을 압니다. 사랑하지 않는 사람은 하나님을 알지 못합니다. 하나님은 사랑이시기 때문입니다. 하나님의 사랑이 우리에게 이렇게 드러났으니, 곧 하나님께서 당신의 독생자를 세상에 보내 주셔서, 우리로 하여금 그로 말미암아 살게 해주신 것입니다. 사랑은 여기에 있으니, 곧 우리가 하나님을 사랑한 것이 아니라, 하나님께서 우리를 사랑하셔서, 당신의 아들을 보내 주시고, 우리의 죄를 속하여 주시려고, 속죄제물이 되게 해주신 것입니다. 사랑하는 여러분, 하나님께서 이렇게까지 우리를 사랑하셨으니, 우리도 서로 사랑해야 합니다. 지금까지 하나님을 본 사람은 없습니다. 그러나 우리가 서로 사랑하면, 하나님께서 우리 가운데 계시고, 또 하나님의 사랑이 우리 가운데서 완성되는 것입니다.(요일 4:7-12)

마르크스주의자들은 말한다. "신은 인간의 불완전한 자기인식의 표현이다. 인간의 불완전한 인식이 신을 만들었지, 신이 인간을 만든 것이 아니다. 그러므로 종교는 허구이고 도피이다. 이런 해결은 아편이다."고 한다. 일면의 진리가 있다. 현실의 고통에는 눈 감게 하고 걸핏하면 저세상으로 숨어버리기만 하는 기독교는 분명 그들이 꼬집은 대로 아편이다.

인간이 신을 만들었다는 것은 인간 역사의 기록을 살펴보면 증명가능한 명제이다. 그러나 신이 인간을 만들었다는 것은 증명 불가능한 명제이다. 그것은 하나님만이 증명 가능하실 것이다. 그러나 신화나 고백이 가지는 적극적인 면이나, 또 다른 측면을 그들은 보지 못했다. "하나님은 전지전능하시다"는 고백이 철학적 사유에서 나왔다면 그것은 증명할 수 없으니 허구라 할 수 있겠다. 그러나 그것이 깊은 좌절을 겪는 사람들이 '나도 그 하나님을 따라서 일어날 수 있다.'는 고백이라면 그것은 불가능한 일을 가능케 하는 의지의 표현이다. 그 말씀이 살아 움직이는데 어찌 허구라 한단 말인가? 수많은 사람들이 그 믿음과 더불어 불의와 싸울 힘을 얻고 불합리한 현실을 극복하겠다는 의지를 세웠다면 허구일 수 없다. 그런 의지가 없는 사람은 고백도 불가능하다.

"하나님은 사랑이시다"는 고백도 로마의 박해의 현실에서 나왔다. 로마가 헬라인과 자유인, 남성과 여성, 종과 자유인의 차별을 당연시 하는 데에 대한 투쟁으로 기독교의 사랑이 존재한다. 그들은 순교를 강요하는 상황에 처해서도 목숨으로 지켜온 것이 "하나님은 사랑이시다"는 고백이다. 그러니 "사랑에는 두려움이 없다. 온전한 사랑은 두려움을 내어 쫓는다."(요일 4:18)고 하는 것이다. 영지주의자들은 이런 위험을 제거하고 박해의 빌미가 되는 요소들을 비껴가려고 현학적 종교로 빠져들었다. 로마 권력과 싸우면서 예수께서 가신 길을 지키고자 하는 것이 "하나님은 사랑이시다"는 고백이다. 좋은 게 좋다는 맹목적 사랑이 아니다. 이런 고백 자체가 복음을 왜곡하는 사람들과의 투쟁교설이다. 이러한 고백 자체를 시간과 배경을 무시하고 그대로 옮겨 놓은 것이야 말로 아편이다.

> 우리는 하나님께서 우리에게 주시는 사랑을 알고 믿었습니다. 하나님은 사랑이십니다. 사랑 안에 있는 사람은 하나님 안에 있고, 하나님도 그 사람 안에 계십니다.(요일 4:16)

사랑은 하나님께로부터 오는 선물이다. 고린도전서 12장을 보면 방언, 병 고침, 예언, 가르치는 은사... 등등 각종 은사에 대한 열거가 나온다. 각

종 은사를 열거한 후에 가장 좋은 길을 보여주겠다며, 그 가장 좋은 은사로 사랑을 말한다. 바로 고전 13장의 사랑장이다.

제가 결혼주례를 할 때 신랑 신부에게 부탁하는 말이 있다. 두 사람이 사랑하게 된 것은 하나님으로부터 가장 큰 선물을 받은 것이다. 사랑이 저희들 안에 생겨서 저희들끼리 좋아하는 줄 알지만 사실은 하나님께서 주신 선물이다. 사랑이 변하는 우리의 마음에 근거한 것이 아니라 하나님께로부터 온 것이기에 심오하다.

하나님은 신의 이름이다. 사랑은 그 신의 존재양식이다. 하나님이 우리에게 나타나시는 모습은 사랑을 통해서이다. 사랑을 통해서 우리는 하나님을 느끼고 경험하고 만져볼 수 있다. 사랑을 통해서 우리는 하나님과 만날 수 있다.

> 이것으로써 사랑은 우리에게서 완성된 것이니, 곧 심판 날에, 우리가 담대함을 가지는 것입니다. 우리가 이렇게 담대해 지는 것은 그리스도께서 사신대로, 우리도 이 세상에서 그렇게 살기 때문입니다.(요일 4:17)

사랑은 우리에게 주어진 책임, 우리의 삶과 실천여하에 따라서 우리에게서 완성된다. 하나님은 홀로 완전하신 분이 아니시고 우리와의 관계 안에서 완성되신다. 하나님이 홀로 완전하시다면 하나님은 사랑할 필요가 없으신 분이시고, 관계치 않으시는 분이시다. 더군다나 하나님이 사랑이니 관계니 하는 말은 단지 악세사리나 장식물에 불과하게 된다.

요한 공동체 사람들은 자기들 앞에 놓인 박해를 피하지 않고 담대하게 그리스도를 따라서 사는 삶의 행진으로 여기고 함께한다. 남강 이승

훈 선생은 "삼일운동"에 참여하면서 "이제 내가 죽을 수 있는 자리를 발견했다"고 했다. 우리 크리스천들이 십자가를 앞에 놓고 사는 것은 무엇인가? 우리의 죽을 자리를 찾는 것이다. 그것이 가장 잘 죽는 방법이다. 예수를 따라서… 사람은 살아서 말하기도 하지만 때로는 죽음으로 말하기도 한다. 오히려 죽음으로 더 웅변적인 말을 한다. 살아서 그가 한 모든 말보다 더 강력한 말을 하기도 한다.

예를 들면 논개에게 가장 위대한 것은 그의 죽음이다. 대부분은 그가 어떻게 살았는지는 잘 모른다. 하지만 논개는 자신이 죽을 자리를 잘 결단했다. 그녀의 죽음은 모든 삶을 능가하고, 그의 모든 말을 능가하는 웅변이다. 우리 크리스천은 죽을 자리를 찾는 사람이다. 우리는 십자가를 각오하고 사는 사람이며 늘 십자가를 짊어지고 사는 사람이다.

온전한 사랑은 두려움을 이깁니다.

> 사랑에는 두려움이 없습니다. 완전한 사랑은 두려움을 내어 쫓습니다. 두려움은 형벌과 맞물려 있습니다. 두려워하는 사람은 아직 사랑을 완성하지 못한 것입니다. 우리가 하나님을 사랑함은, 하나님께서 우리를 먼저 사랑하여 주셨기 때문입니다.(요일 4:18-19)

"하나님은 사랑이시다."는 말은 편하게 앉아서 자신의 처지를 해석, 설명하는 말이 아니다. 이는 차별과 불평의 현실을 받아들이라는 로마권력에 대하여, 하나님을 무감각, 무표정한 하나님으로 만드는 영지주의에 대해서 저항하며, 우리를 다시 비린내 나는 좌판으로 끌어내는 것이다. 영지주의는 하나님을 진열장 안에, 고운 서재 안에 가두려 하지만 "온전한 사랑은 두려움을 내어 쫓습니다."라고 하는 것은 삶 앞에서 두려움으로 비겁해지는 우리들을 다시 의로운 싸움에 한 복판에 서게 한다. 그래서 이 말씀 다음에 "두려움은 형벌과 맞물려 있다"고 한다.

우리는 여전히 사랑 가운데 머물지 못한다. 그것은 우리가 여전히 두려움 가운데 있기 때문이다. 우리들은 늘 두려움 가운데 살아간다. 겉으로는 짐짓 센척하지만 온갖 걱정과 두려움으로 사는 것이 우리 삶의 본질이다. 두려움을 가지고 매사에 조심하게 만드는 것은 생존을 위한 본능이기도 하다. 조폭들이 요란하게 문신을 하는 것도 남을 겁주기 위한 것이기도 하지만 사실은 자신이 가진 두려움의 표시이기도 하다. 마치 위험을 당한 복어가 바람을 잔뜩 불어넣어 제 몸을 부풀리듯이, 겁 많은 조폭일수록 요란한 문신을 한다.

사랑에는 두려움이 없습니다

제가 고등학생 때, 경험한 일이다. 하나님의 은혜가 쏟아져 내리는 것을 경험했다. 그러면서 내안에 가지고 있는 못난 것들이 전부 보이기 시작했다. 하나님께 모든 것을 드린다고 하면서도 내가 붙잡고 있는 것들, 철저하게 나의 것으로 모든 것을 만들어 가지고 움켜쥐고 있는 것들을 낱낱이 보게 하셨다. 내 삶에 있어서 무엇과도 비교할 수 없는 가장 기쁜 순간들이었다. 그때 길가의 나무 하나가 흔들려도 하나님을 향하여 위대한 춤을 추는 것 같았고, 새가 노래하는 소리, 바람소리가 마치 웅장한 우주의 오케스트라 같이 느껴졌다. 이 우주가 합심하여 내는 위대한 감격의 연주 같았다. 그 때 매 시간 하나님의 사랑에 감격해서 눈물이 쏟아져 내렸다.

그런데 그 기쁨의 시간이 잠시 지난 후에 내면에 깊은 두려움, 떨림이 있었다. 그것은 이 시간이 끝나면 어떻게 하나하는 불안감, 두려움이었다. 나중에 제게 깨달음이 왔는데 내게 기쁨과 함께 찾아왔던 두려움은 '하나님의 은혜를 사모하는 것' 같은 모양을 한 최후의 적이란 깨달음이었다. 그 사랑이, 그 은혜가 사라지는 것을 염려하지만 그것은 사랑이 아니라 하나님에 대한 불신이었다는 것을 문득 깨달았다.

내게 깨달음과 은혜를 주신 분이 누구신가 하는 생각이 번쩍 스쳤다. 저는 그때 이것이 나에게서 나온 것이 아니고 하나님께서 주신 것인데, 내가 갖는 불안은 가장 나를 위하는 척하지만 근본적으로 불신이라는 것을 알게 되었다. 하나님이 사라지지 않는 한, 이 두려움은 거짓임을 깨닫는 순간 모든 걱정은 안개 걷히듯 사라졌다.

사랑에는 언제나 두려운 마음이 그림자처럼 따라다닌다. 사랑이 없을 땐 사랑의 대상이 없는 적막함에, 사랑이 있을 땐 그 사랑을 잃어버릴까, 혹시 변하지 않을까 조바심하며 두려워한다. 그 사랑이 진실하고 애틋할수록 더욱 두려움이 짙어진다.

내가 가진 것이 너무 소중할 때 우리는 불안하고 그것을 상실할 위험에 떨게 된다. 사랑은 고통과 연결된다. 사랑과 두려움은 동전의 양면처럼 따라 붙어 우리를 괴롭힌다. 마치 권투 시합을 마친 후, 심판에게 손을 잡히고 판정을 기다리는 선수처럼 불안하다. 한쪽 손에는 두려움이 있고 다른 한쪽에는 사랑이 있다. 마침내 결정적인 순간에 심판이 손을 치켜든다.

"사랑에는 두려움이 없습니다. 완전한 사랑은 두려움을 내어 쫓습니다. 두려워하는 사람은 아직 사랑을 완성하지 못한 것입니다." 이 얼마나 통쾌한 승리인가? 사랑 그것이 진실하다면 그 자체로 완성이고 완전하다.

온전한 사랑과 포비아

우리가 믿음과 사랑 안에 거하지 못하도록 우리를 방해하는 것이 무엇인가? 두려움인데 심리학적으로 우리를 두려움에 빠뜨리는 것을 포비아(phobia)라 한다. 고소공포증, 폐쇄공포증, 창문이 없는 곳에서 느끼는 공포증, 이성에 대한 공포, 인정받지 못하는 공포 등, 지금 알려져 정신과에서 이름이 부여된 공포증만도 400여 가지가 넘는다.

그것은 특정 형태의 공포가 그 사람에게 맞춤으로 오는 것이 아니라 원래 모두가 갖는 공포지만 각자가 겪은 독특한 경험으로 어떤 사람에게는 더욱 강하게 발현한다. 그 정도에 따라 정신질환이나 정신분열로 악화되고, 심각한 사회적 문제도 된다. 사실 누구나 다 정신적인 아픔들, 포비아들을 가지고 살아간다. 정신과 의사들도 목사들도 자유롭지 못하다. 남의 아픔을 돌보는 그들마저도 저마다 자기의 포비아들을 가지고 있다. 다 정도 차이일 뿐이다. 그러나 부모가 자기 아들, 딸에 어떤 문제가 있더라도 자녀에 대해서 경계를 설정하지 않고 모든 것을 사랑으로 녹여내듯이 하나님께서도 우리를 사랑하시기 때문에 우리가 그분을 신뢰하는 한 두려워할 일이 없게 된다.

온전한 사랑은 방어기재를 넘어선다

우리가 사랑해야 되는지 알면서도 왜 사랑하지 못할까, 왜 마음의 칼

날을 거두지 못할까, 머리로는 온 세상 진리를 다 깨달은 것 같이 하면서도 왜 우리의 마음은 본능의 수준을 벗어나질 못할까, 그것은 우리가 베푼 사랑으로 되받게 될 형벌, 곧 내가 받게 될 상처들에 대한 두려움 때문이다. 우리는 대부분 내가 받게 될 상처에 대한 두려움 때문에 "너는 나쁘다"는 것을 애써 증명하려고 한다. 자신에 대한 방어기재들 때문에 온갖 합리성과 도덕을 동원하여 치열한 싸움을 벌인다. 너는 정의롭지 못하다고 밀어내야 내가 의로워진다고 생각한다. "두려움은 형벌과 맞물려 있다."고 한다. 그러나 두려워하는 사람은 아직 사랑을 완성하지 못한 것이다. 우리가 하나님을 사랑함은, 하나님께서 우리를 먼저 사랑하여 주셨기 때문이다.(요일 4:19)

우리의 신앙이 대단해서 우리가 하나님을 알아보고 사랑한 것이 아니다. 먼저 그분이 우리를 사랑해주셨다. 여기서 하나님의 사랑과 인간의 두려움이 나뉘게 되는 것은 먼저 사랑할 수 있는 용기, 먼저 두려움을 푸는 용기이다. 상처 입을지도 모르는 예상되는 상대의 공격 앞에 우리를 방어하지 않고 알몸으로 내놓을 수 있는 용기이다. 우리를 묶어 놓은 한계, 스스로 안된다고 생각하는 자기 감옥, 자신의 경험으로부터 오는 각종 포비아들로부터 벗어나려면 인정하기 싫지만, '나는 아니라'고 화내겠지만, 내가 스스로 묶여있다는 것을 인식하고 벗어나려고 해야 한다. 우리의 본질은 사랑 가운데 있지 두려워하는 방어기재들 속에 있지 않기 때문이다.

하나님을 사랑한다고 하면서, 자기의 형제 자매를 미워하면, 그는 거짓말쟁이입니다. 보이는 자기의 형제나 자매를 사랑하지 않는 사람은, 보이지 않는 하나님

을 사랑할 수 없습니다.(요일 4:20)

하나님을 사랑한다고 했을 때, 어떻게 하나님을 사랑할 수 있을까, 강대상이 반짝 반짝 빛나게 닦으면 가능할까, 매주일 성수하면 될까, 십일조를 꼬박꼬박 드리면 하나님 사랑이 되나, 아니다. 하나님은 형상으로 드러나지 않는다. 그의 유일한 형상은 바로 우리들이다. 보이는 형제를 사랑하는 것이 바로 하나님을 사랑하는 것이다.

하나님을 믿는다는 것도 마찬가지다. 주변에 형제, 자매 이웃에 대한 굳건한 신뢰, 그를 믿어주는 마음이 바로 우리들이 가질 신앙의 참된 내용이다. 하나님을 믿는 것은 주변의 형제 자매를 믿어주는 것이고, 하나님을 소망하는 것은 주변의 형제 자매들 안에 있는 새로운 가능성을 기대하고 소망을 갖는 것이다.

세상을 이긴 믿음

믿는 것의 목적어는 훌륭한 선언이 아니라, 한 인격(a person)이었다. 우리는 예수를 믿는다. 그러니 "믿는다"는 말은 "사랑한다"는 뜻이다. 하나님을 사랑하는 것은 형제 자매를 사랑하는 것이다. 사랑이 힘들다고 내 안에 사랑하지 못하는 요소를 이웃에게 투영해서 증오를 믿음으로 착각하는 퇴행이 기독교 역사에서 흔하게 나타났다.

예수가 그리스도이심을 믿는 사람은 다 하나님의 자녀입니다. 낳아 주신 분을 사랑하는 사람은 다 그에게서 태어난 이도 사랑합니다. 우리가 하나님을 사랑하고, 그분의 계명을 지키면, 이것으로써 우리가 하나님의 자녀를 사랑하고 있음을 압니다. 하나님을 사랑하는 것은 그분의 계명을 지키는 것입니다. 그분의 계명은 무거운 짐이 아닙니다. 그것은 하나님에게서 난 사람은 다 세상을 이기기 때문입니다. 세상을 이긴 승리는 이것이니, 곧 우리의 믿음입니다. 세상을 이기는 사람은 누구입니까? 예수께서 하나님의 아들이심을 믿는 사람이 아니겠습니까?(요일 5:1-5)

　예수가 그리스도임을 믿는 사람은 다 하나님의 자녀이다.
　하나님에게서 난 사람들은 다 세상을 이긴다.
　따라서 예수가 그리스도임을 믿는 사람들은 세상을 이긴다.

삼단론법의 증명이다. 예수는 그리스도이다. 그리스도는 메시아, 구세주, 구원자라는 뜻이다. 그 말자체가 예수는 세상을 이기고 구원하는 분이라는 뜻이다. 잘못된 신앙을 가진 사람들은 예수를 이 세상에서는 좀 쉬게 하고 저 세상을 관리하는 묘지기쯤으로 생각한다. 이 세상은 그의 영역이 아니라고 생각한다. 정치는 정치인에게, 경제는 경제인에게, 나라 지키는 일은 군인에게, 예수는 교회 안에서 밖으로 나오지 말고 계시다가 가끔가다가 장례나 치르고, 그때 그때 영혼을 천국으로 인도하면 그만이라고 생각한다. 예수는 세상에 육신으로 오셨지만 교회는 예수를 다시 세상 밖으로 몰아내기 위해 안달이다.
　그들은 종교인은 정치에 참여하지 말라고 한다. 예수가 로마의 정치범으로 돌아가셨는데 정치에 참여하지 말고 어떻게 예수를 따르라는 말인가, 오늘날 정치에 참여하지 않고 사는 사람이 가능한가, 선거에 참여하고, 세금을 내고, 국민의 의무를 수행하는 것이 모두 정치행위이다. 여기에 초월할 수 있는 사람이 있다면, 분명 국민의 의무를 하지 않는다고 쫓겨남을 당할 것이다. 정치에 참여하지 않는 국민은 아무도 없다. 단지 우리는 정치에 대해 비판적으로 참여하느냐, 긍정적으로 참여하느냐의 선택이 있을 뿐이다. 비판적으로 참여한다는 것은 예언자적인 양심으로 부정한 것을 비판하면서 참여하는 것이고, 긍정적으로 참여한다는 것은 좋은 정책에 대해서 적극 지지한다는 뜻일 것이다. 그러나 만약 정책이 잘못된 방향으로 흐르는 것을 방관한다면 그것은 불의를 눈감아 주자는 말에 불과하다.

예수께서 그리스도임을 고백하는 사람은 예수께서 세상을 이기신 구원자라는 것을 믿고 고백하는 사람들이다. 혹은 불의한 권력이 압박하더라도 우리는 그들의 힘을 믿는 것이 아니라 이 세상을 이기시고 구원하시는 그리스도를 믿는다. 그러기에 이 세상에 대해 정의와 평화, 생명의 진리를 선포한다. 믿음은 지금 보이지 않더라도, 그리스도의 승리를 통해서 우리도 승리할 것이라는 것을 내다보는 눈이다. 이 믿음을 잃어버린다면 우리는 맛 잃은 소금이요 빛 잃은 등불이다.

생쥐가 한 줌, 한 줌 흙을 파내 마침내 세상에서 가장 강한 힘으로 서 있는 은진미륵을 넘어뜨리게 한다는 설화와 같이 우리가 한꺼번에 세상을 바꾸는 것은 불가능하더라도 우리 주변에 가슴 아픈 사연을 가진 사람들을 풀어주는 일, 그들과 함께 하는 일을 통해 우리는 세상을 이기게 되고, 세상을 구원하는 자리에 동참하게 된다. 막힌 한과 맺힌 것을 풀어 줄 때 우리는 이미 세상을 이기는 것이다.

나는 하나님의 아들의 이름을 믿는 여러분에게 이 글을 씁니다. 그것은, 여러분

이 영원한 생명을 가지고 있음을 알게 하려는 것입니다.(요일 5:13)

우리가 하나님에게서 났다는 것을 우리는 압니다. 그런데 온 세상은 악마의 세력 아래 놓여 있습니다. 우리는, 하나님의 아들이 오셔서, 그 참되신 분을 알 수 있도록, 우리에게 이해력을 주신 것을 압니다. 우리는, 그 참되신 분, 곧 하나님의 아들 예수 그리스도 안에 있습니다. 이분이 참 하나님이시요, 영원한 생명이십니다. 어린 자녀 여러분, 여러분은 우상을 멀리하십시오.(요일 5:19-21)

요한일서는 영원한 생명을 아는 지혜로 맺음 하는데 영원이라는 것은 시간의 양이 아니다. 오래 지속되는 시간의 양이 아니라 어떤 삶을 사느냐하는 시간의 질을 의미한다.

영원은 하나님께 귀속된 삶을 말한다. 하나님의 피조물인 인간, 생명, 물질은 소멸하는 것을 특징으로 한다. 시간적 존재이다. 그러나 창조이전에도 계셨고 피조물이 소멸된 이후에도 계실 하나님께 속하는 것은 바로 영원한 것이다. 하나님께서는 뜻이 있어 피조물에게 생명을 불어 넣으신다. 피조물이 자신의 생명에 의도되어 있는 하나님의 뜻에 부합한 삶을 살 때, 영생을 얻는다. 요한 17:3은 "영생은 오직 한 분이신 하나님을 알고 또 아버지께서 보내신 예수 그리스도를 아는 것입니다"라고 한다.

예수께서 영생에 이르는 양식에 대해서 말씀하시면서 "나의 양식은 나를 보내신 분의 뜻을 행하고 그 분의 일을 이루는 것이다"(요 4:34)이라 하며 "나는 그 명령(하나님께서 내게 주신 명령)이 영생을 준다는 것을 안다. 그러므로 나는 무엇이든지 아버지께서 내게 말씀해 주신 대로 말할 뿐이다"(요 12:49-50)고 한다. 예수가 영원히 존재하는 것은, 그가 자기 멋대로

산 것이 아니라 하나님을 바라보고 그 말씀대로 살았기 때문이다.

사랑은 내가 무엇을 하는 것이 아니라 자기를 비우는 것이다. 예수의 십자가가 사랑의 극치를 이야기하는 것이라면 그것은 철저히 비웠다는 의미에서 '자기 무장해제'를 하고 자기의 모든 것을 포기하는 것이다. "나는 이만큼 사랑했는데..."라고 생각하면 그 순간 그 사랑은 정리된 것이다. 사랑은 하면 할수록 자기의 부족함을 보는 것이요 항상 자기를 비워가는 과정이다.

"예수를 믿는다"는 말은 "사랑한다"는 뜻이다. 그러나 현대에 와서는 그 의미를 축소시켜서 "명제에 대해 믿는 것"으로 만들었다. 우리가 믿는 것은 우리가 사랑하는 것이다. 신앙은 하나님을 사랑하는 것에 관한 것이다. 신앙은 하나님을 사랑하고 하나님께서 사랑하시는 모든 것을 사랑하는 일이다.[1] 요한일서는 우리가 사랑하는 것이 믿음의 길이라 것을 강조한다.

신앙은 믿는 방식이 아니라 살아가는 방식이다. 하나님의 심장은 예수가 육신을 입고 나타났다는 성육신 신앙에 나타난다. 그것은 하나님을 향한 신앙이 우리의 삶으로 나타났다는 것이다. 이것이 예수를 통해서 받는 우리의 복음의 내용이다.[2]

믿는다는 말에 해당하는 라틴어 크레도(Credo)는 '심장을 바친다'는 뜻의 '코르도'에서 나온 말이다. 코르도는 영어로 용기를 뜻하는 'courage'의 어원이기도 하다. 하나님을 믿는다는 말은 우리의 의지, 생각, 감정보

---

1) Marcus J. Borg, *The Heart of Christianity* : *Rediscovering a Life of Faith* 『기독교의 심장』 김준우 옮김, 한국기독교연구소, 2015, 71

2) Robin R. Meyers, *Saving Jesus from the Church*, 『예수를 교회로부터 구출하라』, 김준우 옮김, 한국기독교연구소, 2012, 61

다 더 깊은 생의 중심을 하나님께 바친다는 뜻이다. 그것은 "나의 심장을 바치겠습니다."는 뜻이다.[3]

신앙은 우리의 머릿속에서 일어나는 것이 아니다. 신앙은 가슴이 움직이고 심장이 뛰는 것이다. 신앙은 두뇌의 문제가 아니라 가슴의 문제이며 삶의 가장 깊은 차원의 중심을 말한다.

신앙이라는 것은 내가 하나님을 얼마나 사랑할 수 있는 가를 보는 것이다. 그러려면 상당한 결단과 헌신이 일어나야 하는데 그럴 자신은 없으니 자기 자신 안에 하나님을 사랑하지 못하는 요소들, 그 그림자를 타자에게 증오로 투사한다. 타자에 대한 증오는 단지 경멸을 넘어서 쉽게 "하나님의 적"으로 간주하고 없애버려야 할 집단적인 공격 대상으로 삼는다. 기독교 역사에서 그런 예는 수없이 찾아 볼 수 있다. 사랑 대신 증오가 신앙의 자리를 차지한 예는 허다하다. 대표적으로 마녀사냥이나 십자군 전쟁이 그렇고 히틀러 때 독일 전체 인구의 97%가 기독교인이었다. 당시 지식인 목사들과 대학교수들이 앞장서서 나치당을 지지했다.

배타적인 크레도를 신념하는 이들의 정신 상태는 어딘가 적을 만들어 자기들이 세운 그 사탄과 목숨 건 전쟁을 벌여야 무언가 믿는 것 같은 착각을 갖게 된다. 그러기에 이들의 신앙은 적대의식이다. 누군가 적을 만들어야 사는 것 같다. 지금의 한국교회 모습이 그렇다. 특별히 근본주의 교회의 모습이 그렇다. 그러나 우리는 증오를 넘어서서 우리가 사는 사회에 대한 진보와 발전에 대해서 이야기해야 된다. 그것이 바로 하나님을 신뢰하는 세상, 하나님을 사랑하는 세상을 만들어 가는 것이다.

---

3) Marcus J. Borg, op.cit., 70.

요한일서가 사랑에 대해서 누차 강조하지만 성서는 참고서 일 뿐이다. 실제는 우리가 사는 삶이다. 성서는 우리의 영적인 조상들이 신앙을 어떻게 고백했는지를 말해주는 것이지, 우리가 어떻게 살아야 하는 가를 말하는 것은 아니다.[4]

우리에게 주어진 상황, 시간, 공간의 역사는 하나님께서 우리에게 던진 질문이며 우리는 그에 답해야한다. 그 질문에 응답하는 것이 신앙인의 삶이다. 우리에게 주어진 조건 속에서 가장 의미있게, 가장 정의롭게, 가장 사랑하며 살아갈 수 있는 삶을 만들어 가는 것이 우리에게 물으시는 하나님의 질문에 대한 우리의 답변이다.

---

[4] Ibid., 77.

함께 생각 나누기〉

* 기독교 역사에서 예수살기를 사건화 했던 일 중에 잘못된 예들을 말해 봅시다.

* 하나님께서 우리에게 주시는 최고의 선물은 무엇일까를 말해 봅시다.

* 우리 삶에 다가오는 많은 걱정들을 이길 수 있는 힘은 무엇일까에 대해서 이야기 합시다.

* 우리가 묶여있는 삶의 두려움들, 각종 포비아들로부터 벗어날 수 있는 길은 무엇일지 이야기 합시다.

* 하나님께 우리의 심장을 바친다면 우리의 삶에 어떤 변화가 일어날 것인가에 대해 상상력을 발휘해 말해 봅시다.

한(恨)의 사제

그 때에는 내가 뭇 백성의 입술을 깨끗하게 하여, 그들이 다 나 주의 이름을 부르며 어깨를 나란히 하고 나를 섬기게 할 것이다. 에티오피아 강 저너머에서 나를 섬기는 사람들, 내가 흩어 보낸 사람들이, 나에게 예물을 가지고 올 것이다. 그 날이 오면, 너는 나를 거역한 온갖 잘못을 부끄러워하지 않아도 될 것이다. 그 때에 내가 거만을 떨며 자랑을 일삼던 자를 이 도성에서 없애 버리겠다. 네가 다시는 나의 거룩한 산에서 거만을 떨지 않을 것이다. 그러나 내가 이 도성 안에 주의 이름을 의지하는 온순하고 겸손한 사람들을 남길 것이다. 이스라엘에 살아 남은 자는 나쁜 일을 하지 않고, 거짓말도 하지 않고, 간사한 혀로 입을 놀리지도 않을 것이다. 그들이 잘 먹고 편히 쉴 것이니, 아무도 그들을 위협하지 못할 것이다."

스바냐 3:9-13

제가 대학에 입학하자마자 신입생 환영회를 겸한 퇴수회가 열렸다. 당시 퇴수회의 주제 강연을 맡은 이가 서남동 교수였는데, 그 강연은 내게 삶의 자리를 결정하는 카이로스의 시간이 되었다. 서 교수의 강연 주제는 '민중, 예수, 한국 교회'였는데 이는 민중신학의 문을 연 첫 번째 논문이었다.

고등학생 시절, 필자는 부모님에게 받은 용돈으로 쪽 복음서를 사서 교복 안에 만들어 단 덧주머니에 넣고 다니며 만나는 사람마다 소위 '복음'을 전하는가 하면, 기회가 있으면 결신 기도를 받았고 그렇게 한 사람 한 사람 학생들을 모아서 조그마한 교회에 30-40명 남짓하던 중고등부 학생부가 주일 예배에 백여 명이 출석하게 되었다. 학생들 모임에서 제가 직접 설교도 하고 설교 말미에 눈 감게 하고 결신자를 받는 식으로 집회를 이끌기도 했다. 당시에 필자는 YFC라는 전국 규모의 학생 선교단체에서 음악부장 역할을 했다. 그 당시는 기독교가 전도 폭발을 일으키는 시기였고 여의도에서 빌리 그레힘 목사 등을 초청한 대형 집회가 자주 열리는 때였다. 제 고등학생 때 별명이 '학생 전도사'였다. 나름 경건한 마음으로 '주님께 모든 것을 바치겠다' 고백하며 신학대학에 입학한 첫 자리에서 필자는 서남동의 카운터펀치를 맞고 삶의 방향을 전향했다. 그날 이후, 안병무 박사, 한완상 교수 등의 민중 신학 강연을 따라다녔고 소속 교단도 한국기독교장로회로 바꾸었다.

공군 장교로 5년간의 복무를 마친 후에는 생활비를 벌어야 했다. 이미 결혼해서 두 아이의 아빠였고, 당연히 금수저와는 거리가 멀고 모든 것을 내 손으로 마련해야 되는 입장이었다. 군을 마친 후에 당시 공군 장교 출신은 기업에서 특채 채용을 하는 데가 많았다. 그러나 그렇게 하면 교회와는 거리가 멀어지기에 교회에서 일하면서 공부를 계속할 수 있는 데를 알아보았다. 당시 강남에 있는 유수한 교회, 기장에서 총회장도 하신 목사님께서 나를 눈여겨보셨고, 강남에 아파트도 내어줄테니 풀타임 전도사로 오라는 제안도 있었다. 하지만 제가 마음에 정한 신앙의 방향을 이어가기 위해서는 진보적인 교회여야 하는데, 당시 가장 진보적인 교회가 향린교회라고 생각해서 향린교회를 찾아가 맨 바닥에서 새신자로 등록하고 평신도로 시작했다. 그 후 향린에서 목사 안수를 받고 목회했고 이후 강남향린교회, 들꽃향린교회를 거치며 향린공동체에서 목회를 해왔다. 서남동 교수는 제가 입학한 후 곧바로 해직되어 강단에 설 수 없었으니, 돌아보면 그와의 짧은 만남, 향린에서 긴 세월을 함께한 안병무 선생과의 만남은 제 삶을 바꾸는 운명적 조우였다. 오늘은 서남동 선생님의 신학을 살펴보겠다.[5]

두 이야기의 합류

서남동의 관심은 현실과 괴리되지 않는, 즉 세상을 외면하지 않는 그리스도인이었다. 전반적으로 그리스도인은 교리, 성경 같은 교회 안의 전통에 관한 관심이 많은데 비해서 그들이 살아가는 현실 세계, 즉 '교회 밖 세계'에 관한 관심이 적다. 분리된 두 개의 세계는 분리된 세계관을 낳았고 이는 참 그리스도인이 되는데 걸림돌이 되며, 동시에 현실에서 수많은 문제점을 낳는다. 서남동은 이 문제를 '두 이야기의 합류'라는 개념으로 해결하려 하였다.

그에게 있어서 첫 번째 이야기는 초역사적인 절대적 진리라고 생각하는 종교 영성이다. 이것은 성서 안에 믿음의 증인들이 가진 전통으로 세상을 변혁하고 살아가려는 사람들에게 지혜와 동력을 제공한다. 두 번째 이야기는 자신이 살아가는 세계에 대한 이야기로서 우리나라 역사상에 뻗어나간 민중운동의 전통과 그것이 현실로 이어지는 고난 받는 민중의 투쟁이야기다. 즉 우리의 신앙과 신학이 펼쳐지는 구체적인 장(場)의 이야기이다. 이 둘은 마치 정신과 육체와 같은 관계로 두 이야기가 합류

5) 이 글은 연세신학 100년 기념 책자로 발행된 『인물로 보는 연세신학 100년』, "서남동의 신학-한의 사제"(동연 2015, pp. 446-492)에 필자가 쓴 논문을 풀어서 설명한 글이다.

될 때만 기독교 신앙이 꽃 필 수 있다. 그는 두 이야기의 합류에 대해 '삶의 한 복판에 있는 초월'이며, '이웃을 통한 헌신을 통해서 신에게 복종하는 것'[6]이라 말했다.

서남동은 그리스도교에서 예수의 본성을 설명하는 방식도 이렇다고 설명한다. 그에 의하면, 성육신은 두 세계가 예수 안에서 합류된 것을 보여주는 예이다. 태초에 창조를 하신 하나님께서는 역사의 존재로 성육하셨다. 우리가 두 이야기 중 어느 하나에만 집중했을 때 사유는 극단에 치우치게 된다. 그는 한국 신학계에 새로운 서구 신학을 소개하는 역할을 해 "현대신학의 안테나"라는 별명을 가지고 있기도 했지만, 당시에 서구 신학의 주된 흐름이었던 세속화 신학이나 신의 죽음의 신학등과 거리를 두었다. 그는 "신의 실재를 역사적 삶으로 100% 환원해 버린 세속화 신학이 어떻게 신의 초월을 경청할 수 있는가?"라며 반론을 제기했다. [7]

그는 80년에 한 인터뷰에서 "나의 사관(史觀)은 '하나님께서 인간의 역사를 이끄신다'는 말로 공식화 할 수 있다."[8]고 했다. 신은 초월한 세계 안에만 존재하지 않는다. 신은 세계와 합류한다. 서남동은 그곳이 민중이 고통당하는 현실이라고 보았다.

두 이야기의 합류는 둘을 반반씩 섞어서 절충하자는 것이 아니다. 두 이야기가 따로 따로 존재하고 서로 합류하지 못하면 각자는 없는 것이다. 둘을 합해봐야 제로이지만 두 이야기가 하나로 합류되면 각자의 성격이 서로 완전하게 발현되는 변증법적 합일을 말한다. 우리가 추구하는 참

---

6) 서남동, "복음의 전달과 그 세속적 해석", 『전환시대의 신학』, 226.

7) Ibid., 226-227.

8) 서남동, "민중신학을 말한다", 『민중신학의 탐구』 한길사, 1983, 171.

된 하나님에 대한 고백은 오직 우리들의 역사적 현장의 사건들에게만 나타난다는 의미다.

'한의 사제'[9]

서남동은 교리의 기본 문제에 대한 재검토를 요구한다. 특히 죄에 관하여서는 힘 있는 자들이 힘없는 자들에게 붙이는 딱지인 경우가 많기 때문에, "사회학적 분석 없이 종교적으로 죄를 말하는 것은 위험하다"고 지적한다. 실제 우리가 당면한 문제는 죄의 문제가 아니라 한(恨)의 문제로, 한 인간이 죄를 범할 때에 그를 둘러싼 여러 가지 사회조건이 문제라는 것이다. 즉, "죄의 문제가 아니라 횡포의 문제"[10]라는 것이다.

누가 죄를 지었는가를 따지는 것은 실제로 지배자들이다. 그들은 민중을 통제하고 지배하기 위해 일정한 규율을 만들어 놓고 거기서 벗어나는 행위에 대해서 '죄'라는 멍에를 씌워서 통제한다. 반면 민중은 당한다. 지배자들은 늘 민중을 착취하면서도 '죄인'이라는 딱지를 붙여 통제한다. 따라서 죄는 지배자의 관심일 뿐이다. 오히려 민중은 그들이 당한 한(恨)에 주목한다. 서남동은 말한다.

> "죄론에 앞서서 한(恨), 곧 '범죄당한 경우'(sin against)가 문제되어야 한다. 소위 죄인들이란 범죄당한 자들 곧 억울한 자들이다. 말하자면 죄란 지배자의 언어이고 한은 민중의 언어라고 할 수 있다."[11]

---

9) 김경호, 『인물로 보는 연세신학 100년』, "서남동- 한의 사제", (동연, 2015), 485-489.
10) 서남동, "민중신학의 성서적 전거", 『민중신학의 탐구』 244.
11) "한의 형상화와 그 신학적 성찰", Ibid., 107.

전통적으로 신학은 죄의 문제를 하나님과 인간의 문제로만 취급했다. 신학적으로 죄를 정의 할 때, 죄는 하나님과의 관계 단절이다. 그러니 하나님과의 내적인 관계만 유지하면 그에 따라오는 부수적인 책임들은 무시한다. 인간과 인간 사이에 벌어지는 일은 부차적인 문제였다. 따라서 구원에 관하여서도 하나님과의 관계 개선과 하나님의 용서만을 중요하게 생각한다. 죄는 인간에게 지어 놓고 용서는 하나님에게 구한다. 아직 피해를 입은 자의 고통이 생생한데 가해자는 아무런 화해를 시도하지 않고 이미 하나님에게 용서를 받아 새로워졌다고 말한다. 죄에 대한 용서는 가해자의 자책감을 덜어주는 방식으로 작용한다.

전통적인 신학에서 용서는 오직 하나님과 인간의 관계에서 거론된다. 또 다른 죄인에 불과한 어떤 인간의 용서를 반드시 필요로 하지 않는다. 죄의 용서는 심리적인 영역에서 이루어질 뿐, 사회적 변혁을 필요로 하지 않는다.

서남동은 용서에 관한 이런 견해를 죄를 지은 가해자, 즉 힘을 가진 자에게 아무런 책임을 묻지 않는 기만으로 보았다. 기만적인 지배자의 신학은 민중의 한(恨)을 죄로 둔갑시키고 그 가해자가 희생자인 민중을 향해 '너희의 죄 때문에 이런 고통을 당하게 된 것이라'고 말한다.

이런 전통 신학의 잘못된 관계, 즉 인간과 인간 사이를 고려하지 않고 하나님과 인간만의 관계로 본 것이 신학을 지배자의 것으로 만든다. 따라서 신학은 이제 신과 인간 사이의 종교적 관계만을 다루는 상부구조의 논의에서 벗어나 인간과 인간 사이의 사회정치적 관계와 그것의 역사적 결과물인 구조적인 악을 고려 대상으로 삼아야 한다.

서남동은 우리가 죄라고 부르는 것에는 가해와 피해가 나누어질 때만

죄가 성립하는 세계관이 성립한다. 그러면 "수많은 생명을 앗아가더라도 자연재해로 인한 고통에서는 '죄'라는 말을 붙이지 않는다"고 했다. 김희헌은 이런 견해가 자연재해에서 임금의 죄를 묻는 등 자연과 인간의 죄를 연계시키는 자연에 대한 인간의 감수성을 약화시킬 수 있다는 우려를 표하기도 한다.[12] 아무리 처참한 상황을 가져오더라도 가해자가 존재치 않기에 죄라는 말이 성립되지 않는다. 그러므로 죄라 판단하는 것들의 실상을 파고들면, 실제로 남는 것은 그 죄로 인한 희생자들의 한(恨)이다. 그러기에 그리스도인들은 그 한(恨)을 낳은 모순인 가해의 구조, 사회적 체제를 찾아내어 이를 바로잡을 책임이 있다. 이러한 역할을 한의 사제의 역할이라고 말한다.

> 사제직은 지배 계층, 부유계층의 횡포를 축복하고 눌린 자들의 자기 생존을 위한 항거를 마취시키고 거세하는 사제직이 아니고, 진정으로 저(고난당하는 자)들의 상처를 싸매주고 웅크러든(원문, 비굴해진) 저들의 주체성을 되찾는 데 함께하고, 저들의 역사적 갈망에 호응하고 저들의 가슴 속에 쌓이고 쌓인 한을 풀어주고 위로하는 '한의 사제'가 될 것을 권한다.[13]

오늘 스바냐의 말씀은 백성들의 죄를 용서한다. 그리고 그 날이 오면, 너는 나를 거역한 온갖 잘못을 부끄러워하지 않아도 될 것이라며 고난 받는 백성들을 죄의 사슬에서 해방한다. 반면 도성의 주인을 자처하며 거만을 떨며 자랑을 일삼던 자를 이 도성에서 없애 버리겠다고 하신다. 하

---

12) 김희헌, 『서남동의 철학』 (서울:이화여자대학교 출판부, 2013), 122.
13) "한의 사제", Ibid., 43.

나님의 의로운 심판이 이루어지는 것을 말한다. 성경에 보면 마지막 때에 고난 받고 죽임을 당한 자의 대표 격인 예수가 부활하고 하늘에 오르시고 하나님 우편에 앉으시고, 산자와 죽은 자를 심판하시고 나라와 권세들이 그에게 무릎을 꿇고 복종할 것을 말한다. 권세들이 무릎을 꿇는다는 것은 하나님의 의로운 통치가 완성되는 것을 말한다. 지금은 세상이 소란하고 서로의 죄를 묻는 높은 양반들의 싸움이 한참이지만 정말 민중의 한을 풀어주고자 하는 사람은 누구일까? 오늘 본문의 마지막 절을 다시 읽으며 마친다.

> 그러나 내가 이 도성 안에 주의 이름을 의지하는 온순하고 겸손한 사람들을 남길 것이다.(습 3:12)

히브리서 : 단번에 완성된 제사

히브리서는 의문의 책이다. 저자가 누구인지 편지의 수신자가 누구인지 통 오리무중이다. 오리게네스는 "그의 이름은 오직 하나님만이 아신다."고 했다. 히브리서가 초기 그리스도교 운동의 흐름과 관련이 있는지도 미지수이다. 2-3세기에 기독교 신앙을 가진 플라톤 철학자들이 히브리서를 근거로 신앙과 문화를 통합한 것으로 보아 플라톤과 스토아 철학 등 이교도 사상을 기독교 신앙과 접목시킨 것으로 여겨진다. 로마의 클레멘트 서신에서 히브리서를 언급한 것으로 보아 히브리서는 90년 이전 85-90년경 존재한 것으로 보인다.

예수는 어떤 분이신가?

미리 읽어보기〉

다음 히브리서의 귀절들을 읽고 예수 그리스도를 어떻게 고백했는지 기록해 보시오.(히 1:1-5, 2:10, 9:11-12, 10:12, 13:8-12)

히브리서의 특징 중 하나는 예수 그리스도를 여러 가지로 고백하는 것이다. "만물의 상속자, 온 세상의 창조자, 하나님의 영광의 광채, 하나님의 본바탕의 본보기, 능력의 말씀으로 만물을 보존하시는 분, 죄를 깨끗하게 하시는 분, 존엄하신 분의 오른쪽에 계시는 분, 천사보다 위대한 분, 천사보다 뛰어난 이름을 물려받으신 분(1:1-5), 고난으로써 완전하게 하신 구원의 창시자(2:10), 대제사장, 손으로 만들지 않은 분(피조물에 속하지 않은 분), 단 한번 지성소에 들어가 자기의 피로 우리에게 영원한 구원을 이룩해 주신 분(9:11-12), 죄를 사하시는 분, 오직 한 번으로 영원히 유효한 제사를 드리신 분, 하나님 오른쪽에 앉으신 분(10:12), 어제나 오늘이나 영원히 한결같으신 분, 자기의 피로 백성을 거룩하게 하시려고 단번에 제물이 되시고 성문 밖에서 고난을 받으신 분(13:8-12)"등으로 다양하게 증언한다. 그중 가장 대표적인 히브리서의 고백은 "단번에 완성된 제사를 드리신 예수"이다.

단번에 완벽한 속죄제물이 되시다

히브리서는 독특한 기독론을 가지고 있다. '예수의 죽음에 대해 단 한번으로 완벽한 속죄 제물이 되셨으며, 그 사건으로 인해 우리들은 구원을 얻게 되었다고 한다.

어느 대형교회 목사는 예수께서 단번에 우리의 모든 죄를 지셨으니 우리들은 우중충하게 살 필요가 없다. 십자가는 그분이 지시고 우리들은 구원의 기쁨만을 누리면 된다고 했다. 그의 눈에 약자들은 '잘 믿지 못해서 복도 받지 못한 것들'에 불과하다. 천박한 축복만능론이다. 이것은 분명 사이비 가르침이고 복음을 욕되게 한다. 만약 이것이 진리라면 다음에 언급되는 히브리서의 결론 부분은 거짓이 된다.

> 그러므로 예수께서도 자기의 피로 백성을 거룩하게 하시려고, 성문 밖에서 고난
> 을 받으셨습니다. 그러므로 우리도 진(영문, 개역) 밖으로 나가 그에게로 나아가
> 서, 그가 겪으신 치욕을 짊어집시다.(히 13:12-13)

만일 예수 혼자 십자가를 지시는 것으로 충분하다면 이런 말은 불필
요 할 것이다. 원래 제사는 성소 안에서 드린다. 제사는 구별된 거룩한 행
위이다. 히브리서는 예수사건을 제사사건으로 본다. 단번에 모든 인류의
죄를 도말하신 위대한 제사요, 예수는 대제사장으로 스스로 자신의 몸을
제물로 제사를 집행하셨다.

제물의 희생은 제물을 드리는 주인의 죄를 속하기 위해서다. 히브리인
의 제사에서 피는 지성소에 드리고 몸은 번제로 불살라 바치거나, 화목
제로 불에 구워서 모두가 함께 나누어 먹는 거룩한 식사로 이어졌다. 특
히 특별한 의미를 가진 날에는 몽땅 불에 살라 바치는 번제로 드린다. 대
속죄일과 같이 거룩한 예식에는 번제를 드린다. 바치는 쪽에서 희생이 큰
번제는 그만큼 더욱 크고 소중한 제사이다.

예수의 제자들, 가까이서 따르던 갈릴리 민중, 여인들은 예수에 대해서
덧 씌워진 죽음의 이유들을 도저히 받아들일 수 없었다. 민중을 선동하는
폭도, 정치적 정복을 꿈꾸는 유대인의 왕, 로마의 정치범, 신성모독 자, 성
전난동 자, 그 어느 것도 예수가 죽임을 당해야할 이유일 수 없었다. 그들
은 사랑하는 스승의 죄 없는 죽음의 이유를 찾아내야 했다. 그래서 히브
리서 기자는 제물에서 찾았다. 제물이 자신의 죄로 죽지 않듯이, 예수는

"단번에 모든 인류의 죄를 지신 분" 이었다.

당시의 민중은 예수가 가르치신 세상, 하나님의 나라에 대해서 그들의 마음이 부풀어 올랐다. 모두가 존중받는 나라, 걸인, 병자, 장애인, 이방인 차별로 한을 가졌던 모든 사람들이 당당한 주인으로 서는 나라, 다시는 눈물도 없고, 아픔도 없는 나라를 향한 꿈에 벅찼을 것이다. 그런데 예수는 그 나라를 펼치기 전에 체포되고 죽임을 당하셨다. 그리고 터무니없는 죄 몫으로 그를 죽음으로 내몰았다. 예수가 가르쳐주신 그 나라는 아직 이루어지지 않았고, 자신들의 현실과는 거리가 멀었다. 그 나라와 자신들의 현실 사이에는 엄청난 갭이 있다. 그 갭이야 말로 바로 '죄'이다. 그 갭만큼 머뭇거리는 두려움이 또한 '죄'이다.

예수께서 살아계실 때는 "그가 하려니…"라고 생각했을지 모른다. 그러나 그는 돌아가셨고 그를 따르던 제자들은 스승의 죽음 앞에 서있다. 분명한 것은 그의 죽음으로 그가 꿈꾸었던 세상이 끝장나 버린 것이 아니라 이미 자신들 안에 새롭게 작용하고 있음을 본다. 예수께서 죽음의 세력 앞에 타협하지 아니하고 십자가를 지셨다는 것 자체가 이미 승리이고 단번에 완성된 것이다. 그분은 자신에게 있는 두려움에 타협치 않고 완성된 하나님 나라의 삶을 사셨다. 예수께서 십자가를 지신 사건은 하나님의 나라와 이 세상 사이의 갭을 인정하지 않으신 사건이요, 그 갭으로 우리를 겁박하고, 좌절케 하며, 적당히 타협하게 만드는 '죄'를 도말하신 사건이다. 그것이 히브리서 저자가 보는 십자가의 사건이며 의미이다.

예수는 세상이 그 자리에 묶어 놓고자 하는 삶을 거부했다. 그는 홀로 구별된 하나님 나라의 삶, 거룩한 삶을 살았다. 제사에서 제물의 희생으로 주인의 삶이 정상으로 돌아오듯이 예수께서 드리신 영문 밖에서의 제

사가 제자들을 거룩함으로 이끈다. 그 제자들이 스승의 수치와 치욕의
자리에 함께 설 수 있다면 아직은 아닌 세상이 변화될 것이다. 그 때에는
우리 모두가 성도가 되며, 이 세상이 마침내 거룩하게 될 것이다. 이렇듯
저자는 십자가로 단번에 모든 악의 세력을 묶고 승리하신 예수를 본다.
예수의 죽음은 단번에 완성된 제물로 결정적인 제사이다.

그의 죽음은 말이 없다

예수의 죽음 자체에는 거룩한 징조가 없다. 그냥 평범한 죽음일 뿐이
다. 죽음 자체는 말이 없다. 죽음은 자기 죽음의 의미를 장황하게 설명하
지 않는다. 예수도 그렇고, 민중의 죽음도 그렇고... 단지 억울함과 고통
을 남기고 사라질 뿐이다. 그의 죽음을 계기로 하늘의 천군천사가 하늘
문을 열고 내려와 개입하는 일은 없다. 그냥 말없이 초라한 죽음일 뿐이
다.

그러나 그들의 죽음을 거룩한 죽음으로 만드는 것은, 아니 그 죽음 안
에 숨어있는 거룩한 뜻을 찾아내는 것은 우리들의 몫이다. 마치 아들, 딸
의 구속을 통해 처음에는 망설이던 어머니들이 최고의 투사가 되는 것처
럼 십자가는 우리를 거룩하게 한다. 주님의 십자가는 단번에 모든 인류가
가진 죄를 도말시키는 거룩한 죽음이 되게 해야 한다. 그분의 십자가는
세상 어디든지 아픔이 있고 눈물이 있는 곳에서 모든 아픔을 단번에 도말
시키는 거룩한 제사로 기능하게 해야 한다. 십자가는 자체에서 거룩함이
발산되는 것이 아니라 그를 따르는 사람들의 행렬이 십자가를 거룩하게
만드는 것이다.

그러나 신앙의 눈으로 볼 때 이 능동과 수동은 도치된다. 우리가 그의

죽음을 거룩하게 하는 것이 아니라 이미 자신의 피로 백성들을 거룩하게 만드신 주님의 사랑을 받아들이고 그 사랑에 힘입을 뿐이다. 신앙에서 능동이 빠지면 한낮 주술이 되지만, 수동이 빠지면 그것은 단지 제 자랑일 뿐, 신앙이 되지 못한다. 히브리서는 단번에 완성된 제사를 말하지만 마지막 장 결론 부분에서 주님께서 완성하신 제사에 기쁨으로 참여하는 우리들의 제사로 마감한다.

> 그러므로 예수께서도 자기의 피로 백성을 거룩하게 하시려고, 성문 밖에서 고난을 받으셨습니다. 그러므로 우리도 진 밖으로 나가 그에게로 나아가서, 그가 겪으신 치욕을 짊어집시다.(히 13:12-13)

거룩함을 추구하는 사람들

예수의 죽음이 단번에 완전한 제물이었다는 고백은 그의 죽음으로 그가 꿈꾸었던 세상이 그들 앞에 현실로 다가오는 것을 보았기 때문이다. 철거민의 아픔을 가지고 희생당한 용산 철거민 가족들의 증언을 지켜보았다. 처음에 가족들은 통곡했고 커다란 슬픔 앞에 절규했다. 그러나 시간이 지나면서 가족들이 점점 더 이 희생에서 거룩한 의미를 찾아 가기 시작했다.

> "우리가 보상을 더해달라고 이러는 것이 아닙니다. 우리 아버지의 명예를 회복하여 주십시오. 그리고 이 죽음으로 인해 정부가 다시는 용역깡패가 사라지고 재개발지구의 모든 세입자들이 고통에서 벗어날 수 있기를 바랍니다."

이분들의 희생이 단번에 이 땅의 모든 세입자들의 고통을 짊어지고 가는 희생제물의 역할이 되기를 가족들은 기도하고 있었다. 자기 아버지의 죽음은 이 땅에 땅을 가지지 못한 모든 세입자들의 권리를 위한 죽음이라고 인식하기 시작했다. 이들은 죽음의 거룩한 의미를 발견한 것이다. 당시 일 년 이상 장례도 치르지 못한 지리한 싸움은 그 분들의 죽음을 거룩하게 지키기 위한 싸움이었다. 그들은 용산에서 학살당한 남편과 아버지의 죽음에서 이 땅에 고통 받는 모든 철거민들의 아픔이 종식되는 세상을 보았다. 예수가 말씀 하셨던 하나님 나라와 현실 사이의 갭, 필자는 바로 그 갭이 죄라고 생각한다. 히브리서의 저자는 예수의 죽음을 그 갭, 죄를 단번에 무너뜨리는 결정적 계기를 보았다.

세월호 가족들이 정부가 제공하는 보상을 물리치고 오랜 단식과 고된 노숙 투쟁을 하는 이유도 마찬가지다. 이들은 단지 개인적인 한 풀이로 참된 진상을 밝히자고 하는 것이 아니다. 다시는 그런 일들이 반복되어 무고한 생명들이 희생되지 않는 사회를 만들기 위해서다. 더욱 애틋한 어린 생명들의 희생이기에 그 죽음의 거룩함을 더욱 정결하게 지키고 싶은 것이다. 그것만이 이 억울한 죽음을 거룩하게 만드는 일이기 때문이다.

개인의 영역을 넘어서 존재하는 죄

그동안 기독교의 역사에서 강조된 죄는 지극히 개인 윤리의 영역 안에 있었다. 그것은 통치자가 민중을 죄로 묶어 놓아 고분고분 길들이기 위한 목적이었다. 그러나 예수께서 말씀하신 죄는 오히려 그 사회가 하나님의 통치대로 나아가지 못하는 죄이다. 하나님 나라에 미치지 못하는 것이 죄된 현실이며, 하나님 나라의 역사에 반하는 죄이다. 예수는 부자와 뇌

물을 받는 자들의 죄에 대해서는 혹독하게 나무라셨지만, 가난과 질병으로 당시의 법을 어길 수밖에 없는 사람들에 대해서는 그들의 위로자와 대변자가 되셨다. 사회가 그들에게 적용하는 법 자체를 거부하셨다. 나면서부터 소경된 사람에 대해서도 사람들은 '자신의 죄냐 부모의 죄냐'를 물었는데 비해, 예수는 죄의 관점에서 접근하지 않는다. 이미 앞을 보지 못하는 사람을 앞에 두고 누구의 죄 때문인가를 따지는 것이 얼마나 우스운가, 예수는 그들에게 우리의 처지가 어떠하든지 우리 모두에게 중요한 것은 앞으로의 삶이 하나님께 영광을 드러내야 함을 일깨워준다.

히브리서의 저자는 예수가 당하는 고통과 죽음 속에서 모든 세상의 아픔이 단번에 완성된 제물로 드려지는 결정적인 제사를 보았다. 그 제사는 지금도 진행형이다. 우리 주변에 아픔이 있는 현장에서 예수의 몸을 찢고 그의 피를 드리는 제사는 여전히 행해지고 있다. 그러나 그것은 가인의 제사처럼 결과를 모르는 긴장된 제사는 아니다. 이미 단번에 결정적인 제사를 받으셨던 하나님의 승리의 판결이 선행되어 있다.

우리가 영문 밖에 나아가신 길을 함께 갈 수 있다면 이미 악의 세력은 끝장났다. 그러나 우리가 외면하고 그분 혼자 십자가를 지고 가시라고 한다면 그 십자가는 그냥 한낱 허무한 죽음일 뿐이다. 예수의 십자가는 세상 어디든지 아픔이 있고 눈물이 있는 곳에 모든 아픔을 단번에 도말하는 거룩한 제사로 기능하게 해야 한다. 이것은 우리가 그의 죽음을 거룩하게 하는 것이 아니라 이미 자신의 피로 백성을 거룩하게 만드신 주님의 사랑이 선행하기 때문에 가능하다.

찢기어지는 몸의 행렬들

역사적 예수를 찾는 학자들의 연구가 한참이다. 그런데 그것이 가능할 수도 있고 그렇지 않을 수도 있다. 그러나 "예수께서 십자가에 못 박혀 돌아가셨다."는 사실 하나로도 충분하다고 생각한다. 아마 그래서 바울은 "나는 십자가에 달리신 그리스도 외에는 알지 않기로 했다"고 했는지 모르겠다. 왜 그분이 위대한 사상을 가지고, 인류를 구원할 놀라운 자의식을 가지고 돌아가셔야만 하는가? 그런 사상이나 철학 없이도 그냥 찢기신 몸, 조롱받은 몸, 죽음에 이른 몸 자체가 우리를 구원하는 것은 아닐까? 사람의 몸이 찢기는 것보다 더 큰 메시지가 있을까?

하나님께서는 몸을 입고 이 세상에 오셨다면, 여전히 지금 우리 앞에 벌어지고 있는 몸에 대한 학대들은 바로 하나님에 대한 학대이며 살육이다. 찢기어진 몸들, 불에 살라지고, 내어 쫓기고, 감옥으로 가는 몸들이 오늘도 여전히 십자가를 지고 계신 그리스도들이라는 것을 우리에게 말해준다. 오늘날도 소위 재수 없이 당하는 사람들이 평범한 사람들을 대신해서 당하는 제사의 행렬은 계속되고 있다.

몸은 평소에는 말하지 않는다. 그러나 그 몸이, 이그러질 때, 호소하고 소리친다. "배고파요, 제게 먹을 것을 주세요, 억울해요, 저를 도와주세요, 뜨거워요. 목말라요. 저, 아파요..."오늘도 여전히 십자가에 달리는 예수들은 우리에게 외친다. 찢기어진 몸은 가장 큰 웅변이고 가장 큰 저항이고 가장 큰 혁명이다. 그래서 예수는 자처해서 십자가의 길로 가셨다. 그가 무엇으로 말하겠는가? 아무 것도 가지지 않은 자는 몸으로 말할 수 밖에 없다. 그러나 그 몸은 어떤 것 보다 강력한 말씀이다. 왜? 그것은 본래 말씀이었기 때문이다.(요 1:1)

주술에서 역사로

예수께서 단번에 사람들의 죄를 지고 가셨다는 말을 한국교회는 주술처럼 이해한다. 마치 주문처럼 이 사실을 시인하고, 고백하면 우리의 존재가 구원에 이른다고 한다. 단번에 제물이 되신 예수의 신적 마술은 그 주문을 외우는 모든 사람들에게 미친다. 마치 컴퓨터에 걸려있는 비밀번호처럼 새 일을 불러들이는 주문으로 작용한다. 예수의 십자가를 드리대면 하늘에서 신비한 변화들이 일어난다고 생각하는 천박함, 이런 맹랑함은 예수를 한낱 도깨비로 추락시킨다.

어떻게 한사람의 죽음이 모든 사람의 죄를 도말할 수 있는가? 누가 반문할지 모른다. 왜 목사님은 모든 크리스천들이 자연스럽게 고백하고 믿는 바를 흔들어 놓으려고 하는가? 바로 그 당연한 믿음 때문에 기독교는 역사하고는 상관없는 종교, 민중의 아픔과 무관한 종교, 한낱 주술로, 자기 욕심을 합리화하고 극대화 시키는 도구로 전락하고 말았다, 한국교회가 취해있는 그 주술의 요소를 거두어 내야지만 우리의 신앙은 본래 예수의 자리를 찾을 수 있다.

살아있는 하나님의 말씀

하나님의 말씀은 살아 있고, 힘이 있으며, 어떤 양날 칼보다도 날카로워서, 사람 속을 꿰뚫어 혼과 영을 갈라내고, 관절과 골수를 갈라놓기까지 하며, 마음에 품은 생각과 의향을 가려냅니다. 하나님 앞에서는 아무것도 숨길 수 없고, 모든 것이 그의 눈앞에 벌거숭이로 드러나 있습니다. 우리는 그의 앞에 모든 것을 드러내 놓아야 합니다.(히 4:12-13)

우리는 이제까지 우리가 성서를 해석한다고 생각했다. 그러나 새로운 해석학적 개념으로 보면 거꾸로 성서가 우리를 해석한다고 볼 수 있다. 칼 바르트(K. Barth)는 성서의 말씀을 주체적 사건(subject matter)이라고 한다. 이 말은 인간이 성서를 해석하는 주체가 아니라 오히려 성서가 우리를 해석하는 주체가 된다는 뜻이다. 성서가 주체가 되어 그 말씀을 읽는 독자를 분류하고 해석한다. 성서는 단지 과거에 의미 있던 사건으로 그치지 않고 오늘도 여전히 살아있어서 말씀을 읽는 독자를 객체(object)로 쪼개고 분석하고 심판한다.

푹스(E. Fuchs)는 인간이 비유를 해석하는 것이 아니라, 비유가 인간을 해석한다고 주장한다. 포도원의 비유(마 20:1-15)에 보면, 먼저 와서 일한 품꾼과 나중에 온 품꾼에게 똑 같은 품삯을 지불하였다. 이 비유를 읽는 독자가 그 비유를 해석하기보다는 오히려 그 반대로 그 비유가 독자를 두 가지 부류의 품꾼 중 그 어느 하나로 해석한다고 푹스는 이해한다.[1] 우리가 성서를 해석하는 것이 아니라 거꾸로 성서가 우리를 해석하고 우리를 쪼갠다.

푹스는 예수사건은 새로운 언어사건이라고 했다. 새로운 언어사건은 새로운 인간관계를 만들고 새로운 체험, 새로운 인격을 만들어 내는 주체적 사건이기도 하다. 우리가 하나님의 말씀이라는 개념을 정확하게 파악한다면, 그 개념은 하나의 사건을 지시한다. 이는 해석학이 본문 주석의 이론이라는 통념을 넘어서 말 자체가 새로운 운동, 언어를 통해 사건을

---

1) 김광식, "성서해석학의 역사와 과제" 『문상희 교수, 유동식교수 화갑기념 논문집』 신학논단, 15집, 연세대학교 신과대학, 1982, 183.

창조하는 기능을 가진다.[2] 하나님의 말씀은 옛 기록이거나 사문화된 문장이 아니다. 하나님의 말씀은 살아 있고, 힘이 있으며, 마치 고양이 앞에 쥐를 풀어 놓아 그 고양이가 행동에 들어가는 것을 지켜보는 것과 같이 우리 자신을 그 말씀 앞에 드러내어 그 말씀이 사람 속을 꿰뚫어 혼과 영을 갈라내고, 관절과 골수를 갈라놓는다. 현대 언어학도 새로운 언어의 개념을 지원한다.[3]

한마디 말이 사람을 죽이기도 하고 살리기도 한다. 말 한마디면 천 냥 빚을 갚는다는 말이 있듯이 말 한마디에 사람의 운명이 결정되기도 한다. 우리가 나무통을 보고 이것을 "화분대"라고 이름을 붙이면 그 통은 화분을 받치는데 쓰게 될 것이고, "의자"라고 이름을 붙이면 깔고 앉는데 쓰게 될 것이다. 그 통의 이름을 의자, 발판… 등으로 붙이는 것에 따라 그 통의 운명이 결정된다.

이성 간에 막연히 만나면 즐겁고 좋은 사람이 있는데 그들 사이에서 '사랑한다'라는 말로 고백하면 사랑하는 관계로 발전하게 되고 그런 관계가 구체화된다. 사랑이라는 말의 표현이 없다면 그냥 제풀에 좋았다가 얼마 후에는 제풀에 시들해 지는 감정에 불과할 것이다. '사랑'이라는 말의 고백이 '사랑'을 만들어 간다.

세살 때 실명한 맹아학교 5학년 여자아이의 일기이다.

"정말 아빠, 엄마는 왜 싸우시는지 모르겠다. 살기가 어려워서, 의견이 맞지 않

---

2) Ibid., 184.
3) 이규호, 『말의 힘-언어철학』 도서출판 좋은 날, 1998 참조

아서… 아무리 생각해도 모르겠다. 앞으로는 엄마와 아빠가 정말 싸우지 않으면 좋겠다."

그런데 이 어린이가 "조정" "화해" "평화"라는 말을 배우고 난 뒤에 그 일기의 내용이 바뀌었다.

"아빠와 엄마가 싸우실 때는 어린 동생이 아빠, 엄마 싸우지마 하면서 웃고 재롱을 부린다. 엄마는 그것이 귀여워서 웃으신다. 아빠도 마찬가지다. 그래서 아빠와 엄마는 화해를 하신다. 우리는 다시 평화스러워 진다. 그러고 보면 말다툼을 하시는 원인도 대개는 우리들에게 있고 또 화해를 하시게 하는 것도 우리들이다. 우리 집의 분위기는 우리가 마음대로 조정할 수 있다."

말은 사물을 만들어 가는 힘이 있다. 미국의 South Western 침례교 신학교에서 실험을 하였다. 세 학생이 나란히 간격을 두고 한사람에게 집중적으로 반응을 한다. 한사람이 교문 앞에서 "네 안색이 좋지 않은데 어디 아프니? 몸에 이상이 있니?"하고 물어보면 자신 있게 "아니, 난 건강해"라고 말한다. 또 한사람이 현관 앞에 있다가 "저런 너 무슨 걱정거리가 있구나. 상당히 괴로워 보여. 내가 도와줄까?"하고 말한다. 마지막 사람이 옆자리에서 기다리다가 "너 상당히 고통스러워 보이는데 어떻게 된거냐?"라고 연달아 이야기하면 상당수의 사람이 하루종일 내가 병에 걸리지 않았을까? 걱정하다가 마침내 축 늘어져 조퇴하고 집으로 갔다고 한다.

한 사람을 좌절하게 만드는데 큰 노력이 필요하지 않다. 불쾌하거나 비판적이고 통렬한 말 한마디면 족하다. 그 한마디 말에 그는 곧 시험에 걸린다. 이와 마찬가지로 사람의 용기를 북돋우는 것도 간단하다. 상냥한 표정, 다정한 악수, 또는 한마디의 칭찬이면 족하다.

좌절하여 고통스러워하는 사람에게 건네는 한 마디 위로의 말이 그를 다시 일으켜 세우고, 살릴 수 있다면 얼마나 기쁜 일인가? 기독교의 언어, 예배에서 쓰는 고백과 찬양, 그리고 시편은 최고의 질을 가진 언어이다. 감사와 찬양과 기쁨을 고백하는 사람은 생활의 질이 달라진다. 하나님과 형제 자매들에게 감사와 기쁨을 돌릴 수 있는 사람은 그 표현과 인격이 달라진다. 우리를 새롭게 하고 새로운 인간관계 속으로 이끌어 준다. 그 말의 표상대로 우리를 변화시켜 준다. 긍정적인 말이 하나님의 미래를 당겨온다. 전적으로 새로운 말들을 통해 전적으로 새로운 출발을 하게 된다.

우리를 판단하고 쪼개시는 하나님의 말씀 앞에 우리 자신을 노출시키고 겸허한 마음으로 그 분께서 무엇이라고 말씀하시는 지를 경청할 때 우리가 새로워진다.

바라는 것들의 실상

히브리서 11장은 믿음의 사람들이 가장 좋아하는 말씀이다. 우리가 보는 모든 것들은 애초에 희미한 믿음에서 출발한 것이며 믿음을 통하여 나타난 것이다. 히브리서는 모든 사물을 보는 근본에서 믿음을 본다. 나와 하나님과의 믿음, 여기서 보이는 모든 세계의 일들이 진행된다고 본다.

우리가 어찌 어찌 되기를 바라는 것들의 근거는 무엇인가, 우리가 미래의 계획을 세울 때 대개 무엇을 근거로 설계하나? 내가 동원할 수 있는 가용 재산, 저금통장의 액수, 또는 자신의 노동력이나 재주, 타인의 말이나 약속들… 이런 것이 근거가 될 것이다. 대개 눈에 보이는 것, 내 손에 쥔 것, 물적 토대를 바탕으로 미래의 계획을 세운다. 이런 것들을 우리는 과학적 사고라고 부른다.

그러나 히브리서는 우리가 바라는 모든 것들의 바탕이 무엇이라고 하는가? 그것은 지금 내가 가진 어떤 조건들에 있는 것이 아니라 "믿음"에 있다고 한다. 이 세상에는 두 가지 종류의 언어가 있다. 2+2=4 이것은 객관적으로 참이냐 거짓이냐(true, false)가 분명하게 판명되는 말, 입증이 가능한 말이다. 그러나 I Love you 같은 말은 제삼자가 객관적으로 참인지 거짓인지를 판명하기가 불가능하다. 타인이 입증 할 수 없는 말이다. "하나님은 살아계시다." "하나님께서 천지를 창조하셨다." "하나님께서 우리를 위해 새 하늘과 새 땅을 마련해 놓으셨다."는 말들은 입증이 불가능하다. 증거를 제시해서 그것이 옳다는 판명을 받을 수는 없다. 그런데 저자는 이 보이지 않는 것들의 증거를 믿음이라고 한다.

존재는 확인하는 것이 아니다. 누가 이 궁극적 존재이신 하나님을 확인할 수 있겠는가? "누가 하나님의 존재를 증명해서 수학 공식 풀 듯. 이러이러 해서... 고로 하나님이 살아계시다"라고 할 수 있다면 바로 하나님 자신 뿐일 것이다. 하나님께서 천지를 창조하시는 과정을 지켜봤다면 그는 바로 하나님 자신이다. 아무리 엄밀한 과학이라도 하나님은 거기에 꼬리를 잡히지 않으신다. 궁극적 존재를 확인 할 수는 없다. 존재는 '확인'하는 것이 아니라 '확신'하는 것이다. 믿음 안에서는 그분이 확실한 증거로 나타나신다.

"믿음은 바라는 것들의 실상이요, 보이지 않는 것들의 증거"(히 11:1)라는 말은 기존의 질서가 아닌 오직 새로운 현실을 보는 것이다. 내가 하나님 앞에서 계산해서 행한다면, 나 보다 훨씬 뛰어나신 하나님께서 나의 얕은 속셈을 보시고 어찌 마음이 움직이시겠는가? 아브라함이 이삭을 바친 사건 이후에 이미 아브라함은 이전의 아브라함이 아니고, 이삭도 옛날 이삭이 아니다. 물론 그들에게 나타나시는 하나님도 이전의 하나님이 아니다. 그들과 상식적인 관계가 아니라 특별한 관계가 된다. 그들은 이미 하나님 안에 상호 믿음으로 불 같이 단련한 새사람이다.

선물의 세계, 제물의 세계

안병무는 이성의 세계는 주고받기(give and take)가 명확한 '선물'의 세계이지만 신앙의 세계는 그것을 넘어서는 '제물'의 세계라고 하였다. 신앙은 그 빤한 계산의 세계를 넘어설 때부터 시작된다. 제물은 그것을 통한 어떤 대가나 결과를 전제하지 않는다.[4] 그것은 그 자체로 새 창조의 사건이며 행위이다.

아브라함이 이삭을 제물로 바쳤다. 그러나 만약 그가 보다 큰 축복을 전제로 바쳤다면 벌써 제물이 되지 않는다. 그냥 아무 전제 없이 바칠 뿐이다. "아브라함은 죽여도 살릴 수 있는 하나님을 믿었기 때문"(히 11:19)이라고 한다. 아브라함이 금방 하나님께서 살리실 줄 알고 쉽게 죽일 수 있었던 것은 아니다. 세상에서 그런 역사는 없다. 하나님께서 언젠가는 살리시겠지만 그 때가 언제인지는 모른다. 당장 눈앞에 보이는 것은 죽음뿐이다. 언제 살리실지 모르는 그 불확실성에 몸을 맡기는 것이 믿음이다.

---

4) 안병무, '제물-십자가의 의미', 『구걸하는 초월자』 한국신학연구소, 1998, 75.

멀리보고, 아니 어떤 대가도 계산하지 않고, 그 결과는 하나님의 몫으로 돌리며, 지금 손해나는 그 길로 가는 것, 하나뿐이 남지 않은 그 제물을 드리는 것이야 말로 믿음의 길이다. 제물은 꼭 하나 뿐이 남지 않은 것을 바칠 때, 제물로서의 가치가 있다. 사렙다 과부의 모자가 굶주리다가 남은 밀가루와 기름으로 마지막 식사를 하고 생을 마감하려는 순간 엘리야가 나타났다. 그가 먹을 것을 달라고 요구할 때, 그것을 드리는 마음이 믿음이다. 미리 다 안전망을 확보하고, 계산하고 움직이는 것이 아니라 마지막 남은 하나를 기꺼이 드릴 수 있는 행위가 제물을 바치는 행위이다. 믿음이 아니고는 어찌 그런 길로 갈 수 있겠는가?

십자가 없이는 예수도 예수가 아니다. 십자가 사건이 있어야 예수가 된다. 르네 지라르는 희생을 집단의 폭력이라고 했다. 희생물이 나의 안전, 집단의 안전을 위해서 희생 시켜야 할 제물을 찾는 것이라면, 예수의 십자가는 스스로 희생제물이 되신 희생의 또 다른 패러다임이다. 그것은 참다운 제물의 길, 믿음의 길이다. 하나님께서는 제물 안에서 전혀 다른 새 역사를 일으키신다. 제물이 된다는 것은 자신이 원해서 되었든지, 타인의 폭력에 의해서든지 마찬가지이다. 한 제물에 가해진 폭력의 구조를 폭로하고 그 죽음의 의미를 밝혀내는 것이야 말로 거룩함을 찾는 것이며, 우리의 일상에서 거룩함을 만들고, 매일의 삶에서 산제사를 드리는 행위가 된다.

지금 경험하고 보고 있는 모든 것이 드러나지 않은 것에서부터 생겨났다. 사람들은 지금 주어져 있는 대로 받아들이기가 쉽다. 그것을 상식이라고 부른다. 그러나 새로운 것은, 지금 드러나 있는 것에서가 아니라 지금 드러나 있지 않은 것으로부터 비롯될 때, 새롭다고 한다. 그것이 바로 바라는 것이요, 희망이다. 믿음은 그 바라는 것을 현실로 나타나게 하는 힘이다.

믿음으로 걸은 광야 40년의 길

광야 40년 동안 어디서 물이 나오고 어디서 만나가, 메추라기가 나온다는 것이 미리 예고되었다면, 아마도 이스라엘 백성은 중도에 포기했을 것이다. 한 걸음 한걸음 그 앞이 낭떠러지일지 함정일지 모르지만 오직 주님을 신뢰하는 마음으로 길을 걸었다. 그것이 바로 믿음이다. 주님을 믿는 자세이다.

인간에게 바라는 꿈과 희망이 있다는 것은 달팽이와 인간을 구별하는 점이다. 달팽이는 자극을 주면 단단한 껍데기 안으로 숨어버린다. 그가 할 수 있는 일은 단지 안으로 움츠리면 된다. 그러나 인간은 그 자극을 응시하고 그 자극 자체를 가져오는 현실을 뒤집는다. 그 한판 뒤집기는 '희망'이란 이름으로 다가온다. 희망이라는 것은 인간이 아직 의식되지 않은 것을 내다보는 능력이고, 역사를 이끌어 가는 주된 동력이다. 현실적으로 이룰 수 있는가는 그 다음 문제이다. 실현될 실마리가 전혀 발견되지 못하더라도 현실 너머의 것을 꿈꾸고 그것을 토대로 나를 뒤집는 한판이 희망이다. 이것은 혁명의 근본이다. "믿음은 바라는 것들의 바탕이요, 보이지 않는 것들의 증거"라고 했다. 꿈꾸는 사람만이 새로운 현실을 만들어 갈 수 있다.

친일파로 이름이 등재된 서정주 시인에게 기자가 인터뷰를 했다. "왜? 당신 같은 지식인이 변절했냐?"고 묻자 그는 아주 솔직하게 답했다. "그 당시로서는 전혀 해방이 올 줄 몰랐습니다. 그 때 어떤 사람이든 일본이 영원히 갈 것으로 생각했고 나 역시 틀림없이 그럴 것으로 생각했습니다. 일본이 망할 줄 알았더라면 내가 왜 친일했겠습니까?"하고 그는 오히려 반문했다. 시인다운 솔직한 대답이다. 믿음이 없는 사람, 미래에 대한 확신이 없는 사람은, 오늘 바른 선택을 할 수 없다. 그는 나타나는 증거를 전부로 알고 살아가기 때문이다.

반면 도저히 미래가 보이지 않는 상황 속에서도 끝까지 의를 지키며 나라의 독립을 위해 투쟁한 선조들은 믿음으로 행했고 그 믿음에 하나님께서 응답하심으로 우리 민족의 해방이 오게 되었다. 예수 옆에 있던 제자들이, 십자가 사건이 그렇게 유명해 질 줄 알았다면, 왜 유다가 예수를 팔았고, 왜 베드로가 예수를 부인을 하고 도망갔겠는가? 당시 제자들이 보기에 예수는 그날 밤 그냥 허물어지고, 다시는 일어서지 못할 것이라고 생각했기 때문이다. 그래서 그날 밤 각자 자기 나름대로 실속 차리기를 한 것뿐이다. 예수의 십자가가 이렇게 유명해질 줄 알았다면 배반은 없었을 것이다.

우리가 보는 것, 보이는 것은 나타나 있는 것에서 생기지 않았다. 이 모든 보이는 것들은 애초에 희미한 믿음에서 출발한 것이며 믿음을 통하여 나타난 것이다. 히브리서는 모든 사물을 보는 근본에서 믿음을 본다. 나와 하나님과의 믿음, 여기서 보이는 모든 세계의 일들이 이루어진다고 믿는다.

본향을 찾는 삶

내가 태어나고 자란 장소, 우리가 세상에 사는 동안 잠시 몸 붙여 사는 장소가 '고향'이라면, 본향은 이와도 구별된다. 본향은 보다 근본적인 보금자리, 영원한 안식처를 뜻한다.

> 땅 위에서는 손과 나그네로 있었다는 것을 인정하였습니다. 그들은 이렇게 말함
> 으로써 자기네가 본향을 찾고 있다는 것을 분명히 밝혔습니다. 그들이 떠나온
> 곳을 생각하고 있었다면, 돌아갈 기회가 있었을 것입니다. 그러나 실상 그들은
> 더 좋은 것을 갈망하고 있었습니다. 그것은 곧 하늘 나라였습니다. 그래서 하나
> 님께서는 그들의 하나님이라고 불리는 것을 부끄러워하지 않으시고 오히려 그
> 들을 위하여 한 도시를 마련해 주셨습니다.(히 11:13-16)

땅 위에서의 삶은 손과 나그네의 삶이다. 지금 우리의 삶은 본래 누려야
할 삶과는 거리가 있다. 고향은 우리에게 삶의 모든 것을 제공해 준다. 그
러나 우리가 그 고향에 머물러 있다면 그는 사실 고향이 없는 사람이다.
고향은 떠나야 있게 된다. 마치 춘천에 사는 사람을 춘천댁이라 부르지 않
듯이 떠남이 없는 사람은 고향도 없다. 인간에게는 확실히 존재 깊은 곳에
손과 나그네로 살아가는 낯 설음이 있다. 이것은 어딘지 모르게 타향에 던
져진 것 같은 외로움이며, 채워지지 않는 깊은 갈증이기도 하다.

프로이드와 융이 보는 본향

프로이드는 인간 마음의 고향을 생후 18개월까지의 기간에 어머니나
아버지에 대해 느끼는 사랑이라고 보았다. 이때 남자 아기는 어머니를,
여자 아기는 아버지를 자신의 사모하는 대상으로 삼는다고 한다. 이것이
그 사람의 이상향이 되고 마음의 고향이 된다. 이것은 후에 그 사람의 이
성관이 되기도 하는데 세상에 엄마와 같이 아빠와 같이 완벽하게 자기를

이해해 주는 사람이 없기 때문에 갈등을 겪는다.

칼 융은 인간의 고향을 유아기 이전의 시대, 경험이전의 시대로 끌고 내려간다. 거기에는 절대자 신과의 만남이 있다. 인간은 이것을 마음의 고향으로 삼으며 그리워한다. 인간의 마음속에 채워지지 않는 영원한 갈증이 있는데 그 배후에는 신과의 만남이 있다고 한다. 어린 시절이지만 인간의 경험에는 한계가 있다. 부모에 대한 경험이 좋지 않을 수도 있다. 부모 역시 인간이 지닌 한계를 가지기 때문이다. 그러나 융의 분석대로 경험이전의 무의식의 세계는 경험으로 만나는 부모를 판단할 수 있는 모상이기도 하다. 오랜 인류의 원초적 경험이 그 판단의 모태이며 신화적 세계의 원형으로 우리 안에 자리한다.

경험 이전의 신화적 세계는 실감으로 다가오지 않지만, 인간에게 꼭 경험하는 세계만 있는 것이 아니다. 뱀에 물려본 경험을 가진 사람만 뱀을 무서워하지는 않는다. 그런 경험이 없어도 우리는 무의식 속에서 뱀을 경계하고 두려한다. 인간의 무의식 속에는 이런 신화적 세계로부터 물려받은 많은 상징들이 자리하고 있다. 오히려 인간을 움직이는 훨씬 많은 부분은 이런 무의식의 세계에서 온다. 이런 신화적인 무의식은 인간이 본래 하나님과 함께 살던 경험이며, 우리 모두가 완전한 합일을 이루며 살던 경험이다. 이것이 인간이 갖는 영원한 종교성이다. 인간은 이 근원적, 원초적 경험을 마음의 고향, 본향으로 삼고 자기의 이상향으로 그리워한다.

인간이 추구하는 것은 이 상실된 관계의 회복이다. 절대자와의 완전한 합일, 그분 안에서의 편안한 쉼과 동시에 그분에게서 이탈된 불안을 가지고 산다. 이런 그리움과 갈증을 채우기 위해 우리는 남에게 인정받으려고 하고 타인의 사랑을 얻기 위해 애를 쓴다. 이것 때문에 우리 인간은 사랑하기도 하고 이성을 그리워하기도 한다.

프로이드는 성의 그리움, 어머니, 아버지의 그리움을 그 본향으로 삼았지만 융은 인간과 절대자의 만남, 하나님에 대한 그리움으로 승화시켰다. 인간의 본래적인 삶은 개체분화 이전에 공동체적인 삶, 함께 어우러지는 삶에 있다. 모두가 하나가 됨으로서 완벽한 이해와 사랑이 존재하는 어떤 곳이다. 융에 의하면 우리가 찾는 인간에 대한 갈망과 사랑은 본래 하나님께로 돌아가기 위한 그리움의 그림자이다. 거룩한 것이 오면 희미하게 보이던 것들은 사라질 것이다.

아버지의 땅, 아버지의 나라

히브리서의 본향은 "파트리스(patris)"인데 그것은 '파트로스(patros, Father)로 문자적인 의미로는 '아버지의 땅, 아버지의 나라'를 뜻한다. 본향은 땅 위에 존재하는 어떤 곳이 아니다. 만약 그렇다면 그 조상들은 시간이 걸리더라도 그곳으로 돌아갈 수 있었을 것이다. 내가 태어나고 자란 장소, 우리가 세상에 사는 동안 잠시 몸 붙여 사는 장소가 '고향'이라면, 본향은 이와도 구별된다. 본향은 보다 근본적인 보금자리, 영원한 안식처를 뜻한다.

필자는 "하늘나라가 만약 죽음 후에 가는 나라라면 우리가 살아서 관심할 바는 아니다. 그것은 전적으로 하나님께서 은총으로, 선물로 주시는 영역이기 때문에 우리의 관심 밖이다. 오직 우리가 관심해야 할 것은 이 땅에서 우리가 이루어 내는 하나님 나라, 아버지의 나라"라고 말했다. 그러나 하늘나라는 삶과 죽음을 경계로 갈리지 않는다. 지금도 우리는 하늘나라를 그리워하고 있고 이 그리움은 우리의 현재의 삶에 중대한 영향을 미치고 있다. 우리는 우리 존재의 심연에서 절대자이신 하나님, 하나님과의 만남을 갈급하고 있다. 우리에겐 그분을 향한 목마름이 있다. 하늘나라의 삶은 지금 우리에게 영향을 미치고 있으며, 우리에게 그 영원한 삶의 한 자락을 드리워 준다. 하늘나라는 그 나라를 그리워하는 모든 사람에게 나타나 있고 그것이 하늘나라를 이루어가는 과정 중에 하나이다.

대학시절에 은사님께서 고향을 설명하며 들려주신 서부영화의 이야기이다.

"평화로운 마을에 악당들이 나타나 쑥대밭으로 만들어 놓는다. 그들의 만행이 극에 달하자 신부 한분이 마을 주민들과 함께 마을을 지키기 위해 악당들과의 결투에 나선다. 그러나 언제나 당할 뿐이다. 마을 주민들과 악당들과의 대결전의 날이 임박했는데 서부의 사나이로 명성을 날리던 총잡이 케리쿠퍼가 흙먼지 바람을 일으키며 등장한다. 이 낯선 객에게 악당들의 이유 없는 희롱과 공격이 진행되고 마침내 우리의 주인공, 의리의 사나이 케리쿠퍼가 이 싸움에 개입한다. 그러나 그 이름만 들어도 간담이 서늘해지는 총잡이 케리쿠퍼에게 악당들은 이미 적수가 아니다. 그 일당이 추풍낙엽과 같이 정리되고 마지막 남은 악당 두목과의 일대일 결투의 장면이 전개된다. 서부영화에서 늘 그렇듯이 이럴 때는 석양이 뉘엇뉘엇 진다. 지평선 라인에 주인공과 악당의 두목이 노려본다. 그냥 쏴도 될 텐데 서로 한참을 노려본다. 마침내 정적이 멈추고 양쪽이 동시에 움직인다. 동시에 총에서 불이 뿜어졌는데, 애석하게도 우리의 주인공 케리쿠퍼가 쓰러진다. 그러나 석양의 빛이 반짝하고 비치는 순간 늠름하게 버티고 서있던 악당의 허리가 구부정해지면서 달팽이 꼬부라지듯 무너진다. 주변의 사람들이 주인공에게로 달려간다. 사람들이 그를 에워싼다. 목사님의 품속에서 마지막 숨을 거두며 하는 주인공의 말이 퍽 인상적이다.”

"목사님, 목사님은 언제나 돌아갈 고향이 있으시지요. 저 같은 떠돌이도 목사님의 고향에 함께 초청해 주십시오.”

그렇다 우리 그리스도인들은 언제나 돌아갈 고향이 있는 사람들이다. 영원한 본향, 그 평화의 고향이 항상 우리들 가슴속에 존재한다. 하나님께서 먼저 우리를 주목해 보시고 우리를 너무 사랑하신 나머지 자신의 이름마저 버리고 우리의 이름으로 하나님 자신을 표시하셨다. 하나님은 자신의 이름을 “아브라함의 하나님, 이삭의 하나님, 야곱의 하나님”으로 나타내셨다. 하나님께서는 자기의 이름을 주장치 않으시고 아브라함, 이삭, 야곱의 이름을 빌어서 자신을 표시하신다. 저 뵈는 본향에서 우리는 그리던 주님을 얼굴과 얼굴을 맞대고 볼 것이다. 거울을 통해서 보듯이 보지 않고(그 당시 거울은 동판을 갈아서 만든 것이기에 희미하게 보인다) 얼굴과 얼굴을 맞대고 볼 것이다. 하나님께서 우리에게 언제나 돌아갈 수 있는 고향을 마련해 주셨다. 그 본향에서 우리는 우리를 사랑하셔서 자신의 이름마저 버리신 그분을 얼굴과 얼굴을 맞대고 볼 것이다.

함께 생각 나누기〉

* 히브리서는 여러 가지 예수 그리스도에 고백이 나온다. 어떤 고백들이 있는가를 살펴봅시다.

* 예수께서 단번에 완벽한 제물이 되셨다는 고백은 무엇인가 이야기 합시다.

* 용산참사나 세월호 가족들이 가족들의 안타까운 희생을 거룩한 죽음으로 지켜가고자 하는 투쟁과 예수의 제자들이 예수의 죽음을 보는 관점에 어떤 유사점이 있는가를 이야기 합시다.

* 우리가 성경 말씀을 해석하는 것이 아니라 성경 말씀이 우리를 해석한다는 말에 대해서 우리 삶에서 경험한 바를 함께 나누어 봅시다.

* 믿음 장이라고도 하는 히브리서 11장을 읽어 보고 우리가 세상을 보는 토대와 히브리서가 세상을 보는 토대가 어떻게 다른지에 대해서 이야기 합시다.

* 고향과 본향의 차이점에 대해 살펴보고 우리들의 마음에 품고 있는 고향과 본향에 대해서 이야기 합시다.

생명을 품은 말씀

태초에 말씀이 계시니라 이 말씀이 하나님과 함께 계셨으니 이 말씀은 곧 하나님이시니라 그가 태초에 하나님과 함께 계셨고 만물이 그로 말미암아 지은 바 되었으니 지은 것이 하나도 그가 없이는 된 것이 없느니라 그 안에 생명이 있었으니 이 생명은 사람들의 빛이라.(요 1;1-3)

먹는다는 것은 얼마나 경이로운 일인가? 필자가 산티아고 순례 길을 걸을 때, 아무도 없는 길에 혼자 앉아서 간식을 먹고 있으면 그 앞에 새들이 날아와 기다리고, 마을 근처면 개들이 다가와 나란히 앞에 앉아서 기다린다. 낯선 땅, 전혀 다른 종간(種間)에 만남이 이루어지는데, 그 매체는 조그만 빵 조각 하나이다. 그 작은 것으로 서로 교류할 수 있다는 것은 놀라운 경험이었다. 문득 깨달은 것은 어느 정도 자기 배가 채워지면 먹는 것은 그 자체가 목적이 아니라 그것을 통해 나누고 사귀는 도구가 된다는 깨달음이었다.

전혀 말이 통하지 않는 외국인이고 남과 말을 섞거나 간섭하는 것을 꺼리는 사람이라도 그들과 어쩔 수 없이 마음을 열고 소통하게 되는 경우가 있다. 약이 필요한 경우다. 긴 순례길이기에 몸이 아파서 고생하는 경우가 있다. 발이나 관절통, 배앓이, 두통 등이 흔하게 온다. 그 때 내가 가지고 있는 약은 모든 사람의 마음 문을 열게 하는 사랑의 묘약이 된다. 지금 코로나 상황은 이를 증명해 준다. 방역 한국의 위상이 격상한 것을 실감

한다. 필요한 것을 나누는 것이 우호적인 소통을 연다. 이 세상의 물질은 나눔과 소통의 창구이다. 아무도 필요하지 않고 아무 것도 결핍하지 않다면 소통은 불가능하다. 저마다 자기 잘난 맛에 사는 살벌한 세상이 될 것이다.

순례의 길에서 인간적 조건에 대한 구분은 최소화된다. 아무리 부자라도 그가 쓰는 물건은 자기가 멜 수 있는 배낭 안의 양 만큼이다. 현학적인 지식들도 무용하다. 단지 먹고 걷고 서로의 발을 보호하는 일에 하나가 될 뿐이며 서로의 표정과 몸짓을 통해 우리가 알아차리는 신호는 상대가 나에게 호감을 가졌나, 나를 싫어하는 가뿐이다. 그것은 동물과의 교류에도 통한다.

나는 그것이 가장 기본적인 언어라고 생각했다. 서로의 눈치로 나의 행위가 호감을 주었는가, 상대방이 내게 좋은 마음을 가졌는가를 살피는 것이 가장 기본적인 의사소통이고 언어의 기능이라고 생각한다. 고정희 시인은 밥에 이러한 성격을 깊이 성찰하고 노래했다.

평등하라 평등하라 평등하라
하느님이 펼쳐주신 이 땅 위에
하녀와 주인님이 살고 있네
하녀와 주인님이 살고 있는 이 땅 위에서는
밥은 나눔이 아니네
밥은 평화가 아니네
밥은 자유가 아니네

밥은 정의가 아니네 아니네 아니네
평등하라 펼쳐주신 이 땅 위에,
하녀와 주인님이 사는 이 땅 위에서는

하나 되라 하나 되라 하나 되라
하느님이 피 흘리신 이 땅 위에
강도질 나라와 빼앗긴 나라의 백성이 살고 있네
강도질 나라와 빼앗긴 나라 백성이 사는 이 땅 위에서는
밥은 해방이 아니네
밥은 역사가 아니네
밥은 민족이 아니네
밥은 통일이 아니네 아니네 아니네
하나 되라 펼쳐주신 이 땅 위에,
강도질 나라와 빼앗긴 백성이 사는 이 땅 위에서는

아아 밥은 가난한 백성의 쇠사슬
밥은 민중을 후려치는 쇠사슬
밥은 죄없는 목숨을 묶는 오랏줄
밥은 영혼을 죽이는 총칼

그러나 그러나 여기 그 나라가 온다면
밥은 평등이리라
밥은 평화

밥은 해방이리라

하느님 나라가 이 땅에 온다면

밥은 함께 나누는 사랑

밥은 함께 누리는 기쁨

밥은 하나 되는 성찬

밥은 밥은 밥은

함께 떠받치는 하늘이리라

이제 그 날이 오리라, 여기

그 나라가 오리라, 기다림

목마르네 목마르네 목마르네(고정희 시인의 '밥과 자본주의')

　　하녀와 주인님이 살고 있는 나라에서는 평등은 있을 수가 없다. 공산주의사회에는 계급이 있고, 자본주의 사회에서는 자본가와 노동자가 있으니 세상 그 어디에도 평등은 없다. 선진국에서 음식이 넘치고 넘쳐 그 쓰레기를 처지하지 못하고, 반면 가난한 나라 사람들은 굶어죽는 것이 우리의 현실이다. 이 세상의 물질을 대변하는 밥은 나눔과 소통의 창구다. 결핍은 나눔과 소통의 창구이며 기회이다. 아무도 필요하지 않고 아무도 결핍하지 않다면 소통은 불가능 할 것이며, 저마다 자기 잘난 맛에 사는 살벌한 세상이 되기 쉽다. 밥이 참다운 축제가 되고 참다운 평등이 되게 하는 세상을 만들어야 하는 책임은 밥에 있지 않고 우리들에게 있다.

》 (강남향린교회 강단 중에서)

9

요한계시록의 희망코드

미국 대통령이었던 조지 부시는 매일 아침 5시 반에 기상해서 새벽 기도로 하루를 시작하며 주1회 백악관 전체 기도회를 주관하여 성서를 읽게 했다고 한다. 그는 술은 절대 마시지 않고, 그가 집권한 후 회식조차도 몇 차례 없었으며, 기도로 하루를 마치는 '경건한⑦' 신자임에 틀림없다. 그는 요한계시록에 심취해 있고, 아마겟돈 전쟁의 도래와 악을 심판하는 열정에 사로잡혀 마침내 신앙의 이름으로 이라크를 침공했다. 계시록이 여러 종류의 사람을 만든다. 상징이 심하게 비틀어져 있는 책이기에 잘 해석하지 않으면 매우 위험하기도 하다.

묵시사상과 묵시문학

문학 장르로서의 묵시문학과 초기에 하나의 종교적 성향을 가리키는 표현으로서의 묵시사상은 구별된다. 묵시문학의 뿌리인 예언 전승에 대

해서는 이미 포로기 이후의 예언문학에서 다루었다.[1]

묵시문학은 그동안 역사 안에 존재하던 신뢰가 단절되었다는데서 출발한다. 묵시문학은 주로 가명을 사용한다. 이름이 주어져 있는 요한계시록을 제외하면 다른 모든 묵시문학은 어떤 성서 인물, 예를 들면 아담, 에녹, 아브라함, 모세, 이사야, 바룩, 에스라 등의 이름을 차용한다. 이렇게 가명을 사용하는 이유는 유대 사회의 지도층이 권위를 상실한 맥락과도 관계가 있다. 뿐만 아니라 성서와의 단절도 의미한다. 그동안 예언문학을 통해서 내려오던 역사 안에서의 구원이 이루어지리라는 기대는 무너졌기 때문이다. 변화가 아직 유효하다면 마지막 때에 일어날 하나님의 기적적인 개입만이 전환을 가져올 것이며, 이는 더 이상 성서 전승이 아니라 신적인 비밀 계시에서 나올 것이라고 생각했다. 이는 전통과의 단절을 의미했다. 묵시적 견해에 따르면 하나님은 이 비밀을 문서로 기록케 했다.[2]

묵시문학의 기원이 되는 결정적 사건은 안티오커스 에피파네스 4세에 의한 헬레니즘 문화의 강제와 그 이전에 일어난 사건 마그네시아의 학살(기원전 190년)에서 찾을 수 있다. 이를 외적 요인이라고 한다면 내적인 요인도 있다.

에피파네스의 극한의 폭력에 대항해서 마카비 형제는 혁명을 일으켜 성공하였다. 이로인해 유대는 그리스 제국 치하에서 유일하게 독립왕국인 하스몬 왕가를 유지할 수 있었다. 그러나 유대의 민족주의는 초반부

---

1) 김경호, 『포로기와 그 이후 예언자-위기 속에서 대안을 찾다』 대장간, 2021, pp.245-263.
2) Ekkehard W. Stegemann and Wolfgang Stegemann, op.cit., 239.

의 성공에도 불구하고 상황을 근본적으로 바꾸지 못했다. 문제를 오히려 내부로 끌고 들어오기만 했다. 세계에 대세가 된 헬레니즘 문화의 유혹에 대해 개방하려는 세력과 여전히 이를 적으로 간주하는 쇄국적 민족주의의 경향이 충돌하면서 내부적 갈등이 걷잡을 수 없게 되었다. 이로 인해 야기된 내부 갈등은 유대 민족 전체의 희망을 봉쇄하고 무기력에 빠지게 했다. 묵시문학은 이런 역사적 무기력함의 경험을 바탕으로 한다.[3)]

묵시문학의 배경

이런 무기력의 경험은 철저하게 역사에서 도피하려는 초월주의적 성향과 이와는 정반대로 비밀 결사를 만들어 적극적으로 역사에 참여하는 경향으로 나누어졌다.

2세기 초에서 중엽에 로마의 황제숭배가 강요된다. 로마는 지배이데올로기를 강화하고 국가를 신격화여 전 세계에 황제의 신상을 세우고 숭배를 꾀한다. 황제에게만 "주님, 하나님"이라는 호칭을 쓰게 하고 황제에게 바쳐지는 의식과 경배는 적법한 시민권자를 가려내는 표지가 되었다. 상업을 하고 자신의 직책을 유지하려면 황제숭배는 기본 전제조건이었다. 로마는 황제의 신상이 세워진 도시들에 정치, 경제, 문화 등에 특혜를 주어 도시의 발전을 꾀하게 하였다. 기독인들은 황제에게 경배할 것인지 아니면 우상숭배를 거부하고 순교할 각오를 할 것인지를 선택해야했다.

이러한 현실 속에서 사람들은 초현세적이고, 탈 역사적인 경향 속에 숨게 된다. 계시록도 얼핏 보면 그런 부류 같지만 사실은 정반대다. 그러나

---

3) Ibid., pp.240-244.

오늘날도 여전히 계시록을 탈 역사적인 책으로 마지막 때 나타날 우주의 드라마로 잘못 이해하는 사람들이 많다.

요한계시록의 저자는 밧모섬에 유배되었다.(1:9) 밧모섬은 대리석 채석장으로, 세계 각국에서 잡혀온 노예들이나 죄인들이 유배되어 강제노동을 하던 곳이다. 저자 자신이 고난 받는 민중의 한가운데 있다.

이때는 로마의 전성기 7황제 중 6번째인 도미티안 황제 시기이다. 그는 잔인하고, 자신의 숭배를 강요하며, 과대망상증 환자였다. 저자는 주후 95년 도미티안에 의해 유배된 후에 네르바(Nerva)가 황제가 된 뒤 18개월 후에 풀려났다. 저자가 겪는 고난은 요한 개인의 고난이 아니고 요한공동체의 수난을 대표한다.

요한계시록

묵시는 비밀언어이다. 농경기반을 둔 고대사회의 민중언어로서 자신의 불만과 희망을 말한다. 그들은 고난 받는 요한 공동체에 '희망과 격려'를 주기 위해 이 편지를 썼다. 그러나 계시를 이용해 자신의 사욕을 채우려는 자들이 좋아하기도 한다. 그들은 해석의 폭이 넓은 계시록을 자의적으로 해석해서 희망과 격려보다는 현실도피와 두려움을 갖게 만든다.

요한 계시록은 기독교내에 초월적 경향에 기대는 자들에게 항거한다. 그들은 기독론을 왜곡하여 구원의 책임을 모두 예수의 등에 걸머쥐고 그에 업혀 가려한다. 교리화되고 추상화되는 기독교는 예수가 권력자들에게 죽임을 당한 경험을 술잔과 세례의 상징으로 바꾸어버렸다. 그리고 그 성례전 뒤에 숨어서 우리들의 참여나 희생없이 예수가 우리를 위해 죽었

음을 반복해서 기억이나 하는 것으로 바꾸어 버렸다.4)

하지만 요한계시록은 사탄이 하늘에서 추방되는 것이 예수의 일이 아니라, 그의 제자들이 미가엘 대천사와 함께 거룩한 협력을 얻어 한 일이며, "어린 양의 피와 그들이 증언한 말씀으로, 악마(Dragon, Satan)를 정복했다"고 한다.(계 12:11)5) 그들은 영(靈)의 자유를 선택한다. 기독인들은 막강한 힘을 가진 로마와는 감히 견줄 수 없지만, 그들은 신앙의 눈으로 자신들이 로마를 심판하고 궁극에 승리할 것을 미리 내다보며 거룩한 투쟁에 나선다.

계시록은 크게 1-11장까지와 12장부터 나머지 부분으로 나눌 수 있다. 계시록이 11장에서 끝난다고 하더라도 별로 어색하지 않다. 이것은 별개의 두 개의 책으로 엮어졌다가 나중에 합해진 것으로 볼 수 있다. 첫 번째 자료는 네로의 박해 때 형성된 것으로 보인다. 서로 중복된 부분이 있는 것도 그런 이유이다.

첫 번째 부분(1-11)은 유대주의로부터 기독교를 지키기 위해서 쓰여 졌다. 여기서는 기독교 신앙으로 구약을 다시 읽어낸다. 개막 환시(1장) 다음에 계시록 2-3장에는 황제숭배와 타협한 일곱 교회에 보내는 편지가 나타난다. 4장 이후의 장들은 구체적인 문제에 봉착한 교회를 생각하고 주는 메시지이다.

두 번째 부분(12-20)은 거대한 제국 로마의 박해로부터 지켜내기 위해 쓰여 졌다. 12장은 로마의 박해에 맞서는 새로운 시작을 나타낸다. 마지막 두 장은 역사의 성취를 전해주는 아름다운 마무리이다.

대개 요한 계시록은 먼 미래의 나타날 세상과 우주의 운명을 다루는 책

---

4) Walter Wink, *The Human Being: Jesus and the Enigma of the Son of the Man*, 205.
5) Ibid., 204

으로 여겨진다. 계시록을 비서(祕書)로 해석하여 하나님의 미래의 프로그램과 그 종말의 때를 셈하는 잘못된 종파들이 수없이 탄생하고 사라졌다. 그러나 계시문학은 미래의 삶이 아니고 지금 여기서의 구원을 말하는 책이다. 그들이 오늘 우리가 사는 21세기의 상황을 미리보고 말한 것이 아니다. 그들은 자신의 시대에 일어난 일을 말하며, 자기 시대의 사람들이 가져야할 희망에 대해서 말한다.

요한계시록의 구성

요한계시록은 일곱 봉인(6-7장), 일곱 나팔(8-11장), 일곱 잔(16장). 일곱 복(福)등의 구조는 메노라(일곱 촛대)의 구조를 하고 있다. 계시록 전체의 구성도 일곱 부분으로 나눌 수 있다.

> 1. 서신형식의 인사말(1:1-8)
> 2. 심판 때의 공동체(1:9-3:22)
> 3. 하나님과 그리스도의 통치(4:1-9:21, 11:14-19)
> 4. 공동체와 그 적대자들(10:1-11:13, 12:1-15:4)
> 5. 바벨론/로마의 심판(15:5-19:10)
> 6. 최후의 심판과 구원(19:11-22:9)
> 7. 서신형식의 결어(22:10-21)

요한계시록에 나오는 경고와 세상의 질서의 무너짐 그리고 생태적인 경고는 인간과 하나님 사이에 무너진 관계를 말하며 이는 특히 창세기의 창조이야기를 거꾸로 하는 창조 파괴이야기를 담고 있다. 요한계시록에 나오는 7이란 숫자와 표징들은 창세기의 상징적인 7일을 정확히 거꾸로 하며 창조 세계를 파괴하는 세력에 대해 경고한다.[6]

계시록을 쓴 사람이 요한복음을 쓴 저자인가는 정확하지 않다. 요한복음에 중요한 주제로 쓰이는 빛, 어둠, 진리, 사랑 등의 개념이 계시록에는 강조되지 않는다. 하지만 서로 상통하는 점이 있다. 부활하고 영광을 받으신 그리스도가 공통의 중심이다. 그리고 죽음, 생명, 증언, 생명의 물, 등은 두 곳에 공통적으로 나타난다.

예수가 충실한 증인으로 표명된 것은 그의 죽음을 통해서이다. 그는 죽음에 대해 말한다. "나는 처음이요 마지막이며 살아있는 자다. 나는 한 번은 죽었으나 보아라 영원무궁하도록 살아있어서, 사망과 지옥의 열쇠를 가지고 있다."(1:18-19)고 한다. 그분은 죽은 자들 가운데서 제일 먼저 살아나서, 부활을 통하여 땅위의 모든 왕들의 지배자가 되신 유일한 주님이시다. 지상의 황제들은 그분께 종속될 것이다.(1:5)

계시록에 의하면 온 우주에 미치는 하나님 통치의 확립은 세 단계로 일어난다. 첫단계는 그리스도를 등극시킴으로 하늘의 권세를 장악하고(5장) 용을 땅으로 추방한다.(12:5) 둘째 단계는 그리스도의 파루시아(재림)이다. 사탄은 땅에서 축출된다. 사탄의 지배에 굴복하기를 거부한 사람들은 이제 땅위에서 그리스도와 더불어 다스린다.(20:4-6) 마지막 셋째단계에서는 하나님의 통치가 확립된다. 사탄, 죽음과 지옥(하데스) 권세의 파멸을 가져온다. 이제야 비로소 새로운 창조세계가 보이는 현실이 되는데 그것은 온

---

6) Catherine Keller, Climate, Democracy and Other Last Chances, 『묵시적 종말에 맞서서』, 한성수 역, 한국기독교연구소, 2021. 89

우주가 다시 하나님에게 속하기 때문이다.[7]

일곱 교회, 일곱 봉인, 일곱 나팔

일곱교회는 소아시아(지금의 터어키)의 일곱 교회들이다. 피오렌자(E. S. Fiorenza)는 대부분의 계시문학이 한 그룹의 소외와 압제의 경험에서 비롯되었다고 말한다. 요한계시록은 황제의 악한 불의와 핍박 앞에 무기력한 희생자일 수밖에 없는 소아시아의 교회들에게 위로와 격려를 제공하기 위해 썼다. 계시록에 언급된 소아시아의 대부분의 도시들은 로마 시민종교의 중심지였다. 더욱이 그들은 회당에서 쫓겨났기 때문에, 그리스도인은 공인된 종교의 지위를 주장할 수 없었다.

버히(Allen Verhey)에 의하면, 교회는 자신을 이미 하나님의 나라로 이해했고, 도미티안 황제의 제국에 반(反)하는 나라로 이해했다고 한다. 그들은 황제보다는 그리스도를 주님으로 인정하며, 그들의 찬송은 예전적일 뿐만 아니라 정치적이다.[8] 교회가 통치하리라는 약속은 도미티안 황제와 같이 화려함과 특권으로 통치하는 것과는 정반대로 어린 양의 죽음과 인내를 통해서 이루어진다.

에베소(2:1-7)는 당시 거주민이 25만 명에 이르는 아시아에서 첫 번째 가는 도시다. 에베소 교회는 첫 번째 사랑을 버렸기에 촛대를 옮기겠다고 질책 받는다. 서머나 교회(2:8-11)는 환란을 견딜 경우 생명의 면류관이 주어질 것이며, 버가모(2:12-17)에는 "사탄의 왕자"가 있다. 아마도 그 도시

---

7) E. S. Fiorenza, "요한계시록의 역사와 종말론"『밀레니엄과 종말론』(서울 : 한국신학연구소, 1999), 302쪽.
8) Allen Verhey,『신약성경 윤리』김경진 역, 솔로몬, 1997, 312.

에 황제의 신상이 있고 황제 숭배가 극심했던 것으로 보인다. 교회가 그리스도의 입에서 나오는 칼로 싸우면 승리자에게는 감추어진 만나와 흰돌이 주어진다. 그 돌에는 새로운 이름이 새겨질 것이다. 두아디라(2:18-29)는 이세벨이라는 여자와 음행한 죄를 묻는다. 이세벨이 바알 숭배를 의미하며 이교도의 신전에서 행해지는 신전 창기와 관련이 있을 것이다. 사데(3:1-6)교회는 실제 살아 있으나 죽은 것이라 질책하며 회개하고 깨어 있으라고 한다. 하지만 이기는 사람은 흰옷을 입고 생명책에 기록될 것이다. 필라델피아(3:7-13)교회는 월계관과 새로운 이름의 주제가 다시 나타난다. 라오디게아(3:14-22) 교회는 덥지도 차지도 않으며, "너는 풍족하여 부족한 것이 조금도 없다"고 책망 받는다.(3:17)

라오디게아 교회는 가장 풍요하고 모든 것이 안정적이어서 자만심에 가득했다. 이 교회는 모든 것이 여유가 있어 자기 자신을 신뢰하고 그 누구에게도 매이려고 하지 않는다. 그들은 자부심이 높지만 새것을 싫어하고 변화를 두려워한다. 그들은 "가장 안정적인 것이 하나님이다"고 외친다. 그러나 이 세상의 조건으로 풍요를 누리는 것들에 대해 "실상 너는, 네가 비참하고 불쌍하고 가난하고 눈이 멀고 벌거벗은 것"이라고 말한다.(3:17) 그들은 뜨겁든지 차든지 선택할 필요가 있다.

4장부터 11장까지는 당대의 문제들에 과감히 맞서는 교회들에게 주시는 메시지이다. 일곱 인을 찍어 봉인한 두루마리를 누가 펼 것인가(5:2)라고 묻는데, 그 밀봉된 책은 오시는 메시아만이 열 수 있으며, 그분은 바로 "죽임을 당한 어린 양"이다. 어린양이 승리자이신 것은 십자가의 옥좌에 올라가면서이다.

일곱 봉인(6:1-8:5)

그 다음은 일곱 봉인에 대한 말씀이다. 특별히 어린 양인 사자가 일곱 봉인을 떼는 장면(6-8장)은 로마의 권력과 법규의 네 가지 측면을 보여준다. 그것은 군사적 확장 정책, 시민의 투쟁과 전쟁, 가난한 자들이 생계를 유지할 수 없게 만드는 인플레이션, 그리고 죽음(6:1-8)이다.

첫 번째 네 봉인은 흰 말, 붉은 말, 검은 말, 푸른 말에 대해 언급한다. 흰말은 승리, 순수, 종말론적인 행복을 상징하고 나머지 말들은 일반적으로 불행을 예고한다. 붉은 말은 전쟁과 유혈을 상징하며 사람을 죽이는 자로, 로마의 평화(pax romana)라는 폭력을 암호화한다. 검은 말은 기근과 불황, 푸른 말은 죽음으로 페스트를 상징한다. 검은 말을 탄 사람은 경제적 불의를 폭로한다. 손에 저울을 들고 있었는데, "밀 한 되도 하루 품삯이요, 보리 석 되도 하루 품삯이다. 올리브기름과 포도주에는 해를 끼치지 말라"(계 6:6)고 말하였다. 이것은 노예들의 임금, 그 것을 가지고 살아갈 수 없는 급료를 말한다. 한편 올리브기름과 포도주는 지중해 지역의 사치스러운 무역 상품들이었다.[9]

이 상징에 대해서 붉은 말은 공산주의이고 검은 말은 산유국이라는 식으로 말하는 사람들이 흔한 데, 그것은 오류이다. 그때에는 공산주의도 산유국도 없었다. 오늘의 시대를 사는 사람이 자기 경험을 성서에 투입하여 자의적인 해석을 하여 자신의 말에 신적인 권위를 부여하는 것에 불과하고 이는 극히 위험하다. 이러한 상징들이 그때 어떤 의미로 쓰였는가가 해석에 중심이 되어야 하며 그러한 상징들이 밝혀지기 전에는 해석하지

---

9) Catherine Keller, op.cit., 69.

않고 밀봉한 상태로 놔두는 것이 옳다.

다섯 번째 봉인은 종교적인 박해에 대한 것이다. 이 박해는 하늘로부터 보여 지는데 성도들은 소리친다. "우리가 얼마나 더 기다려야합니까?"(6:10) 그들은 하나님의 정의가 내려지기를 애태우며 기다리고 청원한다. 다섯 번째 인은 올바른 심판을 부르짖는 순교자들의 상징으로 정의로운 척하는 로마법의 이면을 드러낸다.

여섯 번째 봉인은 심판의 시작을 보여준다. 봉인이 열리자 지진이 일어나고 해는 검게 변하며, 달은 핏빛이 되고 하늘의 별들이 떨어진다. 이 때 하늘은 두루마리 말리듯이 사라지고 모든 산과 섬은 제자리에서 옮겨진다. 그리고 사람들은 "우리를 어린 양의 진로로부터 숨겨 달라"고 소리친다. 이 때 천사들이 나타나 하나님의 도장을 종들의 이마에 찍는다. 이 때 도장 찍힌 사람들은 144,000명으로 구원받은 사람의 수를 가리킨다.

십사만 사천

144,000이란 숫자 때문에 희한한 사이비 예언자들이 등장했다. 한 예로, "내가 어제 기도하는 중에 계시를 보았다. 144,000명이 이제 거의 차고 마지막 열 명만 남았는데 어제 독일에서 또 한명이 생명록에 기록되었다." 이런 이야기를 듣는 사람들은 꽹장히 마음이 급해진다. 남은 9장의 티켓을 따내기 위해 그들은 전 재산이라도 능히 바칠 수 있는 상태가 된다. 그러나 144,000은 제한된 숫자가 아니라 12x12x1,000의 숫자이다. 유대인들에게 12와 1,000은 유대 문화에서 가장 완전함을 가리키는 완전 숫자이다. 그런데 이를 제곱하고 서로를 곱하는 것은 최고의 완전한 구원 즉 그에게로 오는 모든 사람을 완벽하게 구원하신다는 뜻이다. 과

거의 유대종교가 12지파의 유대인으로 부터 탄생된 것이라면 이제부터 교회는 종족의 구분 없이 모든 사람에게 개방된다는 의미이다.

일곱째 봉인은 "각 나라"(7:9)로부터 나온 하나님의 나라, 즉 반(反) 제국에 대한 보호와 구원, 그들의 원통함을 풀어줄 완성된 나라를 보여준다.

일곱 나팔(8:6-11:19)

첫 번째 네 개의 나팔이 울리자 재난이 땅위에 엄습한다. 나팔이 울릴 때 마다 무서운 외침소리로 예고되는데 이것은 당대의 사건들을 나타내는 것 같다.

첫째 천사의 나팔 소리가 울리니 우박과 불이 피에 섞여 땅에 떨어지고, 땅의 삼분의 일, 나무의 삼분의 일이 타버리고 푸른 풀이 다 타버린다. 지구 온난화와 건조한 공기로 인해 지금 지구는 기록적인 죽음과 파괴를 가져오는 산불로 고통을 겪고 있다. 캘리포니아의 산불, 아마존 지역의 방화, 그리고 오스트리아에서는 산불로 20%의 숲이 불타버렸다. 이런 산불은 북극까지 퍼져서 대화재의 지옥은 수천억 그루의 나무들을 삼켜버렸다. 말이 없는 나무들은 산소생성으로 우리의 호흡을 지원해 줄 뿐만이 아니라 대기권에서 치명적으로 많은 탄소를 끌어내려 흡수한다. 이런 지구온난화의 악순환의 피해는 제2차 세계대전 이후 본격화된 인류세(Anthopocene)에 이어 산불세(Pyrocene)라고 부르기도 한다.[10]

세라고 부르는 것은 그 시대의 특징이 지층으로 남을 수 있을 정도의

---

10) Ibid.,79

현저한 특징을 가진 지질 시대를 뜻한다. 이는 인류가 지구 환경에 큰 영향을 미친 시점부터를 별개의 세로 분류한다. 인류세를 대표하는 물질로 방사능물질, 대기 중의 이산화탄소, 플라스틱, 콘크리트등을 꼽는다. 혹은 약간은 과장을 섞어서 닭 뼈를 이야기 하는 사람도 있다. 지금 전 세계에서 양계로 키워내는 닭이 지구상 전체 조류의 숫자를 능가하기에 지층에 닭 뼈만 남을 것이라고 한다. 닭을 예로 들었지만 육류 위주의 식습관에 문제를 제기하는 뜻이기도 하다. 그런데 이에 이어 현세를 산불세 (Pyrocene)라고 부르는 것은 모든 나무들이 타버려 까만 숯 층이 되어 이 시대를 특징하는 지층이 된다는 뜻이다.

둘째 천사의 나팔 소리가 울리니 불타는 큰 산과 같은 것이 바다에 던져진다. 그래서 바다의 삼분의 일이 피가 되고 바다에 사는 생명이 있는 피조물들이 삼분의 일이 죽고 배들의 삼분의 일이 부서진다.(계8:8-9) 지구 온난화로 해양이 산성화되면서 물의 먹이 사슬의 맨 밑바닥에 있는 식물성 프랑크톤이 크게 위협을 받고 있는데, 이들은 바다를 위해서 뿐만 아니라 우리가 숨 쉬는 공기 속 산소의 절반 이상을 생산한다. 바닷물의 산성화는 바다의 생명들을 뒷받침하는 산호초의 1/3이 아니라 이미 1/2을 죽였다. 카리브해에서는 지난 30년 동안 80%의 산호들이 사라졌다. 적조, 해로운 조류가 극적으로 증가해서 미국 플로리다와 텍사스 해안들을 묵시적인 핏빛으로 물들였다.[11]

우리는 '바다에 던져진 산'을 매일 눈으로 확인한다. 요즈음 남극과 북

---

11) Ibid., 79.

극의 거대한 빙하 산들이 녹아 바다로 무너져 내리는 모습은 일상이 되었다. 바다의 삼분의 일이 피가 된다고 했는데 발생학 적으로 육지의 생물들은 본래 바다에서 올라왔기에 피는 우리의 근원인 바다의 성분과 매우 유사한 화학적 구성성분이다.

셋째 천사의 나팔이 울리니 큰 별 하나가 횃불처럼 타면서 하늘에서 떨어져 강들의 삼분의 일과 샘들 위에 덮친다. 그 별은 '쑥'이라하며, 물의 삼분의 일이 쑥이 되고, 그 물이 쓴 물로 변하여 많은 사람이 그 물을 마시고 죽는다. 그 때에 날아가는 독수리가 "화가 있다, 화가 있다 땅에 사는 사람들에게 화가 있다"하고 외친다.(계 8:10-11) 계시록의 이런 상황들은 마치 오늘 우리가 당하는 환경과 생태계 위협을 경고하는 메시지처럼 느껴진다.

지난 2백년 간 화석연료를 태워 발생한 이산화탄소가 바닷 속에 녹아들어가 바닷물이 30%보다 더 산성화 되었고 이것은 지난 5천만 년 동안 바다에서 일어난 변화보다도 더 빠른 독성화가 일어났다. 처음에 과학자들은 바다가 온실가스를 대기권에서 흡수해서 기후변화를 늦추어 줄 수 있으리라고 희망했다. 그러나 기대와는 다르게 이는 바닷물을 산성화 시켜서 해양생물들 대부분에게 치명적인 상태가 된다는 것을 깨달았다. 아프리카 니제르에서는 쉘(Shell) 회사가 석유를 뽑아 올린 것이 물을 독성화 시켜서 해마다 15만 명의 어린이들이 죽어간다. 뿐만 아니라 플라스틱 제품들이 바다로 밀려가 분해도 되지 않는 미세 플라스틱들이 다시 우리의 핏 속으로 들어오고 있다.

넷째 천사의 나팔이 나니 해와 달과 별의 삼분의 일이 빛을 잃고 낮과

밤의 삼분의 일이 빛을 잃는다. 우리는 코로나로 인해 잠시 맑은 하늘을 보았지만 지금은 다시 부옇게 빛바랜 하늘 아래 살아가고 있다.

다섯 번째 나팔이 울리자 아비소스(밑바닥이 없는 깊은 곳)이 열리게 된다. 그 바닥에서 메뚜기들이 올라와 땅에 퍼졌는데 그들은 전갈과 같은 권세를 가졌다. 그들은 이마에 하나님의 도장이 찍히지 않은 사람들만 해하라는 명령을 받는다. 아비소스의 사자는 왕으로 떠받들어졌는데 그들은 히브리말로 아바돈(파멸)이라 불리고 그리스말로는 아볼루온(파괴자)로 불린다. 아볼루온은 희랍의 신 아폴로와 비슷하다.

여섯 번째 천사가 나팔을 불자 사람의 삼분의 일을 죽일 이억이나 되는 숫자의 기마대가 나온다. 그들은 사람들을 공포에 사로잡히게 하며 소름 끼치게 한다. 이런 이야기들은 창세기의 창조이야기를 거꾸로 하는 "창조 파괴 이야기" 역할을 하며, 단지 위험의 선포만이 아니라 미래를 예고하는 힘을 휘두른다.[12]

10장에는 작은 두루마리에 대한 에피소드가 삽입되었다. 이 두루마리는 마지막 일곱 번째 나팔이 울리면 하나님의 비밀이 이루어지는데 그전에 이 두루마리를 삼켜야한다. 이 두루마리를 그리스도의 복음으로 보기도 한다.(10:7, 14:6)

마지막 일곱째 나팔이 울리자 하늘에서 큰 소리가 나고 "세상 나라는

---

12) Ibid., 88.

우리 주님의 것이 되고 그리스도의 것이 되었다. 주님께서 영원히 다스리실 것이다"는 소리가 울려나온다. 천성의 성전이 열리고 계약의 궤가 나타난다. 그것은 모세가 만들었던 궤이다.(출 25) 이제부터 모든 신앙인들은 일 년에 한번 대사제가 들어갔던 그 지성소에 들어가 직접 하나님을 대할 것이다. 이렇게 계시록의 첫 부분은 완결의 모양으로 제시된다. 그러나 이제 로마로부터 박해를 견디어야 하는 제2부가 시작된다.

천상의 그리스도-연인과 용

12장부터는 교회가 거대권력 로마와 맞서는 투쟁이 언급된다. 이제 하나님의 백성들은 로마의 박해로부터 하나님을 섬길 것인지 황제를 섬길 것인지 선택해야 하며 이러한 투쟁은 천상의 그리스도 탄생으로부터 시작된다.

하늘에 큰 표징이 나타났는데, 한 여자가 태양을 둘러 걸치고, 달을 그 발밑에 밟고, 열두 별이 박힌 면류관을 머리에 쓰고 있었습니다. 이 여자는 임신중이어서, 해산의 진통과 괴로움으로 울고 있었습니다. 또 다른 표징이 하늘에서 나타났습니다. 머리 일곱 개와 뿔 열 개가 달린 커다란 붉은 용 한 마리가 있는데, 그 머리에는 왕관을 일곱 개 쓰고 있었습니다. 그 용은 그 꼬리로 하늘의 별 삼분의 일을 휩쓸어서, 땅으로 내던졌습니다. 그 용은 막 해산하려고 하는 그 여자 앞에 서서, 그 여자가 아기를 낳기만 하면 삼켜 버리려고, 노리고 있었습니다. 마침내 그 여자는 아들을 낳았습니다. 그 아기는 장차 쇠지팡이로 만국을 다스리실 분이었습니다. 별안간 그 아기는 하나님께로, 곧 그분의 보좌로 이끌려 올라갔고, 그 여자는 광야로 도망을 쳤습니다. 그 곳은 하나님께서 천이백육십 일 동안 그 여자를

먹여 살리시려고 마련해 두신 곳이었습니다.(계 12:1-6)

　이것은 하늘에서 벌어지는 천상의 크리스마스에 대한 말씀이다. "하늘
에 큰 표징이 나타났는데, 한 여자가 태양을 둘러 걸치고, 달을 그 발밑에
밟고, 열두 별이 박힌 면류관을 머리에 쓰고 있었다."는 것은 요셉이 해와
달과 별이 절하는 꿈을 꾸었듯이 천하를 제압할 존재가 나타났다는 뜻이
다. 여인의 인물됨이 범상치 않다는 말로 시작한다. 달의 여신의 머리 주
위에는 별들이 돌고 있다. 12개의 별들은 고대의 12궁도의 배열을 환기
시켜준다. 하지만 지금 그 여인은 임신 중이며 해산의 진통과 고통으로
울부짖고 있다. 그리고 지금 그 앞에 머리 일곱과 열 개의 뿔을 가진 용이
도사리고 있다. 로마의 전성기 7황제와 주변 위성국 10나라를 의미한다.
여기서 7, 10은 꼭 그 숫자라기보다는 완전 숫자이다. 세상의 지배자인
왕권의 횡포가 극심하다는 의미를 숫자로 표현했다.

　그 용이 여인 앞에서 출산을 기다리고 있다. 이 용은 온 세계를 속여서
어지럽히던 늙은 뱀인데, 밤낮으로 하나님 앞에서 형제들을 무고하던 자
(계 12:9-10)로 로마제국에 대한 은유이다. 용은 아기를 낳으면 집어 삼키려
고 침을 삼키며 기다린다. 이것이 천상의 크리스마스 모습이다. 이 아기
는 쇠 지팡이로 천하를 다스릴 메시아이다. 모세는 나무 지팡이로 통치했
지만 그리스도의 통치는 영원하다는 상징이다.

　마침내 그 여자가 아들을 낳자 별안간 아기는 하나님께로 이끌린다. 그
완벽한 힘을 가진 용이 눈앞에서 기다렸지만 결국 그는 아무 손도 쓰지
못한 채 출산하자마자 아기는 승천한다. 이것은 천상의 그리스도의 탄생
이기에, 지상의 예수 탄생이야기와는 달리 그의 어린 시절, 수세, 고난. 십

자가등이 다 생략되었다. 있을 필요가 없다. 아기는 별안간 승천해서 사라졌다. 그러기에 이 이야기의 주인공은 아기가 아니다. 주인공은 바로 처음에 범상치 않은 시작으로 막을 연 여인이다.

여인이 누구인가? 메시야를 낳았으니 마리아인가? 지상의 예수를 낳은 분은 마리아지만 천상의 그리스도를 낳는 여인은 12:17에 언급된다. "그래서 그 용은 여자에게 노해서, 그 여자의 남아있는 자손, 곧 하나님의 계명을 지키며 예수의 증언을 간직하고 있는 사람들과 싸우려고 떠나갔습니다." 여인은 다른 자손들이 있고 그들은 바로 하나님의 계명을 지키며 예수의 증언을 간직하고 있는 사람들, 즉 지금 고난 받고 있는 성도들이며, 묵시를 쓰고 있는 교회이다. 그들은 자기들이 당하는 고난이 메시아를 낳고 있다고 이해했다.

이 여인은 하나님의 백성을 대표한다. 구약에서 하나님의 백성은 곧잘 여성적인 특성으로 인격화한다. 이사야는 여인에게 새로운 세상을 해산(解産)하도록 한다.(사 66:7) 요한복음에는 예수 자신이 그런 이미지를 취한다.(요 16:20-22) 제자들이 당하는 수난을 통해서 이 새로운 인간 곧 예수와 그분의 교회를 탄생시키는데 기여하게 된다. 여인은 갈보리의 비극(예수의 십자가)을 통해서 메시아를 출산하는 하나님의 백성이며, 교회이다. 격분한 사탄은 여인의 다른 자식들 곧 모든 신앙인들에게 달려들어 역사의 각 시대마다 그들과 투쟁할 것이다. 승리하신 어린양께서는 교회를 세상으로부터 떼어 놓는 것이 아니라 세상 한가운데로 들어가게 하신다. 하지만 하나님의 백성들은 그리스도의 보호 아래 있다.

그 고난은 천상의 그리스도, 정의로운 우주의 통치자를 낳는 고통이다. 예수의 십자가는 이어지는 그리스도의 오름의 과정을 여는 열쇠이다. 예수의 수난과 십자가는 부활, 승천, 하나님 우편의 통치, 재림으로 이어진다.

사도신조의 그리스도

사도신조는 "전능하사 천지를 만드신 하나님 아버지를 내가 믿사오며"라는 부분만 하나님에 대한 고백이고 나머지 대부분은 "그 외아들 우리 주 예수 그리스도를 믿사오니..."로 이어지는 예수 그리스도에 대한 고백이 다음과 같이 이어진다.

> 이는 성령으로 잉태하사 동정녀 마리에게 나시고, 본디오 빌라도에게 고난을 받으사, 십자가에 못 박혀 죽으시고 (음부에 내려가시고), 장사한지 사흘 만에 죽은 자 가운데서 다시 살아나시며, 하늘에 오르사, 전능하신 하나님 우편에 앉아 계시다가, 저리로서 산자와 죽은 자를 심판하러 오시리라.

이중에는 지상의 예수와 천상의 예수에 대한 고백, 즉 성육신하신 예수께서 이 땅에서 이루시는 일과 천상에서 이루시는 일로 나눌 수 있으며, 또는 개신교 신조에는 빠져있는 "음부에 내려가시고"까지 포함하는 그리스도의 내림(descending)의 과정과 부활, 승천, 다스림, 재림까지의 그리스도의 올림(ascending)의 과정으로 나눌 수 있다.

서구신학은 역사적 예수(지상의 예수)에 주목 하였지만 사실상 초대교회를 비롯해서 오랫동안 고난의 세월을 견디게 한, 기독교 신앙은 천상의 그리스도에 대한 신앙이다. 초대교회 박해 상황에서 그들이 가졌던 묵시적 신앙의 내용은 지상의 예수가 아니고 천상의 그리스도께서 하시는 의로운 통치를 기다리는 신앙이다. 이런 묵시적 신앙은 요한계시록 외에도 부활장(고전 15장)을 비롯해서 서신의 여러 곳에 언급된다.(살전 4:13-18, 고전 15:15-51, 고후 5:1-10, 빌 2:21-24, 엡 1:20-23, 고전 7:29-31, 고전 14:18, 고후 12:12)

예수는 "하나님 우편에 앉아 계신다"고 한다. 이것은 위치를 말하는 것이 아니고 그의 대리자, 대변인을 말한다. 고대 왕실에서 왕의 대변인이 우편에 앉아 통치를 대리하기도 하는 풍습에서 오는 말이다. "저리로서" 는 '그곳으로부터'라는 말로, 오셔서 우리를 다스리신다는 것인데 천상의 그리스도는 "모든 정권과 권세와 능력과 주권 위에, 그리고 이 세상뿐만 아니라 오는 세상에서 불릴 모든 이름 위에 뛰어나신 분이시며 하나님께서는 만물을 그리스도의 발아래 굴복시키시고, 그분을 만물 위에 교회의 머리로 삼으셨다"(엡 1:22-23)는 뜻이다. 폭력으로 얼룩진 세상의 권세를 굴복시키고 하나님의 의롭고 평화로운 통치를 시작하신다는 말이다. 이것이 초대교회가 가졌던 묵시적 신앙이다.

해산하는 여인의 고통

지금 묵시를 쓰고 있는 고난 받는 교회는 예수의 고난과 십자가의 아픔에 참여하는 것이고 그것은 예수께서 길을 여시고 첫 열매가 되셨듯이 천상의 그리스도를 탄생시키는 해산의 진통이다. 자신들이 당하는 고난은 영원히 왕노릇하실 그리스도의 정의로운 통치에 참여하는 것이다. 이것은 메시아를 낳는 고통이고 새 시대를 불러오는 십자가이다.

계시록을 초월한 영역에서 벌어지는 신화적 드라마로 생각하는 것은 잘못된 것이다. 마찬가지로 지나간 로마시대의 상징으로만 이해해서 과거의 화석으로 만들어 버리는 것도 성경을 죽은 책으로 만들어 버린다. 계시록은 교회가 그 시대(로마시대)에 박해받는 기록이지만 그들이 꿈꾸던 세상, 그리스도께서 모든 정권과 권세 위에 오르시어 정의로운 통치를 펼치는 세상은 아직 오지 않았다. 그러기에 그 나라가 임할 때까지 계시록의 상황은 아직 진행형이다. 해산하는 여인의 고통도 진행형이며 따라서 천상의 그리스도가 다스리시는 통치가 완성되는 것도 진행형이다. 그것이 묵시록 저자들의 성서이해이고 동시에 오늘을 사는 우리들의 상황이기도 하다.

1260일

마지막으로 여인들이 광야로 도망쳤는데 거기에는 1260일 동안 그 여인을 먹여 살리도록 하나님께서 마련하신 곳이 있었다고 한다. 여인이 광야의 보호처로 피신하였듯이 요한 자신은 섬으로 모종의 은신을 하고 있다. 상처가 깊은 상황에서는, 광야가 비통함, 요양, 치료를 위한 장소로 완벽한 치유의 환경을 제공한다. 계시록 여러 곳에서 1260일이라는 숫자가 나온다.

> 그 여자는 광야로 도망을 쳤습니다. 그 곳은 하나님께서 천이백육십 일 동안 그 여자를 먹여 살리시려고 마련해 두신 곳이었습니다.(계 12:6)

당시 한 달을 30일로 계산했기 때문에 달수로 하면 42달이다.

> 그 짐승은, 큰소리를 치며 하나님을 모독하는 말을 하는 입을 받고, 마흔두 달 동안 활동할 권세를 받았습니다.(계 13:5)

그 밖에도 여러 곳에서 반복되는데, 이런 상징은 다니엘서에서 유래한다. 다니엘서에는 한 때 두 때 반 때, 합하면 삼년 반인데 이는 달수로 42달이다.[13] 이렇게 날수를 정하시는 것은 몇 가지 뜻이 있다.

첫째 의미는 고난을 받더라도 그것은 이미 하나님께서 마련하신 보호 안에 있다는 것이다.

둘째는 악이 횡행하더라도 그가 활동할 시간은 제한되어 한계를 지웠다는 뜻이다. 1260일, 42달이라는 것은 악이 세도를 부릴 권세를 허락받은 데드라인(deadline)이다. 하나님께서 악에게 명백하게 한계를 정하셨다는 의미이다.

셋째 의미는 하나님께서 그 고난의 시간을 줄여주신다는 의미이다. 1260일이 조금 늘기도 하고 조금 줄기도 하는 변형들이 다니엘서에 많이 언급된다. 1290일(단 12:11)삼년 반 기간 중에 윤달이 낀 경우이다. 당시 달력은 일 년이 360일이었고 모자라는 날 수를 채우기 위해 5,6년에 한 번씩 윤달을 두어서 해결했다. 또 1335일(단 12:12)이 나오는데 이는 1260일에 달수로 두 때 반이 더해진 경우이며 1290일은 한 때가 더해진 경우이다. 이는 날자가 늘어난 경우로 기다리는 입장의 초조함을 반영한다. 또는 하나님의 사랑을 강조할 때, 줄어드는 경우도 있다. 2300주야(단 8:14)는 날 수로는 1150일이다. 이는 1260일에서 한 때 두 때 반 때(105일)를 뺀 날수 1155일에서 고통의 기간을 기왕 감해주시는 하나님께서 자투리 기간도 빼주신다는 희망이 1150일이 되는 비밀이다.

---

13) 김경호, op.cit., 286.

이 모든 날짜들의 기준은 삼년반인데 이는 7년을 반으로 줄인 기간이다. 7년은 복역의 해이다. 노예된 사람이 해방을 얻는 것도 7년이고, 부채 탕감을 해주는 것도 7년이며, 땅이 쉼을 얻는 것도 7년이다. 새것이 일어나려면 7년을 기다려야 한다. 그런데 삼년 반은 그것을 반으로 접어주신다는 하나님의 사랑을 말한다. 기다려야할 때를 다 채우지 않아도 하나님께서 그 시간을 꺾으셔서 단축시켜주신다는 의미이다. 고난의 때는 빨리 지나고 새날이 임박했다는 뜻이다.

666

> 그리고 둘째 짐승이 능력을 받아서 첫째 짐승의 우상에게 생기를 넣어 주고, 그 짐승의 우상으로 하여금 말을 하게도 하고, 또 우상에게 경배하지 않는 사람은 모두 죽임을 당하게도 하였습니다. 또 작은 자나 큰 자나, 부자나 가난한 자나, 자유인이나 종이나 할 것 없이, 다 그들의 오른손이나 이마에 표를 받게 하였습니다. 누구든지 이 표를 가진 사람, 곧 그 짐승의 이름이나, 그 이름을 나타내는 숫자로 표가 찍힌 사람이 아니면, 아무도 팔거나 사거나 할 수 없게 하였습니다. 여기에 지혜가 필요합니다. 지각이 있는 사람은 그 짐승을 상징하는 숫자를 세어 보십시오. 그 수는 어떤 사람을 가리키는데, 그 수는 육백육십육입니다.(계 13:15-18)

666은 악마의 숫자, 저주의 숫자이다. 우리나라 4층을 F층이라고 하듯이 서양에서 666은 기피 숫자이다. 사이비 종교에서 엮은 666에 대한 이야기들은 그럴 듯하다. '666이란 숫자는 각 사람을 인식하는 바코드 넘버이며, 오른손이나 이마에 새겨져서 인체에 이식되고 이를 빅브라더가 컴퓨터로 통제하며 전 세계인을 손아귀에 장악한다.' 심지어는 코로나도 음모다. 이는 코로나 백신을 통해서 인체에 바코드를 주입하기 위한 기획물이다. 백신접종은 단지 부작용을 걱정해서 반대하는 것이 아니라 우리 몸에 미세한 칩을 심기 때문이다. 전부는 아니지만 서방의 미신, 666이라는 짐승의 숫자를 사람 몸에 심기위한 음모라고 보는 종교적인 동기도 한쪽으로 작용한다.

계시록 본문에서 666은 상업에 관련된다. "오른손이나 이마에 이 낙인 찍힌 사람들 외에는 아무도 물건을 사거나 팔지 못하게 하였다."(계 13:17) 실제로 요한의 상황에서는, 유대인들과 그리스도인들이 "만일 상업 조직들에 참여하려면 공개적으로 황제를 인정하도록 압력을 받았다."[14] 그런 일을 행하지 않으면 경제적 배척이나 더 나쁜 일을 당할 위험이 있었다. 666은 거대 제국이 한 나라, 민족, 인종에 가하는 부당한 제제를 뜻한다. 마치 북한이 수 십 년간 경제제제를 당해 인민들의 삶이 피폐해졌듯이….

짐승의 666이란 암호는 한 사람(a person)을 뜻하는 숫자이다. "그 수는 어떤 사람을 가리키는데, 그 수는 육백육십육입니다.(계 13:18) 그래서 서구에서는 이슬람교의 창시자 무함마드를 적 그리스도로 지명하기 위해서 그가 666년에 죽었다고 주장했다. 사실 그는 632년에 죽었다. 현재 학자들의 공통의견은 계시록 13장에 언급된 첫째 짐승은 로마제국을 상징하고 666으로 암호화된 두 번째 짐승은 네로 황제로 해독한다. 요한이 독자들에게 두 번째 짐승의 이름을 계산해 보라고 권하는데, 이는 게마트리아 (gematria)라고 알려진 고대 암호 해독법으로 그리스어와 히브리어 알파벳

---

14) Koester, *Revelation*, 604. Catherine Keller, op.cit.,145 재인용.

각각에 고유한 숫자가 배당되어 있다. 이 암호표에 의하면 666은 네로를 가리킨다고 한다.[15]

네로는 54년에서 68년까지 로마의 황제였는데, 기원후 64년에 로마 시에 대화재가 생겼다. 기름 창고에서 불이 났다고도 하고, 네로가 방화한 것이라고도 한다. 네로는 예술적 감각이 매우 뛰어났다. 그가 노래를 했을 때 당대의 가수들을 능가할 정도였고, 미적인 감각도 뛰어났다. 그는 당시 목조 건물로 얼기설기 엮여 올라간 로마의 목조 건축물들, 심지어 나무로 층층이 덧붙여서 지저분하게 올라간 건축물들이 거슬렸고 이를 정비하기 위해 방화했을 것이라 여기는 학자들도 있다. 실제로 네로는 "로마시가 불타고 있을 때 현악기를 탔다"고 한다.

이 대화재로 많은 서민들이 집을 잃고 죽음을 당했다. 하지만 그 후로 로마시는 질 좋은 대리석으로 재건축되어 오늘까지 최고의 유적으로 꼽힌다. 강남향린교회가 철거된 곳에 지금 수십 층의 아파트 타운이 들어선 것을 보면 네로 생각이 난다. 집을 잃게 된 로마 시민들의 불만이 치솟았다. 네로가 그 화재에 책임이 있다는 소문이 퍼져나갔다. 비판을 피하기 위해 네로는 그 비난을 그리스도인 공동체에 돌렸다. 역사가 타키투스(Tacitus)는 네로에 의해 당시 예수를 따르던 사람들이 당한 희생에 대해서 말한다.

> 엄청난 군중이 유죄판결을 받은 것은 그 도시에 불을 지른 범죄가 아니라 인류를
> 혐오했다는 것 때문이었다. 온갖 종류의 조롱과 모욕이 그들의 죽음들에 덧붙여

---

15) Catherine Keller, Ibid., 144.

졌다. 그들에게 짐승 가죽들을 뒤집어씌우고, 개들이 물어뜯게 했고, 죽임을 당했고, 십자가에 처형되었고, 혹은 불길 속에 던져졌고, 낮이 지나 밤이 되면 어둠을 밝히는 연료로 사용되도록 불태워졌다.… 그들이 파멸되고 있었던 것은 공공의 선을 위한 것이 아니라, 한사람의 잔인성을 실컷 즐기기 위한 것으로 보였다.[16]

네로는 처음에 로마 백성들에게 매우 인기가 있었지만, 그의 오만하고 잔인한 이야기들이 많은 다른 로마인들, 특히 원로원 의원들로 하여금 그를 혐오하게 만들었다. 그의 14년간의 통치를 견딘 뒤에 드디어 로마 원로원이 황제를 공공의 적으로 선언하고, 그를 발가벗겨 매달고 그의 머리를 커다란 나무창살에 끼워 넣고 공개적으로 매를 때려죽이도록 선고했다. 결국 네로는 처형을 면하기 위해 도망쳐서 자살했다고 한다.

이것이 네로를 가리키는 666의 숨겨진 이야기이다. 그런데 왜 이것이 희망의 코드인가? 지금 계시록의 저자인 요한공동체는 네로가 죽은 후 20년이 지난 다음의 이야기이다. 그러나 아직 네로는 죽지 않고 살아있다. 네로가 처형된 후 새로운 황제가 들어섰지만 여전히 유대인과 그리스도인들에 대한 박해는 끊이지 않았다. 유대는 로마와의 전쟁을 치렀고 수많은 희생을 치렀으며 지금 요한 공동체도 박해를 견디며 밧모섬에 유배 중이다. 유배 중인 요한 공동체는 잔인했던 네로가 심판을 받고 무너졌던 이야기를 하고 있다. 지금 요한 공동체를 박해하는 무리들도 결국은 네로가 갔던 비참한 길을 갈 것이라는 선언이다.

반면 로마이어는 666을 삼각수로 해석한다. 666은 1에서 36까지의 수

---

16) Tacitus Annals 15.44

를 모두 합계한 총계이며, 36은 1에서 8까지의 수를 합한 총계다. 그러므로 666이란 숫자는 8이란 수를 위해 있다.[17] 계시록 17:11절에 의하면 멸망할 왕은 여덟째 왕이다. 그러나 로마제국의 여덟째 황제는 아울루스 비텔리우스(Aulus Vitellius) 황제인데 그는 A.D.69년에 잠시 황제를 했으나 환락과 무분별한 언동을 일삼다 죽임을 당한 자로 유대인과의 연관성은 찾기 힘들다. 그러나 필자가 로마이어가 제시한 삼각수의 해석을 이어본다면 1부터 11까지의 합은 66이고 로마는 이집트, 아시리아, 바벨론, 페르시아, 희랍에 이어서 유대민족을 지배한 6번째 제국이다. 그리고 요한계시록의 배경이 되는 도미티안 황제는 로마의 11번째 황제이니 유대를 유린한 6번째 제국의 열한째 황제를 가리킨다고 보면 딱 들어맞는다.

이것이 666에 숨겨진 희망의 코드이다. 666 다음에 오는 숫자는 유대인이 가장 좋아하고 완전하다고 여기는 숫자 7이다. 하나님께서 창조를 끝내고 편안히 쉬신 안식과 평화의 숫자 7로 넘어가지 직전의 숫자들이다. 777은 슬로트머신에서 매우 드문 확률의 잭 팟, 최고의 당첨금이 터지는 행운의 숫자이다. 그 일보 직전이 바로 666이다. 도박을 고안한 사람들은 요한계시록에 숨겨진 코드 666의 희망의 코드를 정확하게 읽고 있다.

666은 절망과 위기의 상징이라기보다는 가장 그리스도인들을 억울하게 했지만 그 결과 이미 고꾸라진 네로이거나 지금 기승을 부리지만 언제가 고꾸라질 도미티안의 운명이다. 지금은 비록 가장 춥고 어둡지만 곧 동트기 직전의 시간이며 곧 사라질 절명의 순간이다. 이는 희망이며 능히 견딜 수 있는 임박한 승리의 순간이다.

---

17) Otto Böcher, 『요한묵시록의 난제 열두가지』 박두환 옮김, 한국신학연구소, 1995, 125.

함께 생각 나누기〉

* 요한계시록의 배경이 되는 역사적 상황에 대해 이야기합시다.

* 소아시아의 일곱교회에 대해 주는 메시지를 알아보고 특별히 라오디게아 교회에 주는 메시지에 대해서 이야기 합시다.

* 구원받은 숫자 144,000명, 1260일, 그리고 666은 무슨 뜻인지 이야기 합시다.

* 첫 번째 크리스마스와 계시록 12장에 나오는 천상의 크리스마스와의 차이점에 대해서, 그리고 그 의미에 대해서 이야기 합시다.

* 사도신조에 나오는 그리스도의 내림과 오름에 대해서 이야기 합시다.

* 요한계시록의 희망코드와 우리를 구원하시는 하나님에 대해서 이야기 합시다.

하나님의 어린 양

요한이 또 증언하였다. "나는, 성령이 비둘기같이 하늘에서 내려오는 것을 보았습니다. 성령은 이분 위에 머물렀습니다. 나도 이분을 몰랐습니다. 그러나 물로 세례를 주라고 나를 보내신 분이 나에게 말씀하시기를 '성령이 어떤 사람 위에 내려와서 머무르는 것을 보거든, 그가 바로 성령으로 세례를 주시는 분임을 알아라' 하셨습니다. 그런데 나는 그것을 보았습니다. 그래서 나는, 이분이 하나님의 아들이라고 증언하였습니다." 다음날 요한이 다시 자기 제자 두 사람과 같이 서 있다가, 예수께서 지나가시는 것을 보고서 "보아라, 하나님의 어린 양이다" 하고 말하였다.(요 1:29-34)

우주역사의 관점에서 보면 인간이 죄라는 개념을 떠올리기 시작한 것은 아주 짧다. 전체의 우주의 역사 138억년 가운데 인간이 이 세상에 등장한 것이 고작 200만 년 전이다. 그것도 대부분 죄라는 것은 의식도 하지 못하고 지냈을 것이다. 사회적으로 죄를 규정하고 인간을 규제하기 시작한 것은 아주 최근에 생겨난 현상이다. 그나마 이러한 신학적 이원론은 현실 세계의 문제들과는 동떨어진 관념의 틀이다. 이것은 그 틀에 맞추어 순응하는 사람에게만 유용한 신학이다. 자신이 죄인이라는 것을 시인하지 않으면 그에게는 구원도 있을 수 없다.

다른 동물들도 죄를 짓는가? 그들이 죄를 짓는다고 하더라도 별 것 아닐 것 같다. 그들의 노력은 너무도 사소해서 인간들의 죄에 비교하면 하찮은 정도이다. 필자가 집에서 키우던 강아지가 하루는 까불다가 다리를 다쳐서 절뚝거렸다. 그 모습이 불쌍해서 잘해 주었는데 의외로 절뚝거림이 오래 갔다. 잘 낫지 않았다. 그런데 하루는 마당에 풀어 놓았더니 마당을 날아갈 듯 쏜살같이 뛰는 게 아닌가? 우리는 강아지에게 감쪽같이 속았다는 것을 알았다. 실컷 놀게 한 뒤에 씻겨서 집안에 들여 놓으니 다시 한 다리를 들고 절뚝이는 제스처를 쓰는 것 아닌가? 그런 모습에 우리 가족은 배꼽을 잡고 웃었다. 얼마나 귀여운가? 만약 다른 개들이 있는 데 한 놈이 꾀를 써서 귀여움을 독차지 했다면 다른 개가 볼 때, 얼마나 가증하고 교활하게 생각할 것인가? 그러나 우리 눈에는 그저 귀여울 뿐이다. 아마 우리가 짓는 죄도 하나님 보시기에는 그저 귀여워 웃으실 뿐인 것이 많을 것이다. 강아지들은 웬만하면 우울증에 빠지지 않는다. 주인이 시원치 않아도 온몸으로 반기고, 작은 일에 기뻐하고 온 몸을 다해 존경하고 찬양한다. 그러나 인간은 홀로 온 우주의 고민을 다 지고 간다.

성 이레니우스 "인간들이 하나님이 될 수 있기 위해 하나님이 인간이 되셨다"고 했다. 하나님의 성육신이 예수에게만 일어난 사건이라면 그것은 성육신이 아니라 하나님의 나들이 사건에 불과하다. 예수의 성육신은 우리 모두의 성육신을 여는 사건이고 예수 이후로 우리 모두는 하나님께서 육신을 입으신 존재들이 되는 것이다. 인간을 죄의 존재로 보는 것 때문에 얼마나 많은 죄가 초래되었나? 어린이가 태어나면서 부터 흠결을 가지고 태어난다는 교리로 얼마나 많은 어린이들이 아무런 양심의 가책 없이 죽음 가운데 던져졌으며, 얼마나 많은 인간을 죄인으로 몰아 화형에 처하고 죽게 했는가? 중세에 마녀사냥으로 200만 명 이상이 화형에 처해졌다.

서로 존중하고 함께 가야할 인간을 기본적으로 범죄자로 파악하고 감시하고 처벌하는 대상으로 삼게 되었는데 이것은 지배자에게 마음대로 폭력을 휘두를 수 있는 정당성을 부여했고 사람을 학살할 수 있는 권리를 부여하였다. 이러한 결과는 인간을 죄의 존재로 보고 인간에게 죄를 감찰하게 된 것이 하나의 원인이기도 하다.

　이러한 원죄론은 인간 사회를 교정 가능한 사회로 고쳐가려는 노력들을 정죄했고 인간이 당하는 고통을 죄에 대해 무감각한 것은 물론 당연한 징벌로 여기는 핑계거리를 제공했다. 종교적 잔혹성이 신의 뜻으로 둔갑했고 인간의 질적 차이와 계급과 차별을 천부적 권리로 인식하였다. 동시에 우리 안에 일어나는 것들을 죄의 결과로 인식하게 만들었다. 동성애자는 동성애를, 여자는 여성을, 백인사회의 흑인은 검은 피부를 죄의 결과로 자책하게 했다.

　원래 만물은 하나님께서 손수 지으신 것이고 축복의 대상이다. 하나님께서 만물을 지으시고 보시기에 아름다웠다고 하셨고, 심히 아름다웠다고 감탄하신 걸작들이다. 예수께서 세례를 받으신 후에 하늘에서 "이는 내 기뻐하는 자라…"는 음성이 들려왔다. 그것은 우리들 모두에게 선언된 하나님의 수용이다. 성경에 여러 곳에 하나님께서는 우리들을 만세 전에, 창조 전에 선택하셨다고 한다. 바울은 우리가 천사들을 심판할 존재라고 한다. 그런데 그 놀라운 작품들의 기쁨과 아름다움은 죄로 덧칠되어 사라졌다. 기쁨은 기쁨을 나누는 통로가 된다. 우리들의 기쁨을 나누는 것이 정의 구현이다. 그러기에 기쁨을 나눌 수 없게 만드는 현실에 대해서 열정적인 비판을 하는 것이다. 구약의 예언자들이 맹렬하게 비판했지만 그들의 예언의 원형은 축복이다. 하나님께서 주신 축복의 삶과 기쁨이 어그러진 것에 대한 비판이고 오늘 우리가 사회에 대해 가하는 비판도 마찬가지다.

그러나 기쁨과 은혜가 죄와 감시로 변하게 된 음모는 제국의 건설자들, 노예의 주인들, 가부장사회의 지배자들에 의해 진행되었다. 그들은 몸과 정신을 나누고, 여성과 남성을 나누고, 자연과 사람을 대립시켜 갈라놓고 후자가 전자를 정복하게 만들어 왔다. 그렇게 함으로써 사람들을 혼란에 빠지게 하고 후자에 몰두하게 만들어 공동체나 정의와 축제와 같은 자연적이고 인간 본래적인 관심들이 아예 부각될 수 없게 했다.[18]

그리고 기독교는 지나치게 개인의 내면에 치중한 종교가 되어 버렸다. 정작 지배자들이 죄를 짓고 그 죄책을 씻어주는 데에는 유용했으나 그들이 사회에서 범하는 진짜 죄에는 관심이 없는 종교가 되었다.

성서는 하나님께서 우리가 아무리 미련하고 어리석어 곤경에 처해있을 지라도 우리에게 오신다고 말한다. 하나님께서는 당신께서 만드신 것을 업신여기지 않으신다. 당신을 닮은 존재를 사랑하시므로 우리가 아무리 망가졌을 지라도 우리를 섬겨주시고 우리를 천시하지 않으신다. 심장이 가슴에 싸여 있고, 뼈가 살에, 그 살은 살갗에, 그 몸은 옷에 보호를 받듯이 우리 혼과 몸은 하나님의 선하심에 싸여 있고 안겨있다.

매튜 폭스는 "인간의 근본을 죄로 규정하는 기독교로부터 벗어나야 한다."고 말한다. 그는 원죄(原罪)에 토대한 신학에서 벗어나와 '원복'(原福)을 강조한다. 그 원복은 어디서 오는가? 그것은 하나님의 무한하신 은총이다. 폭스는 "인간 중심적인 질서와 통제의 문화가 아니라 우주 전체가 하

---

18) 매튜 폭스, 『원복』 분도출판사, 2004, 57.

나님 앞에 응답하는 찬양과 기쁨의 음성을 들어야 한다. 기독교의 진정한 영성이란 인간을 포함한 사물의 근원적인 선(Original goodness)을 인정하는 일이다. 이때의 선이란 생명을 주고받는 모든 사물들 간의 근본적 관계성을 지시한다"고 말한다.

'낮은 낮에게 밤은 밤에게 소식전한다.'고 하는데 이 소식은 Bad News가 아니다. 서로를 칭찬하고 찬양하는 영광이 가득한 찬미의 소식들이다. 지나가는 바람과 햇살과 지저귀는 새소리에 대해 감격하고 그들이 하나님을 찬양하는 소리를 듣는 것이다. 이 것이 근원적 은총에 대한 화답이며 사물들의 내적 본성이다.

이러한 토대 하에서 폭스의 책 *The Coming of Cosmic Christ* [19]는 우주적 기독교 전통을 회복시켜 내고 있다. 즉 그리스도란 역사적 예수에게로 제한되거나 인간 존재와 관계하는 분만이 아니라 상호관계적인 삶의 우주적 원리로서 전 피조물 속에 현재하고 있는 하나님의 내재적 지혜라고 해석하는 것이다. 서로를 격려하며 찬미하는 본성이 모든 사물들 속에 현재하는 내재적 신성이고, 전 창조가 추구해 나가는 목적(telos), 곧 우주의 역동적인 성취방향이기도 하다.

우주가 138억년에 걸쳐 만들어 놓은 혹성, 인간, 다른 모든 종들은 다 은총이요 무제한한 사랑의 결과이다. 아무도 우리가 여기에 존재할 원리에 대해 증명할 필요가 없다. 창조는 은총이다. 원은총, 찬양을 이야기한다고 해서 고통과 악의 투쟁을 무시하는 것은 아니다. 오히려 은총의 느낌이 있어야 우리는 자신과 타인의 상처를 다룰 수 있다. 은총의 감각을

---

19) 매튜폭스, 『우주 그리스도의 도래』 송형만 역, 분도출판사, 2002, 참조

회복할 수 있는 가능성이 서로를 축복할 수 있는 상황을 제공한다.

온 우주적 찬양은 계속되고 있다. 그러나 인간만이 찬양하지 않는다. 우리 인간은 불평하며 다른 사람을 깎아내리고 냉소적이다. 그렇게 할 대상이 없으면 그 다음은 자기 자신을 깎아내린다. 곧, 자기 연민에 빠지게 된다. 자기 연민은 찬양을 내어 쫓는다. 우리들은 지나치게 철학적일 필요가 없다. 우리는 모든 것을 툭툭 털고 이 우주적인 찬양에 합류하여 하나가 되어야 한다.

우리가 은총 가운데 있으면서 서글퍼 하기란 아주 어렵다. 우리 문화가 그렇게도 기쁨이 부족한 이유는 은총이 부족하기 때문이다. 이 은총은 우리를 기쁨으로 인도하고 찬양과도 깊은 관련이 있다. 찬양한다는 것은 주체할 수 없는 내면의 기쁨이자 터트림이며 표현이다. 모든 아름다움은 드러나고 싶은 욕망이 있듯이 은총을 받은 사람은 그것을 알리고 싶어한다. 그 알림이 찬양이다.

요한은 예수를 보고 "보아라, 하나님의 어린 양이다"(요한 1:36)하고 말하였다. 전통적인 신학은 이를 세상 죄를 지고가는 하나님의 어린양으로 보았고 이를 그리스도가 인간의 죄를 짊어지고 십자가에서 희생되는 대속의 의미로 해석했다. 그러나 예수는 그들이 설정해 놓은 죄를 모두 짊어지고 가는 어린양이 아니다.

매튜폭스는 이를 전적으로 새롭게 해석했다. 어미 양은 이미 길들여져 있다. 세상이 정해 놓은 틀 안에서 순종하지만 어린양은 천방지축이다. 어디를 가야하고 어디를 가지 말아야 할지를 알지 못한다. 자기가 가고 싶은 기준으로 들판을 질주할 뿐이다. 세상이 정해 놓은 규정은 어린 양에게는 무용지물이다. 그는 마음껏 달리며 자유를 누리는 양이다.

매튜폭스는 우리들 내면에는 신비주의가 있다고 한다. 이 신비는 생명에 대하여 즐겁고 유쾌하게 반응하려고 우주 속에서 놀고 싶어하는 연약한 어린아이이다. 본질적으로 신비주의는 기쁨이요, 삶에 대한 긍정이다.[20] 그리스도는 우리 모두 가운데서 놀고 싶은 신적인 어린아이를 상징하고 한 마리 어린 양처럼 우주라는 들판에서 뛰어놀고 싶어하는 존재이다.[21]

찬양은 '무엇을 주십시오'하는 요구가 성취되었을 때 나오는 것이 아니다. 우리는 유아기의 신앙을 가지고 "무엇을 주십시오." "나를 알아주십시오." 하는 연장에서 부분 성취가 이루어졌을 때 찬양한다. 그러나 그것은 결코 찬양이 아니다. 나의 두드러진 점을 드러내는 것이 찬양이 아니다. 찬양은 남의 선을 발견하고 그것을 찬양하고 감사하고 그들에게 기쁨을 표현하는 것이다. 그것이 진정한 찬양이고 하나님께 향하는 것이다. 우리사회는 악한 세력들이 권세를 가지고 자기들끼리 찬양하고 거짓권위를 만들어 낸다. 그러나 우리가 선하게 사는 사람들을 찾고 그들을 알아보고 찬양하는 것, 이런 사회가 바로 하나님의 나라이다. 찬미야 말로 우주의 발생부터 계속 존재해오는 원리다. 그것은 전체가 부분들에 의하여 위치와 권리를 강탈당하는 것을 거부한다. 찬미는 모든 피조물들이 창조주와의 관계를 회복하는 원리이며, 찬미는 권세들의 배반을 고쳐주는 치유행위다.

---

20) 매튜폭스& R. 쉘드레이크, 『창조, 어둠, 그리고 영혼에 관한 대화』 이정배 역, (서울:동명사, 1999), 49.
21) Ibid., 56.

10

계시록의 아름다운 마무리

일곱 대접(15-18장)

요한은 로마제국이 장악하고 있는 현재의 역사를 살인적인 폭력의 역사로 인식하였다. 그에게 있어서 정말 끔찍스러운 파국은 세계의 멸망이나 지구의 파괴가 아니라, 로마가 일으킨 전쟁과 학살, 착취로 인해 무죄한 사람들이 희생당하는 폭력의 역사가 앞으로도 지금처럼 계속되는 것이다. 그러나 정의의 하나님은 이 폭력의 역사를 반드시 끝낼 것이다. 요한은 로마제국의 막강한 힘이 작용하고 있는 현실에도 불구하고 환상을 통해서 하나님께서 과거의 바벨론을 심판한 것처럼 로마제국을 심판할 것이라는 확신을 얻었다. 그러므로 하나님께서 폭력의 역사를 단절시키고 억눌린 약자들을 해방하기 위해서 로마제국 안에서 새로운 출애굽을 일으키신다. 저자는 과거에 하나님께서 이집트에서 일으켰던 재앙들을

일곱 대접들의 환상 속에서 재현함으로 이를 현재화한다.[1]

이제 이들은 로마제국 한가운데서 새로운 출애굽을 일으킨 하나님의 정의로운 행동을 축하한다. 일곱 대접의 환상은 대표적이다. 그 후에 요한은 성전에서 큰 음성, "너희는 가서 하나님의 진노의 일곱 대접을 땅에 쏟으라."(계 16:1)는 명령을 들었다. 첫째 천사에 의해서 대접이 땅에 쏟아진다.

> 첫째 천사가 나가서 그 대접을 땅에다가 쏟으니, 짐승의 표를 받은 자들과 그 짐승 우상에게 절하는 자들에게 아주 나쁜 종기가 생겼습니다.(계 16:2)

땅에 쏟아진 첫째 대접의 재앙은 이 땅위에 사는 모든 사람들에게 임한 것이 아니라, 오직 "짐승의 표를 받은 사람들과 그 우상에게 경배하는 자들"에게만 임하였다. 그들은 로마의 평화라는 정치적 선전을 수용하고, 제국의 체제에 순응하고 적응할 뿐만 아니라, 제국의 우상에게 예배하는 우상숭배자들이다. 짐승의 추종자들에게는 "악하고 독한 종기"가 발생하였는데 종기 재앙은 출애굽의 열 재앙들 중의 여섯째 재앙과 같다.(출 9:9-11) 하나님은 그의 말씀에 순종하지 않는 사람들을 "애굽의 종기"로 심판한다.(신 28:27)

> 둘째 천사가 그 대접을 바다에다가 쏟으니, 바닷물이 죽은 사람의 피처럼 되고, 바다에 있는 모든 생물이 죽었습니다.(계 16:3)

---

1) 이병학, "반제반전 투쟁과 평화 기원으로서의 아마겟돈 전쟁: 요한계시록의 주체 윤리" 『신학논단』 제69집, (서울 : 연세대학교 신과대학, 연합신학대학원, 2012), 185.

여기서 "죽은 자의 피"는 학살당한 희생자들이 흘린 피를 의미한다. 권력자들은 무죄한 자들을 학살하고, 죽은 자들이 잊혀 지도록 사회에서 배제했지만, 하나님은 그 희생자들의 억울한 죽음을 기억하신다. 때문에 바다를 그들이 흘린 피로 변화시켜 학살자들의 악행이 드러나게 했다. 바다가 죽임당한 사람들이 흘린 피로 변화되어 생물들이 모두 죽었다는 것은 학살자들 역시 핏물로 변한 바다로 인해서 죽게 될 것을 암시한다. 이 재앙은 모세가 나일 강을 피로 변화시켜서 그 안에 있는 고기들을 모두 죽게 만들었던 출애굽의 첫 번째 재앙(출 7:14-25)과 비슷하다. 이 재앙은 셋째 대접으로 이어져 강들과 물의 근원을 전체적으로 피로 변화시켰다.

> 넷째 천사가 그 대접을 해에다가 쏟았습니다. 해는 불로 사람을 태우라는 허락을 받았습니다. 그래서 사람들은 몹시 뜨거운 열에 탔습니다. 그러나 그들은 이 재앙을 지배하는 권세를 가지신 하나님의 이름을 모독하였고, 회개하지 않았고, 하나님께 영광을 돌리지 않았습니다.(계 16:8-9)

"불로 사람을 태우는 것"은 몰록 숭배에서부터 유래한다. 몰록 숭배는 아버지가 그의 어린 자녀를 불태워서 바치는 인신 제사를 수반하였다. 그러므로 몰록 숭배는 이스라엘에서 엄격하게 금지된 우상 숭배였다.(참조, 레 18:21; 20:1-5; 왕하 23:1) 요한에게 있어서 로마의 제국주의 체제와 황제예배는 구약시대에 불태움으로 아이들의 생명을 파괴하였던 몰록 숭배와 같다. 수많은 무죄한 자들을 불태움으로써 생명을 파괴한 로마의 제국주의 체제의 우두머리들과 그들의 협력자들은 이제 자신들이 불태움을 당하는 보복 심판을 받는다. 이제까지는 심판의 대상이 자연계였지만, 다섯째 재앙은 짐승의 왕좌를 강타한다.

> 다섯째 천사가 그 대접을 짐승의 왕좌에다가 쏟으니, 짐승의 나라가 어두워지
> 고, 사람들은 괴로움을 못이겨서 저희의 혀를 깨물었습니다. 그들은 아픔과 부
> 스럼 때문에, 하늘의 하나님을 모독하였습니다. 그러나 그들은 자기들의 행동을
> 회개하지 않았습니다.(계 16:10-11)

다섯째 대접이 짐승의 왕좌에 쏟아진 것은 로마제국의 사탄적인 통치
력에 대한 심판을 의미한다. 짐승은 용으로부터 권력 행사를 승인을 받고
서 용의 통치를 대행한다.(계 13장)

> 여섯째 천사가 그 대접을 큰 강 유프라테스에 쏟으니, 강물이 말라 버려서, 해 돋
> 는 곳에서 오는 왕들의 길이 마련되었습니다.(계 16:12)

유브라데 강은 구약성서에서 이스라엘의 경계천으로 자주 언급된
다.(참조, 출 23:31; 신 1:7; 수 24:2; 왕상 4:21; 왕하 24:7), 그리고 "큰 강"으로 불린
다.(창 15:18; 신 1:7; 수 1:4) 구약시대에는 유프라테스 동쪽에 바빌로니아, 아
시리아, 메데, 그리고 페르시아가 있었으며, 이러한 제국들은 유프라테스
강을 건너서 이스라엘을 침략하였다. 1세기 말엽의 요한의 시대에 유프
라테스 강은 로마제국의 영토의 경계천이었고, 강 건너 편에는 여러 나라
들이 있었다. 천사가 여섯째 대접을 유프라테스에 쏟아서 강물을 말리고
길을 냄으로써 동방의 왕들이 군대를 이끌고 그 강을 쉽게 건너오게 한
다. 여기 나오는 여섯 대접의 상징은 앞서 언급된 여섯 나팔의 상징과 대

체로 짝을 이루며 더욱 심화된 재앙으로 나타난다.

아마겟돈 전쟁

여섯째 대접(계 16:12)과 일곱째 대접(계 16:17-21) 사이의 시간이 바로 요한과 그의 수신자들이 로마제국과 대결하고 있는 현재의 시간이며, 아마겟돈 전쟁(계 16:13-16)은 바로 그 두 대접들의 틈새에 위치한다. 우리는 이러한 도식을 통해서 요한계시록의 저자가 아마겟돈 전쟁을 현재의 시간에 발생하는 마지막 전쟁으로 설정하였다는 것을 알 수 있다. 이것은 여섯째 나팔과 일곱째 나팔사이의 현재적 시간(계 10:1-11:13)이 나타나는 것과 같은 구조이다. 요한은 전쟁을 부추기는 제국의 악마적 현실을 다음과 같이 분석한다.

> 나는 또 용의 입과 짐승의 입과 거짓 예언자의 입에서, 개구리와 같이 생긴 더러운 영 셋이 나오는 것을 보았습니다. 그들은 귀신의 영으로서, 이적을 행하면서 온 세계의 왕들을 찾아 돌아다니는데, 그것은 전능하신 하나님의 큰 날에 일어날 전쟁에 대비하려고, 왕들을 모으려고 하는 것입니다.(계 16:13-14)

요한은 "개구리 같은 세 더러운 영"이 용과 짐승과 거짓 선지자의 주둥이들에서 나오는 것을 보았다고 말한다. 용과 짐승(=로마제국)과 거짓 예언자(=식민지의 친로마적 토착 엘리트들)는 기독교적 공동체의 증언 활동을 억압하는 제국의 지배 체제의 상징이다. 용과 짐승과 거짓 예언자는 계시록 13장에서 자세히 서술된 사탄의 삼위일체이며, 거기서 묘사된 둘째 짐승, 곧 땅에서 올라온 짐승이 여기서는 "거짓 예언자"로 불린다. 세 더러운 영이 개구리처럼 보였다는 것은 그들의 주둥이들로부터 나온 소리는 개구리의 개골개골하는 시끄럽고 무의미한 소리처럼 사람들을 현혹하는 정치적 선전에 지나지 않는다는 것을 의미한다.[2]

이제 세 영이 히브리어로 아마겟돈('Αρμαγεδδών')이라 하는 곳으로 왕들을 모았다 (16:16)고 한다. 아마겟돈('Αρμαγεδδών')은 산을 의미하는 히브리어 '하르'(har)와 예루살렘의 북쪽에 위치한 평야의 지명인 '므깃도'(megiddó)를 조합한 히브리어(har megiddó=므깃도의 산)의 그리스어 음역이다. 므깃도는 평야이고, 멀리 떨어진 곳에 갈멜산(왕상 18장)이 있다. "므깃도의 산"이라는 표현은 구약과 유대 계시문학에서는 발견되지 않는다. 그런데 도대체 왜 세계의 마지막 전쟁이 아마겟돈에서, 즉 므깃도의 산에서 일어나는 것으로 표현되어 있는가? 그 이유는 모든 전쟁의 진행을 중단시키는 마지막 전투는 이스라엘 역사상 중요한 전투들이 발생한 격전지로서 므깃도에 대한 기억과 연결된다. 여사사 드보라와 사사 바락은 므깃도에서 시스라가 이끄는 거대한 가나안 군대를 패배시켰고(삿 5:19이하, 삿 4:1-5:18) 가나안 왕 야빈의 통치 아래서 20년 동안 학대당하였던 이스라엘 자손을 해방시켰다.(삿 4:3) 그리고 요시아 왕은 므깃도에서 이집트 군대와 맞서 싸우다가 패배하고 살해당했다.(왕하 23:29-30, 대하 35:20-25) 드보라와 바락의 승리는 이스라엘 왕국의 건설의 단초가 되었으며, 요시아 왕의 패배와 죽음은 이스라엘 왕국의 몰락의 단초가 되었다.

요한은 이러한 중요한 역사적 사실들을 기억하면서 세계의 슈퍼파워인 로마제국이 벌이는 전쟁이 결국 결정적 패배를 당할 장소로 유명한 격

---

2) Ibid., 197.

전지인 아마겟돈, 곧 "므긷도의 산"이라고 불렀다. 그러므로 마지막 전쟁이 발생할 장소로서의 아마겟돈은 지리적 의미로서가 아니라, 절대제국이 몰락하는 상징적 의미로 이해되어야만 한다.[3]

아마겟돈 전쟁에 대한 이야기는 계시록 16:13에서부터 시작하지만, 그 전쟁의 과정과 결과에 대한 언급이 없이 16:16에서 중단되었다. 그러나 요한은 아마겟돈 전쟁에 대한 이야기의 중단된 맥을 19:11-21에서 다시 잡고, 그 전쟁에 대한 설명을 계속한다. 그런데 이제 그 전쟁의 이야기는 지상이 아니라, 천상적 지평에서부터 전개된다.

> 나는 또 하늘이 열려 있는 것을 보았습니다. 거기에 흰 말이 있었는데 '신실하신 분', '참되신 분'이라는 이름을 가지신 분이 그 위에 타고 계셨습니다. 그분은 의로 심판하시고 싸우시는 분입니다. 그분의 눈은 불꽃과 같고, 머리에는 많은 관을 썼는데, 그분 밖에는 아무도 알지 못하는 이름이 그의 몸에 적혀 있었습니다. 그분은 피로 물든 옷을 입으셨고, 그분의 이름은 '하나님의 말씀'이라고 하였습니다. 그리고 하늘의 군대가 희고 깨끗한 고운 모시옷을 입고, 흰 말을 타고 그분을 따르고 있었습니다. 그분의 입에서 날카로운 칼이 나오는데 그분은 그것으로 모든 민족을 치실 것입니다. 그는 친히 쇠 지팡이를 가지고 모든 민족을 다스리실 것이요, 전능하신 하나님의 맹렬하신 진노의 포도주 틀을 밟으실 것입니다. 그분의 옷과 넓적다리에는 '왕들의 왕', '군주들의 군주'라는 이름이 적혀 있었습니다.(계 19:11-16)

---

3) Ibid., 200.

요한이 하늘의 열린 문을 통해서 제일 먼저 본 것은 "흰말과 그것을 탄 자"이다. 흰말을 타고 있는 자가 천상적 예수이며 이분은 "공의(δικαιοσύνη)로 심판하며 싸우는"(κρίνει καὶπολεμει) 메시아이다. 여기서 두 동사의 시제는 모두 현재이다. 이 전쟁에서 그의 역할은 정의로 심판하는 심판자이고, 그리고 정의를 위해서 싸우는 투사이다.(참조, 시 9:9)

천상의 예수는 사탄과 짐승보다 훨씬 더 월등한 권력을 가지고 있다. 왜냐하면 사탄은 일곱 개의 관(12:13)을 가졌고 짐승은 열 개의 관(13:1)을 가졌지만, 천상의 예수는 머리에 "많은 관들"을 가졌다. 이로써 천상의 예수가 제국과의 전쟁을 이기고 전쟁을 영원히 끝내고 약자들의 권리를 회복하며 정의를 수립할 수 있는 권력을 충분히 가지고 있다는 것이 증명된다. 그는 약자들의 편에 서서 그들의 빼앗긴 권리를 되찾아주고 인권을 회복시켜주는 정의의 심판자이다.

천상의 예수가 가진 심판자로서의 기능은 그가 "하나님 곧 전능하신 이의 맹렬한 진노의 포도주 틀"(계 19:15)을 밟는 데서도 나타난다. 진노의 포도주 틀은 이미 14:19-20에서 나온 주제이며, 거기서는 포도주 틀에서 나온 악인들의 피가 고여 있는 깊이가 말굴레까지 되고, 길이가 1600 스타디온에 이르는 강을 이루었다. 이러한 끔찍한 표현에는 하나님의 복수 행위를 요청하는 희생자들과 로마가 일으킨 제국주의 전쟁과 대량학살에 대한 그들의 항의가 내포되어 있다. 폭력의 희생자인 예수는 제국의 영이 부추긴 전쟁을 가로막기 위해서 전쟁터에 나타났으며, 그는 오직 그의 입에서 나오는 검을 가지고 적들과 싸워서 승리한다. 이제 요한은 아마겟돈 전쟁의 결과를 다음과 같이 서술한다.

나는 또 태양 안에 한 천사가 서 있는 것을 보았습니다. 그는 공중에 나는 모든 새들에게 큰소리로 외치기를 "하나님의 큰 잔치에 모여라. 왕들의 살과, 장군들의 살과, 힘센 자들의 살과, 말들과 그 위에 탄자들의 살과, 모든 자유인이나 종이나 작은 자나 큰 자의 살을 먹어라" 하였습니다. 또 나는 짐승과 세상의 왕들과 그 군대들이, 흰 말을 타신 분과 그분의 군대에 대항해서 싸우려고 모여 있는 것을 보았습니다. 그러나 그 짐승은 붙잡혔고, 또 그 앞에서 이적들을 행하던 그 거짓 예언자도 그와 함께 붙잡혔습니다. 그는 짐승의 표를 받은 자들과 그 짐승 우상에게 절하는 자들을 이런 이적으로 미혹시킨 자입니다. 그 둘은 산 채로, 유황이 타오르는 불바다로 던져졌습니다. 그리고 남은 자들은 말 타신 분의 입에서 나오는 칼에 맞아 죽었고, 모든 새가 그들의 살점을 배부르게 먹었습니다.(계 19:17-21)

아름다운 마무리-하늘에서 내려온 교회(21-22장)

계시록은 20장까지 모든 악을 청산하고 심판하는 과정, 악의 세력에 대해 우주적 전쟁이 마무리된다. 그리고 마지막 21, 22장은 새로운 땅과 새로운 하늘, 이전의 땅과 바다가 사라진 새 천지에 대한 아름다운 그림으로 마무리된다. 새롭게 맞는 세상은 보복이나 심판도 없고, 다시는 저주도 없다. 오직 예배만이 존재한다.(계 22:3)

아름다운 마무리 전에 20장 1-6절은 천년왕국에 대해서 말한다. 최종적인 승리가 있기 전 신앙인들이 그리스도와 함께 천년동안 세상을 통치할 것이라고 한다. 사람들은 재림시에 그리스도께서 구름을 타고 이 땅에 다시 오시리라고 생각한다. 교회는 이러한 이미지들을 신화적으로 문자 그대로 이해해왔다. 그러나 그리스도를 따르고 그를 닮고자 하는 성도들이 작은 예수, 작은 그리스도가 되어 그리스도의 사역을 감당하는 것이야말로 우리가 이 땅에서 맞이하는 그리스도의 또 다른 재림이다. 20장 마지막 절에 악과의 투쟁을 종결한다. 일시적으로 세상의 세력을 잡았던 죽음과 지옥에 대한 심판이다.

> 바다가 그 속에 있는 죽은 사람들을 내놓고, 사망과 지옥도 그 속에 있는 죽은 사람들을 내놓았습니다. 그들은 각각 자기들의 행위대로 심판을 받았습니다. 그리고 사망과 지옥이 불바다에 던져졌습니다. 이 불바다가 둘째 사망입니다.(계 20:13-14)

계시록은 악의 세력을 멸하거나 죽여 버리거나 지옥에 가두는 것으로 마지막 대 심판의 결론을 낸다. 그러나 새로운 차원의 세계에 들어가기 위해서는 하나님께서 이제까지 심판의 주요한 도구로 사용하였던 죽음과 지옥 자체를 불바다에 던져 버리신다. 그들은 악한 자들을 벌주고 응징하는 자기 역할을 다해냈지만 이제 새로운 세상에서는 더 이상 필요가 없다. 그것을 둘째 사망이라고 부른다. 즉 사망을 사망시키신다.

요한계시록은 마지막 모든 악을 진멸하고 그들에게 죽음과 지옥으로 심판하였지만 마무리는 최후에 도구로 사용한 사망과 지옥마저도 불속으로 던져 버린다. 그것은 새 하늘과 새 땅에는 필요 없는 것이며 더 이상 그런 방법들 자체가 무용해서 폐기될 것이기 때문이다. 그러니 얼마나 아름다운 마무리인가?

나는 새 하늘과 새 땅을 보았습니다. 이전의 하늘과 이전의 땅이 사라지고, 바다도 없어졌습니다. 나는 또, 거룩한 도시 새 예루살렘이 남편을 위하여 단장한 신부와 같이 차리고, 하나님께로부터 하늘에서 내려오는 것을 보았습니다. 그 때에 나는 보좌에서 큰 음성이 울려 나오는 것을 들었습니다. "보아라, 하나님의 집이 사람들 가운데 있다. 하나님께서 그들과 함께 계실 것이요, 그들은 하나님의 백성이 될 것이다. 하나님께서는 친히 그들과 함께 계시고, 그들의 눈에서 모든 눈물을 닦아 주실 것이니, 다시는 죽음이 없고, 슬픔도 울부짖음도 고통도 없을 것이다. 이전 것들이 다 사라져 버렸기 때문이다."(계 21:1-4)

사망과 지옥의 패망 후에 하나님의 아름다움으로 변모된 새로운 세상의 모습이 은은한 빛의 조명처럼 펼쳐진다. 폭발하는 기쁨은 우선 하나님의 기쁨이다. "보아라, 이제 모든 것을 새롭게 한다." 하나님께서는 새로운 것을 창조하는 기쁨 가운데 계시며, 더 이상 우리와 떨어져 계시지 않는다. 하나님은 이제 우리와 함께 하신다. 하나님께서는 이제 사람들의 눈에서 모든 눈물을 닦아 주신다. 더 이상 죽음도, 눈물도, 울부짖음도 없다. 낡은 세계는 가버렸다.

아름다운 마무리인 21, 22장에는 보복이나 심판도 없고, 다시는 저주도 없는 세상, 오직 예배만 있는 세상이다. 이는 서로를 용납하는 격려와 찬양만이 존재한다. 악에 대한 교훈과 징벌의 우려와 염려 자체가 필요 없게 된 세상이 열린다.

여기서는 혼인에 대한 주제와 성전에 대한 주제가 나타난다. 계시록은 엄청난 확신을 세상 한가운데 있는 우리들에게 심어준다. 그것은 꿈이 아니다. 낙원은 하나의 실재이다. 인간의 역사는 낙원을 향해 걸어가고 있는 중이다. 이것은 한 장소가 아니고 하나님과 함께 하는 세계, 그분의 뜻대로 통치되는 세계이며 인간과 함께 하는 예수의 영원한 혼인잔치이다. 이 낙원에는 지금 우리에게는 존재하지만 사라질 것들이 몇 개 있다.

> 나는 그 안에서 성전을 볼 수 없었습니다. 그것은 전능하신 주 하나님과 어린 양이 그 도시의 성전이시기 때문입니다.(계 21:22)

하나님의 나라에는 성전을 볼 수 없다. 그것은 하나님과 어린 양 자체가 성전이시기 때문이다. 또한 "보아라, 하나님의 집이 사람들 가운데 있다. 하나님께서 그들과 함께 계실 것이요, 그들은 하나님의 백성이 될 것이다."고 선언한다. 하나님께서는 친히 그들과 함께 계시기 때문이다. 당연히 그 나라에는 설교도 필요 없다. 기도도 필요 없다. 주님이 함께 계신데 기도와 교훈이 무슨 필요가 있겠는가? 직접 주님과 대화를 하니 성경도 필요 없고 물론 성경공부도 필요 없다. 이러한 세상은 "보라 이전 것들이 다 사라져 버렸기 때문이다."는 선언 아래 있다.

> 그 도시에는, 해나 달이 빛을 비출 필요가 없습니다. 그것은, 하나님의 영광이 그 도성을 밝혀 주며, 어린 양이 그 도성의 등불이시기 때문입니다. 민족들이 그 빛 가운데로 다닐 것이요, 땅의 왕들이 그들의 영광을 그 도시로 들여올 것입니다. 그 도시에는 밤이 없으므로, 온종일 대문을 닫지 않을 것입니다.(계 21:23-25)

그 도시에는, 해나 달이 빛을 비출 필요가 없다. 해나 달이나 빛을 내는 발광체에서 빛이 나오는 것이 아니다. 하나님과 그리스도의 인격에서 빛이 나오며 그와 함께 왕 노릇 하는 모든 성도들의 변화된 성품과 인격에서 빛이 나온다. 그 빛이 도성을 밤낮 없이 환하게 비춘다. 모세가 시내산에서 하나님을 만난 후에 그의 얼굴에서 광채가 났다. 그러나 이내 그 빛이 사라지는 것이 두려워서 얼굴에 너울을 가렸다. 그러나 이제는 모든 성도에게 그 빛이 나온다.

"민족들이 그 빛 가운데로 다닐 것이요"는 구약의 말씀이며 비유적 표현이다. 이제 이런 비유는 무용하다. 인간 밖에서 빛이 비춰지는 것이 아니다. 우리가 빛 가운데로 찾아다니는 것이 아니기에 성도들이 움직이면 그에게서 빛이 나와 주변이 밝아진다. 그들이 곧 빛이고 빛을 내는 발광체이다. 사람에게서 빛이 나오기 때문에 그림자가 없다. 인격에서 나오는 빛으로 환한 도성, 밤이 없고 그림자도 없는 도성, 얼마나 아름다운가?

저마다 빛을 내니 그림자가 없다. 그림자가 없다는 것은 무엇인가? 빛을 밖에서 비출 때, 필연적으로 그림자가 생긴다. 빛이 내 안에서 우러나오지 않을 때, 짐짓 꾸며야 한다. 밖에서 조명하는 빛은 밝을수록 그림자 또한 깊다. 자연스러운 선함이 아니고, 속에서 우러나오는 것이 아니고, 짐짓 꾸며서 그렇게 보이려는 선은 진한 그림자를 남길 뿐이다. 오직 진실에서 우러나오는 선, 있는 그대로 선하고 감동스러운 아름다움은 그림자가 없다. 진리 자체이기에 아무런 우려와 염려가 필요 없다.

> 그리고 사람들은 민족들의 영광과 명예를 그 도시로 들여올 것입니다. 속된 것은 무엇이나 그 도시에 들어가지 못하고, 가증한 일과 거짓을 행하는 자도 절대로 거기에 들어가지 못합니다. 다만 어린 양의 생명책에 기록되어 있는 사람들만이 들어갈 수 있습니다.(계 21:26-27)

땅의 왕들이 그들의 영광을, 그리고 각 민족들의 영광과 명예를 그 도시로 들여온다. 그 안에는 속된 것은 무엇이나 그 도시에 들어가지 못하고, 가증한 일과 거짓을 행하는 자도 절대로 거기에 들어가지 못한다. 아니 그런 것들이 다 사라져 버렸다.

그림자가 없는 세상은 어떠한가? 아무리 자기 자랑을 하고 자기 영광을 드러내도 누가 되지 않는다. 우리가 사는 세상에서 자랑하고 싶은 것이 있어도 절제해야한다. 다른 사람들에게 잘난 체하는 것으로 보이기 때문이다. 남에게 잘한 일을 칭찬하려고 해도 너무 교만해 질까봐 주저하기도 한다. 꼭 지금 나무라지 않아도 되지만 앞으로의 일을 위하여 교훈이나 훈계가 되어야 하기에 싫은 소리를 할 수도 있다. 이것이 이 세상에서 벌어지는 일상이다. 그러나 그 나라에는 모든 그림자가 사라졌기에, 무한히 인정하고 무한히 칭찬하고 자기 자랑과 영광을 드러내도 모두 흡족하고 만족하다. 언제나 잔치이고 축제이며 항상 감동이고 기쁨인 세상이 그들 앞에 있다. 질이 다른 세상이 활짝 펼쳐있다.

> 천사는 또, 수정과 같이 빛나는 생명수의 강을 내게 보여 주었습니다. 그 강은 하나님의 보좌와 어린 양의 보좌로부터 흘러 나와서, 도시의 넓은 거리 한가운데를 흘렀습니다. 강 양쪽에는 열두 종류의 열매를 맺는 생명나무가 있어서, 달마다 열매를 내고, 그 나뭇잎은 민족들을 치료하는 데 쓰입니다. 다시 저주를 받을 일이라고는 아무것도 그 도시에 없을 것입니다. 하나님과 어린 양의 보좌가 도시 안에 있고, 그분의 종들이 그분을 예배하며, 하나님의 얼굴을 뵐 것입니다. 그들의 이마에는 그분의 이름이 적혀 있고, 다시는 밤이 없고, 등불이나 햇빛이 필요 없습니다. 그것은 주 하나님께서 그들을 비추시기 때문입니다. 그들은 영원

무궁 하도록 다스릴 것입니다.(계 22:1-5)

　에스겔의 성전에서 샘이 솟구쳐서 사방으로 흘러 온 예루살렘을 적셨
듯이 이제 참된 성전이신 하나님과 어린 양의 보좌로부터 물이 흘러나와
새 도성의 한가운데를 흘러간다. 그 강 양쪽에는 달마다 열매를 내는 생
명나무가 열려있다. 창세기에서 인간이 영생할까 두려워 감추셨던 생명
나무를 이제 만인에게 공개하신다. 그리고 그 잎은 민족들을 치료하는데
쓰인다. 성도들을 핍박하는 제국, 각 민족들이 자기의 힘을 자랑하지만
그들로 인해 박해받고 희생당하는 민족이 생긴다. 그러나 지금 생명나무
열매로 모든 민족의 오만과 독선, 그들이 가지고 있는 병들이 치료받는
다. 그리고 성도들의 이마에는 어린양 예수의 이름이 새겨져 있다. 그와
동일한 인격으로 변화되었다는 말이다.

> 내가 이 모든 것을 듣고 볼 때에, 이것들을 내게 보여 준 그 천사의 발 앞에 엎드
> 려 경배하려고 하였더니, 그는 "이렇게 하지 말아라. 나도, 너나, 너의 동료 예언
> 자들이나 이 책의 말씀을 지키는 사람들과 같은 종이다. 경배는 하나님께 드려
> 라" 하고 말하였습니다.(계 22:8-9)

　이 모든 환상을 본 요한은 너무나 가슴이 뛰고 황홀하여서 천사 앞에
엎드려 절하려고 하였다. 그랬더니 천사가 만류한다. 그 안에서 모두가
평등하다. 높고 낮고, 더 거룩하고 덜 거룩한 등급도 없고 모두가 친구이
고 동료이며 동일한 영광아래 있다.

나 예수는 나의 천사를 너희에게 보내어, 교회들에게 주는 이 모든 증언을 전하게 하였다. 나는 다윗의 뿌리요, 그의 자손이요, 빛나는 새벽별이다." 성령과 신부가 "오십시오!" 하고 말씀하십니다. 이 말을 듣는 사람도 또한 "오십시오!" 하고 외치십시오. 목이 마른 사람도 오십시오. 생명의 물을 원하는 사람은 거저 마시십시오.(계 22:16-17)

성령과 신부(교회)가 외친다. "오십시오!" 성도들도 외친다. "오십시오!" 목이 마른 사람, 생명의 물을 원하는 사람은 모두 거저 마실 수 있다. 이에 대해 주님께서 화답하시는 말씀으로 계시록은 끝난다.

"그렇다. 내가 곧 가겠다" 하고 말씀하셨습니다. 아멘. 오십시오, 주 예수님! 주 예수의 은혜가 모든 사람에게 있기를 빕니다. 아멘.(22:20-21)

함께 생각 나누기〉

* 일곱 대접에 대한 환상과 출애굽 시 이집트에게 행해졌던 재앙과 비교하여 이야기해 봅시다.

* 아마겟돈 전쟁의 성격에 대해서 이야기 합시다.

* 요한계시록의 구상에 의하면 세상에서 악을 심판하는 역할을 감당해왔던 지옥과 사망이 마지막 때에는 어떤 운명을 맞이하는지 이야기 합시다.

* 요한계시록의 마지막 새 하늘 새 땅에 대한 아름다운 구상에 대해서 이야기 하고 이를 우리가 사는 세상에 적용해서 상상력을 발휘하여 이야기해 봅시다.

* 창세기부터 요한계시록에 이르는 정경의 범위에 들어오지는 못했지만 그 시대에 많은 작품들이 존재 하는데 그중에서 특히 최근 정경에 해당하는 권위를 인정받는 도마복음서에 대해서 이야기 해봅시다.

도마복음서[4]

1945년 이집트의 나그함마디에서 콥틱어로 쓰여진 도마복음서의 사본이 발견되었다. 과거에 그리스어로 기록된 도마복음의 단편들이 있긴 했는데 이것들이 영지주의에 깊이 채색된 작품으로 여겨져서 정경에서 제외되었고 별로 주목 받지 못했다. 그러나 콥틱어로 된 사본이 발견되면서 도마복음의 내용이 보다 완전한 형태로 밝혀졌고 그 중요성도 인정받게 되었다.

역사적 예수의 탐구를 새롭게 하기 위해 1985년 웨스터 연구소의 후원 아래 조직된 "예수 세미나(The Jesus Seminar)"는, 1991년에 일차적으로 작업을 완성하고 그 결과에 대한 보고서로서, 1993년에 『다섯 권의 복음서. 예수의 진정한 말씀에 대한 탐구』를 출판하였다. 그들의 작업은 예수전승의 1,500여 개 역본과 500여 개 아이템(items) 가운데 어느 것이 예수께로 소급되는지 결정하는 일이었다. 그 결과는 매우 당혹스러운 것이었는데, 이를테면 복음서 예수전승 가운데 오직 18%만이 그 진정성을 인정받았고, 나머지 82%는 진정성이 부인되었다. 특히 요한복음은 전적으로 그 역사성이 부인되었다. 반대로, 도마복음은 경전 복음들과 나란히 놓일 만큼 격상됨으로써 경전의 범위는 무너졌다. 겨자씨의 비유(도마 20), 큰 잔치의 비유(도마 64), 그리고 악한 포도원 농부의 비유(도마 55)는 공관복음의 것보다 진정한 것으로 평가되었다. 빈 항아리의 비유(도마 97), 암살의 비유(도

---

4) 여기서 도마복음서를 이해하기 위한 개론적 성격만을 다루고 실제 114개의 어록은 생략한다. 도마복음서의 어록들은 이재길, "도마복음", 『성서밖의 복음서』 정신세계사, 2007, 61-134. 김용옥, 『도올의 도마복음이야기 1-3권』 통나무, 2008-2010, 오강남, 『또 다른 예수-도마복음 풀이』 위즈덤하우스, 2009, 박영호, 『신화를 벗은 예수-다석 사상으로 풀이한 도마복음』 인물과 사상사, 2009를 참조하기 바란다.

마 98), 하나님 나라의 비유(도마 113)는 공관복음에도 없는 것으로서, 무려 2,000여 년 만에 제 값을 평가받았다.

도마복음의 내용은 복음서 말씀과도 많이 병행된다. 또한 마태와 누가의 병행귀를 통해서 가설로만 그 존재를 추정하던 어록자료(Q)와도 많은 내용이 병행된다. 이로써 Q도 도마복음이나 4 복음서가 쓰여지기 전에 이미 공통의 자료가 존재한 것으로 보인다. 그래서 도마복음서로 인해 Q도 Q복음이라고 한 격 높은 이름으로 부르며 도마복음서와 함께 그 실체를 인정받게 되었다. 그러나 이에 반대하며 여전히 Q자료라고 부르는 학자들도 있다.[5]

Q복음에 들어있는 자료 중에 약 1/3과 도마복음은 공통된 자료이다. 이 두 복음서 중 어느 한 쪽이 편집 순서나 내용면에서 다른 쪽을 따르지 않는다. 게다가 이 공통전승의 순서가 전혀 다르기 때문에 그 전승이 어떤 문서화된 공통 원전에서 왔다고 보기 어렵다. 두 복음에 공통된 자료들이 대략 37개의 전승단위 인데 이것들이 이 두 복음서에 의해 그들 나름의 전혀 다른 신학적 틀 속에서 받아들여지고 개작되었다. 이것은 일련의 구전 전승이 작용하고 있음을 보여준다.[6]

도마복음서에는 물론 후대 영지주의자들이 그 내용에 수정을 가한 흔적이 있다. 그래서 학자들 중에는 도마복음을 훨씬 후대의 작품으로 배치하기도 한다. 도마복음은 영지주의자들이 공관복음을 토대로 필요에 따

---

5) 성서의 자료에 대한 것은 생명 평화의 눈으로 읽는 성서 시리즈의 6권 김경호, "복음서의 형성과 자료", 『역사적 예수와 그의 운동-복음서(상)』 대장간, 2019. pp. 19-41.을 참조하기 바란다.

6) Jonathan L. Reed and John Dominic Crossan, 『예수의 역사』 김기철 역, 한국기독교연구소, 2010, 27.

라 변용하거나 증보해 현재 형태로 개작한 것으로 본다.

　그러나 도마복음서와 Q복음은 예수세미나 학자들에 의해서 4복음서보다 먼저 된 작품으로 역사상에 실존하셨던 예수의 모습에 가장 가까운 말씀으로 주목받기에 이르렀다. 지금 미국에서 일어나고 있는 시카고학파의 '역사적 예수를 찾기 위한 제3의 탐구'에서 도마복음서는 가장 중요한 자리를 차지한다.

　도마복음에는 수난사화, 십자가, 부활에 대한 기록이나 예수에 대한 신학적 해석인 기독론이 없다. 단지 예수의 어록 114개가 전해진다. 예수의 삶에 대한 신학화가 이루어지기 전에 예수의 어록을 모아 놓은 책이다.

　도마복음은 예수의 짧은 대화, 격언, 비유들로만 이루어졌다. 설화들(narrative), 특히 예수의 이야기에 신화적인 요소가 가미된 탄생과 기적, 수난과 부활이야기들은 전혀 가지고 있지 않다. 이 복음서는 묵시종말적인 미래에 대한 희망에는 어떤 정당성도 인정하지 않는다. 이런 말씀들은 아직 예수가 신적 존재로 승격되기 이전에 복음서들보다도 더 오래된 자료에서 유래하였을 가능성이 있다. 그 대신 도마복음은 독신의 금욕주의를 통해 에덴동산의 과거로 돌아갈 것을 요구하는 특이한 신학을 가지고 있다.[7]

　복음서외에 예수말씀의 전승들 중에 정경에 소개되는 말씀을 아그라파(agrapha)라고 한다. 바울 서신 중에 고전 7:10, 9:14, 11:24 이하의 말씀들은 복음서와 일치한다. 그 외에도 로마서 14:14, 데살로니가 전서 4:16, 사도행전 20:35등이 있다. 그 외에도 수많은 아그라파들이 초기 기독교

---

7) Ibid., 27.

저작에 포함되었는데 이중에 진정한 예수의 말씀으로 인정되는 것은 아주 소수이다.

그밖에 1세기와 2세기에 나온 수많은 위경 복음서들은 대개 영지주의 영향 아래서 작성된 것들이다. 이것들은 예수의 말씀이라기보다는 저자가 자기의 생각을 예수의 입에 담아 놓은 것들이 대부분이다. 그러나 오직 도마복음서 만이 이러한 영지주의 분파들 보다 훨씬 이전의 것으로 거슬러 올라가는 전승을 가지고 있다.

도마 복음서(Gospel of Thomas)는 콥트어로 쓰인 완전한 판본이 1945년 나그함마디에서 발견되었다. 이것으로 학자들은 이집트의 옥시링크스에서 1898년 발견된 그리스어 문서들 중에 도마 복음서의 그리스어 판이 있었다는 것을 알게 되었다. 흔히 후자를 구별하여 그리스어 도마 복음서라고 부른다. 후자는 200년경에 필사되었다고 추정되며, 콥트어 판은 340년경의 문서로 추정된다. 많은 학자들은 콥트어 판이 그리스어 판의 번역이라고 생각한다.

도마복음서는 114개의 어구로 이루어져 있어 장으로 구분하는 대신 "114구"로 분류한다. 첫 구절은 디디모스 유다 도마가 저자라고 되어 있다. 그는 예수의 열두 제자 중의 하나였다. 그러나 여러가지 이유에 의해 도마가 직접 쓰기보다는 후대 사람들에 의해 쓰여진 것이라고 본다. 베드로가 로마에서 그랬듯 도마는 시리아 지역의 믿음의 대표격이었다. 따라서 도마 복음은 시리아에서 쓰였을 것으로 추정된다.

도마 복음서의 저작 시기는 논란의 여지가 많다. 어록 복음서의 특성상 4복음서보다 먼저 쓰여졌다고 보는 이들도 있고, 영지주의적인 내용이 담겨져 있는 것으로 보아 영지주의가 유행했던 1세기 후반 이후의 저작으로 2세기 중간이나 또는 3세기의 작품으로 보기도 한다. 하지만 최근의 연구에 의해 본래 도마복음서는 Q와 함께 주후50-60년경의 어록집으로 여겨지고 있고 Q와는 독립적인 책으로 생각된다.

요한복음은 도마를 믿음이 없는 제자, 바람직하지 못한 제자로 묘사한다.(요 11:16, 14:5, 20:24) 요한복음이 쓰여질 당시 도마복음을 따르는 그리스도인들이 있었기에 이들을 반박하기 위해서 도마를 격하시켰다고 보는 학자들도 있다. 디디모스 도마란 이름은 '쌍둥이'라는 뜻이고 이를 확대 해석해서 도마가 예수님과 쌍둥이로 태어났다고 주장하기도 한다.

도마 복음서의 많은 내용이 4복음서와 중복되는 병행 본문이다.

> 씨 뿌리는 자의 비유
>
> 잃은 양의 비유,
>
> 마태 10:16, 도마 39,
>
> 마태 10:37, 도마 65
>
> 마태 10:27b, 도마 33a,
>
> 마태 10:34 36, 도마 16,
>
> 마태 10:26, 도마 5b

도마복음서의 출현이 정경의 권위를 떨어뜨리는 것인지 아니면 우리가 정경이라고 믿고 있는 문헌들의 이해를 풍요하고 심오하게 하는 것인지는 직접 살펴보고 판단하길 바란다.